股术（上）

叶国英 著

避灾之术
选股之术

上海财经大学出版社

图书在版编目(CIP)数据

股术(上)/叶国英著. —上海:上海财经大学出版社,2016.10
ISBN 978-7-5642-2561-2/F·2561

Ⅰ.①股… Ⅱ.①叶… Ⅲ.①股票投资 Ⅳ.①F830.91

中国版本图书馆CIP数据核字(2016)第242217号

□ 书籍设计　钱宇辰
□ 责任编辑　袁　敏

GU SHU

股　术

(上)

叶国英　著

上海财经大学出版社出版发行
(上海市武东路321号乙　邮编200434)
网　　址:http://www.sufep.com
电子邮箱:webmaster@sufep.com
全国新华书店经销
同济大学印刷厂印刷
上海叶大印务发展有限公司装订
2016年10月第1版　2016年10月第1次印刷

787mm×1092mm　1/16　13印张(插页:5)　247千字
印数:0 001—4 000　定价:38.00元

作者简介

叶国英（笔名：桑榆、叶子、冬青）历任《上海证券报》记者、宝鼎证券投资基金高级顾问、财通投资顾问公司编辑部经理、江苏兴业高新技术风险投资公司经理、世基投资顾问公司常务副总经理等职，曾被《中国证券报》、《证券时报》、《现代证券报》、《金融投资报》、《证券市场周刊》等多家证券媒体聘任为专栏作者，先后发表文章数千余篇，以擅长大势分析和热点发掘而享誉股坛。以其二十载传奇般的投资生涯和令人惊叹的投资业绩被网民称为"东方股神"，其真诚爽直及坦率的个性风格，堪称投资界一杰，其文章视角独特、见解精辟，且文风朴实、词采斐然，富有哲理，从而备受证券界推崇。其著述颇丰，已出版《上海股市日志》、《上海股市纵横》、《大势与热点》、《家庭投资理财》、《中国B股投资大全》、《我的炒股经》、《进入二十一世纪的中国证券市场》等书，并为《金融投资报》"一叶之秋"专栏长期撰稿。《股术》一书，汇中国股市之经纬，积作者成功之经验，历经三载风雨春秋，潜心研究，数番检验，并独家披露研判大势的叶氏技术组合和精选牛股的叶氏独门绝技，堪称证券书坛之一绝。

股市中人身心需要休息、思维需要体验、眼界和心胸需要拓展,生活不仅仅是电脑,生活不仅仅是股票,游山玩水,游的是心境,游的是思路。

——2014 年 7 月摄于澳大利亚悉尼

在山崩地裂的遗址前,当年的恐惧、悲伤全化为今天的美景与回忆。一切都会过去,重要的是健康地活着。

——2015年6月底摄于加拿大班芙,时值中国股市发生史无前例的股灾,有感而发

置身于五湖波烟、四水汇流的乌镇古地,叹周、秦、汉、魏、晋、唐、宋、清皆化于石桥曲栏、橹声街语;白塔古殿、水廊亭榭、道观寺庵均加于互联。千载文明、悠久文化,全在弯巷石路之间。山河新篇、人事非昨,多情应使我平添华发。举酒一杯,人生几何,放浪一笑,尽在其中。

——2016年春节摄于浙江乌镇

凝望流水，想起古希腊的一句名言：一切皆流。"流"就是变，"流"就是化，"流"就是转，宇宙一切都处于"流"之中。生命、财富，在"流"之中；价格、价值、荣辱、高低、祸福、敌友、牛熊、强弱，一切均处于"流"动之中。因此，达观、开朗、平和、冷静、镇定自若，便是"流"的内涵。

——2016年2月摄于浙江乌镇

序

《股术》一书终于在丙申年伊始落笔了，至此作为中国股市首部系列丛书，《股经》、《股道》和《股术》历经七年的笔耕终于画上了一个圆满的句号。望着洋洋七十余万字的书卷、写字台上一座铜牛雕塑以及一盆盘根错节的松柏，不禁思潮涌动、感慨万千。

是股市改变了我的人生，使我从一个家贫如洗的穷小子走上了富裕之路，使我从一个默默无闻的小卒造就为发表了数千篇文章、出版了十余本书的专栏作者。正是以"牛"的刻苦、忍耐和勤奋，以"松"的坚韧、刚强和长青，成功书写了一段有价值的股市人生。

《股经》、《股道》和《股术》虽然从内容上各有侧重，《股经》以经历和经验为核心，《股道》以思路和策略为核心，《股术》则以选股与避险为核心，但是这三套书全以敬畏与感恩之心贯穿始终。以自身的经历告诉读者诸君，中国股市是值得投资的，是具有赚钱效应的，是能够改变穷困的。尽管中国股市还仅仅只有二十余年的历史，尽管还存在法规不健全、制度不完善、信息不透明等弊端，尽管近三千家上市公司中还存在重融资、轻回报的现象，但依然是世界上最朝气蓬勃、最具有生机的市场。上亿的投资者、万亿的日成交金额、数十万亿的总市值令全球为之瞩目，更重要的是它与全球股市一样也是实现财富增长的最佳途径之一。

数据时代最有说服力的是数据，从1990年上证指数95点起，算到2015年的3 539点，尽管其间跌宕起伏、牛熊更替，但依然产生37.3倍的升幅，而相当一部分的个股更是产生比上证指数高出十倍乃至百倍的升幅。如游久游戏(600652)，该股1990年12月上市，25年来股价从上市时的19.30元升至2015年底的收盘价29 197.1元(复权价)，升幅高达1 409.18倍；从上市发行6 000股不断扩张至83 270.35万股，扩张达104 086.94倍；从上市初融资额(发行总市值30万元)发展到总市值1 498 866.3万元，该股的牛气集中表现在股本扩张上，而股价的升幅也随着股本的扩张而大幅上升。又如万科(000002)，其1991年1月29日上市，首日收盘价为14.57元,至2015年12月底复权收盘价为3 402.81元,上市24年以来总升幅高达233.55倍,这是家典型的绩优公司;上市24年来总融资额为1 875 107.24万元,而总派现额为1 880 776.35万元,总派现额与总融资额之比为1.00,表明这是个十分重视对投资者回报的公司。再分析其经营业绩,1992年销售额为6.6亿元,2015年销售额达到2 500余亿元,增长378倍;1992年时净利润为0.7亿元,2014年达到1 574 545.41万元,增长225倍。可见只要选好牛股长期持有,并保持良好的心态、注重企业的回报,就能获得丰厚的报酬。也许很少有人从1990年买入个股一直持有至今的,但是持股1~2年的肯定为数不少,那么且不说牛市中牛股所带来的巨大收益,就以熊市而言,在2001年6月至2005年6月(上证指数从2 245点跌至998点)长达四年的时间中跌幅达55.5%。然而,深赤湾(000022)却在指数下滑中逆势上涨,其经营业绩由2001年的每股收益0.228元上升至2005年的0.905元,其股价从2001年的11元左右上升至2005年6月的37.2元,最高上摸至45.81元,升幅高达142.5%。又如海油工程(600583)、中集集团(000039)等,升幅依次为94.2%和85.8%。2008年是全球金融危机之年(上证指数从5 265点直落至1 664点),跌幅高达-65.39%。然而,鱼跃医疗(002223)却脱颖而出,从年初上市的14.3元上升至23.89元,升幅为67%。类同的如东方雨虹(002271)、界龙实业(600836),年升幅分别高达57.8%和63.7%。又如2015年股灾当年6月15日上证指数从5 178.19点的上升牛途中突然遭遇滑铁卢,至8月28日短短11个交易周,指数下跌至2 850.71点,跌幅高达64.3%,且出现17次千股跌停。但是特力A(000025)却从10.05元劲升至83元,升幅高达734.6%。与此相似的还有正业科技(300410)、九鼎投资(600053),年升幅分别达到661.8%和593.8%。大数据明确地告诉人们,无论是牛市还是熊市,也无论是遭受全球金融危机时的股市还是突然降临股灾、蒙受十数次千股跌停的股市,都有牛股产生,都能产生赚钱效应。

然而,绝大多数投资者为何始终难以摆脱七亏二平一盈的格局呢?这是因为缺乏一种良好的心态,一种赢亏不惊、贫富不比、泰然自若的心态,一种知足常乐、自得其乐、与人为乐的心态,一种静观风浪、闲看风云、稳察浮沉的心态;这是因为缺乏一种思路,思路就是出路,"思"字由"田"字与"心"字组成,唯有精心耕耘,方有田地的果实累累,如若无心播种,则田地必然颗粒无收,而"路"字与"道"字相同,"道"字由"首"字与"走"字组成,"道生一、一生二、二生三、三生万物",道是一切事物发展的本源,其包含了宇宙运行、自然变化的法则,一阴一阳谓之道,其所体现的是哲学的大智慧;这是因为缺乏一种方法,一种识牛辨熊、测强判弱、知"顶"明"底"的方法,一种寻牛股、选牛股、捕牛股、骑牛股、放牛股的方法。而这些正是《股经》、《股道》和《股术》所要表达的核心内容。

置身于信息横飞、资金横穿、物欲横流的互联网时代,置身于战火四起、灾害四临、危机四伏的动荡时期,置身于"牛"短"熊"长、"牛"弱"熊"强的中国股市,被亏、被套,在浪尖上呛水、在风口中迷眼,这是一种常态。二十六年来,在股市中无论受到何种遭遇,我始终怀着一颗敬畏与感恩之心,始终记住"市场永远是正确的"这句话,始终明白"我改变不了市场,我只能改变自己",了解自我、修炼自我、提升自我,不断去增强自我对市场的适应能力和生存能力。"天道酬勤",深信唯勤奋努力方能获得酬劳;"厚德载物",深信唯扬善积德方能积累财富。

我以我的成功写下了《股经》、《股道》和《股术》,真诚希望更多的投资人从领悟《股经》、《股道》和《股术》中走向成功。

叶国英

2016年10月于上海

股缘与感恩

《股道》、《股经》和《股术》终于由上海财经大学出版社出版了。当我双手接过这三本书时,不禁勾起了十年前小儿诞生时的澎湃之情。当年我曾以《品》字为题,浓情挥笔,一发难收。文中写道:"当'哇'的一声婴儿啼哭在产房响起时,在我听来恰似海的呼啸、山的呐喊;却似大森林的畅想、大草原的抒怀。也许是大智若愚、大喜而泣,我竟傻乎乎地望着刚出生的儿子不知所措。273 个日日夜夜,生生不息地品味着那种甜酸苦辣和喜怒哀乐,那种体会,如涌泉,似奔流,激起浪花般的联想和感慨。"如今情愫重燃、感慨复生,更平添几多沧桑变迁。如果说小儿的诞生应感恩于苍天的厚爱,那么《股道》、《股经》和《股术》的出版,当感恩于股市。是股市改变了我的人生和命运,是股市让我结识了许多人杰与精英。正是他们的真知灼见,正是他们的气魄胆略,正是他们高人一等的对风险与机遇的把握能力,使我受益匪浅。在二十余载风雨雷电的境遇中,在二十余载牛峰熊谷的搏杀中,往往是他们的一席高见、一篇短文、一个电话、一次聚谈,使我的焦虑得以缓释、心胸豁然开朗,使思路一下拓展。而今当闻讯我的《股道》、《股经》和《股术》正式出版,立即纷纷表示赞赏和祝贺。有的立刻订购十本、百本。尤其是一些证券媒体的老友,或安排专题报道,或安排记者采访。第一财经的主持人阳子还专门考虑了一个特别的节目。《金融投资报》更是在筹划记者采访的同时酝酿如何满足广大读者签名售书的要求。还有一些券商界的朋友专门将三本书作为节日贵重礼品赠予亲朋好友。所有这些都使我深深地感受到格外的温暖和亲切,使我真正品味到股票有价情无价的个中三昧。"曾经沧海难为水,除却巫山不是云",只有饱经中国股市沧海巨变的人,只有经历大牛大熊、大盈大亏的人,才能品味到在冷酷的股市中自有珍贵的真情,才能明白在不相信眼泪的股市中可以用欢笑取代泪水。

于是我决定举办一次聚会,为了答谢,为了感恩,为了分享我的喜悦和感慨。2012 年 7 月下旬原申华股份董事长、现为开能环保 CEO 的瞿建国先生,曾首次举办过一次证券界老战友的聚会,当时他在新浪微博上写道:想到与二十多年来未见的老战友集体约会显得有点特别,有点期待,有点激动。如今这份感情传到了我的身上,使我成了瞿总的翻版。我首先想到的是引我进入股市之门的上海证券交易所第一任总经理尉文渊,是他慧眼识人,在庆贺上交所成立一周年之际,从一千数百篇的征文中挑选了五篇获奖作品,从此我便由获奖作者变为《上海证券报》的记者。1994 年当我首次出版证券书籍《上海股市日志》与《上海股市纵横》时,正是尉总为我写了序,并向读者推荐。谁曾想二十年后,当我出版《股道》与《股经》时，尉总早已从交易所离任成为新盟集团总裁，身价倍增却依然平易地接受邀请出席聚会。还有原上海证券市场三大券商之一的申银证券总经理、现为东方汇富创业投资公司总裁的阚治东。又有在券商界名扬内外的谢荣兴，当年他曾在黄浦万国营业部任总经理时开创过上海证券史上多个第一，为此我曾以记者身份实地采访，专门为其写了一篇长篇报告文学，题为《股海奇迹的开拓者》，这位在股市风云中被公认的"福将"，如今依然热心地在为股市四处奔忙。在股市评论界的朋友中，令人难忘的有："不打不相识"的金话筒主持左安龙；既知遇又知心的好友陈林坚；从"老八股"时就同赴福建沿海上市公司，此后又共同代表上海证券交易所辗转东三省奔走演讲的应建中；在上海证券市场初期被众多股民将我误称为"女士"、将她误称为先生的贺宛男；以勤奋、条理著称的华东师范大学教授李志林博士和复旦大学博士生导师谢百三；开拓锐进的《上海证券报》社长关文；在上海商界闻名遐迩的《中国商报》老资格报人张仲超；老成持重稳健踏实的文兴和股坛一杰、文风独怪的童牧野；在证券界名气当当响的李双成；等等。他们是中国股市的第一代建树者，是中国股市的宝贵财富，他们伴随着中国证券市场的开创成长和发展，在亲历亲为的探索和实践中积累了十分珍贵的经验和教训。他们每人都有精彩的故事，每人都是一部诗篇长著。这些曾经在中国股市开创初期叱咤风云的风流人物，尽管地位、职务、年龄、体质上有所变化，尽管如今股市仍处于五年股灾的阴影之中，但是他们的声誉和形象依然如雷贯耳、备受尊敬。

我想告诉他们《股道》与《股经》的书名由来。"道"字由"首"字和"走"字组成，"首"的字义为头脑，"走"的含义为道路，二者结合其含义便是股市运行的轨迹和股市投资的思路，这便是《股道》之名的内涵。"经"在书中并非以典范著作而尊奉，而是将经历之经和经验之经二者结合，遂成《股经》。此二书全部所要表达的是我对中国股市二十余年的探索、分析、思考与总结，所要表达的是我对股市始终如一的敬畏和感恩。

我想告诉读者诸君和股海友人，股市是可以改变贫富、改变命运的，但是必须真正懂得"天道酬勤"、"生存为重"、"心态为上"、"命比钱贵"的深刻含义，并将其融入每次分析、每次决策、每次交易之中。而《股道》、《股经》和《股术》将使你开"悟"、入"道"，积聚正能量、发掘大智慧。

我想表达这样一个战略性的预见：世界的发展是平衡的，股市也将如此。中国股市经历了（1990年12月至1992年5月）只赢不输的时期，经历了（1992年5月至2001年6月）有赢有输的时期，经历了（2001年6月至2007年10月）大输大赢的时期，又经历了（2007年10月至2012年12月）赢少输多的时期。此后的发展将进入输少赢多的时期，恰如美国股市的持续性的慢牛走势。我想说的还有很多很多，但我更想听到友人们更多的真知灼见和精妙绝论。这应该是一次友情的盛宴,一次思想的满汉全席。

《股道》、《股经》与《股术》的出版是十分幸运的。因为受到如此多的名家高人的指点和支持,占尽了"人和"之润;因为出版于作为中国经济金融中心的大都市上海,又占上智慧城市的"地利"之优;更因为在经历了五年股灾之后,终于在探底至上证指数1 949点止跌企稳,出现了一波久违的"南巡行情",这又占到了"天时"之眷。在天时、地利、人和的氛围中,《股道》、《股经》与《股术》的感动是不言而喻的。如今这三本书已经面市,当当网、亚马逊等网上书店也同时开始发售,新浪网还将作一些连载介绍,各地新华书站也将在不久陆续开始销售。如需要签名的读者也可与《金融投资报》联系。

在《股术》的封底上,印着这样一段文字:经廿六年之风雨,积廿六年之经验,费廿六年之心血,终孕育而成《股道》、《股经》与《股术》三书,并成为中国资本市场的首部系列丛书。以廿六载之感悟,谢恩股市;以廿六载之勤奋,传承后辈;以廿六载之成败,结缘诸君,此乃笔者之夙愿矣。但愿此后有更多的互勉与共鸣,但愿此书的参考价值和收藏价值能为市场所检验。

叶国英

2016年10月于上海

目录

序/1

股缘与感恩/1

选股之术

1. 识别牛股的八大标识/3
2. 牛股的特性与共性/8
3. 2008年十大牛股的成因和特色/10
4. 2009年十大牛股的成因和特色/16
5. 2010年十大牛股的成因和特色/22
6. 2011年十大牛股的成因和特色/29
7. 2012年十大牛股的成因和特色/35
8. 2013年十大牛股的成因和特色/42
9. 2014年十大牛股的成因和特色/49
10. 2015年十大牛股的成因和特色/56
11. 1990~2007年十大牛股的成因和特色/63
12. 1990~2015年十大牛股的成因和特色/68
13. 牛股的五大"底"气——基本面选股之术/73
14. 2013年主流热点之一:信息消费/81
15. 2013年主流热点之二:大数据/83
16. 把握大数据就是把握未来/85
17. 2013年主流热点之三:医药/87
18. 2013年主流热点之四:环保节能/89
19. 龙年群星谱/91
20. 中国创业板何以独步天下/94

21. 创业板牛市能走多远？/96
22. 牛熊混合市之股术/98
23. 上海国资国企改革正步步紧逼/106
24. 对上海国资国企改革的几点解读/108
25. 上海国资国企改革应建立新闻发言人制度/110
26. 中国股市的报春花——上海的国资国企改革/112
27. 对上海国资国企改革股停牌的几点建议/114
28. 上海国企板块何以弱势连连/116
29. 上海国企改革板块的八大优势/118
30. 似雾似雨又似风的IPO预披露/121
31. IPO改革必须突出改革的"惩"、"限"、"度"/123
32. IPO开闸前的裂变/125
33. 群体的弱势与权利的轻薄——对上海辖区上市公司投资者保护的几点意见/127
34. 保护投资者何以如此艰难？！/129
35. 中国股市属于谁？/131
36. 灾后选股术/133

避灾之术

1. 一场发生于牛市的股灾/147
2. 避灾之术/154
3. 中国股市的稳定因素正在逐步增加/162
4. 形有波动，势仍向好——修复行情的趋向/164
5. 猴年股市致胜的五大要素/170
6. 中国股市的"L"型走势分析/180
7. 震荡筑底时期的四大策略/183
8. 穷势、绝势、转势——试析5月、6月、7月大势走向/185
9. 长阳后的思考/187
10. 端午之思念/189
11. 兵临城下，蓄势突破——叶氏技术分析系列对当前走势的分析/192
12. 一轮水牛行情正在形成/195

选股之术

1. 识别牛股的八大标志

选股之术是股术的核心与基础,股术有选股之术、探盘之术、判势之术、持仓之术、修心之术等,但都必须以选股之术为首要条件。而选股之术的真谛又首先在于"识"。就像选拔人才要先识别人才、选拔骏马要先识别骏马一样。尤其是挑选具有生命力的牛股以及能使你资金效率成倍放大、使你财富积累快速增长的牛股,就必须要慧眼识股。选股犹如相马,而相马必须识马,必须从认识了解马的种类、品性开始,通过比较鉴别进而了解千里马的各种特性和潜质。《伯乐相马经》中指出:一般的良马仅从外表、筋骨等特征便可识别,而真正的千里马,其特征若有若无、若隐若现,极难捉摸;其奔跑时轻快如飞、不见蹄印。显然,伯乐相马重外表特征,更重内在品性。据记载,中国古代的名马,有秦始皇的追风、飞翩,汉文帝的浮云、赤电,穆天子的翠龙,项王的名雅,以及刘备之的庐、吕布之赤兔等等。古人为这些骏马总结出 8 大特性:(1)绝地——足不践土;(2)翻羽——行越飞禽;(3)奔宵——夜行万里;(4)越影——逐日而行;(5)逾辉——毛色炳耀;(6)超光——一形十影;(7)腾雾——乘云而奔;(8)挟翼——身有肉翅。这八大特性既有外貌形象的特性,又有内在质地的潜质,动静兼备、内外兼修,使人们很快就能在万马群中识别出千里骏马。可见选股同样需要从了解各种牛股、总结具有生命力之牛股与众不同的特性来加以识别。

笔者从上海股市 1990 年开始至 2015 年,每年选取十大牛股共计 250 只年升幅前十名的牛股,其中又重点选择了从 2008 年到 2015 年的 8 年中各年所产生的十大牛股,深入了解各种背景下产生的牛股特性。这些牛股包括 2008 年在全球金融股灾、经济危机之年所产生的牛股,在小牛市、震荡市、熊市所产生的牛股,以及在股灾之年所产生的牛股,然后对这数百余只牛股细加分析,研究其所具有的共性和特性,最后总结出可以识别的具有生命力牛股的八大特性。

一、"小"——小家碧玉、小巧玲珑

总股本 2 亿左右,流通盘在 1 亿之下,总市值在 20 亿之下、亿元之上,这是具有生命力牛股的最强基因,因为盘小在股市中被称为黄花闺女,具有较强的生育能力,为家族繁衍子孙、兴旺门庭。以游久游戏(600652)为例,该股之所以成为 1990~2015 年中最强的牛股,在 25 年中总升幅高达 132 353%,其一个十分重要的原因便是小盘,该股 1990 年 12 月上市时发行量仅 0.8 万股,总市值仅 40 万元,其中法人股 2 500 股、个人股 5 500 股,1991 年 8 月由 50 元面值拆成 10 元面值,随之1991年8月配40 000股,1992年10配10股又10送10股,1993年10配3股又10送30股,1994年10送2,1995年10送1.5转增3.5股,1997年10送2,1999年10送2.4转3.6股又配1.88股,2000年10转3,2002年10转3,2007年10转3,2008年10转1。上市25年来共送转10次,股本扩张2 081.76倍,总融资额达44 563.68万元,至2015年底总股本为8.32亿股,流通盘为6.16亿股。可见其之所以成为25年来第一牛股的根本原因之一便是小盘。其在不断的送、配、转中,从8 000股扩大至今日的8.32亿股,其股价的升幅也水涨船高、名列首位。值得一提的是,之所以将小盘作为牛股第一动力,这是因为中国股市25年历史表明,无论是牛市、熊市还是灾市、震荡市,小盘股的升幅总是在牛股中占相当大的优势。如2008年全球金融危机时的鱼跃医疗(002223),当年升幅为69.06%,超越大盘130%以上,其成因在于当年4月上市,是一个上档无积压筹码的新股,总股本仅1.03亿股,流通盘仅0.26亿股,发行价9.48元较合理。每股收益0.43元,业绩优良,属景气度较高的医疗器械行业,集小、新、低、优、高五大优势于一身,从而使其在大盘暴跌之下逆势而上,列当年十大牛股之首。在2011年熊市产生的十大牛股中有60%以上为小盘股,可见"小"是识别牛股的第一标志。

二、"新"——新春勃发、万象更新

初上市的新股、次新股似乎成了牛股的发祥之地。中国股市25年历史表明,无论市场强弱,凡新股上市都有炒新的习惯,其原因是:(1)没有浮筹的积压,容易炒作;(2)流通盘较小,主力容易收集;(3)行业景气度较高,一般都属于同时期的新兴产业,容易受政策扶持;(4)价格较低,在持续拉升后又可以通过送股除权获利了结;(5)业绩相对优良。这些优势十分符合股市喜新厌旧的特性,所以每年十大牛股中新股都占有一席之地。以2014年为例,这一年上证指数升幅为52.96%,但十大牛股平均升幅近322%,在这十大牛股中,当年上市的新股占20%,2011年至2012年上市的新股占40%,其余40%也均为2000年之后上市的次新股,显然新股、次新股占据全部牛股的前十大席位,尤其是兰石重装(603169),仅在当年三季度上市。由于发行价为1.68元,2014年业绩每股收益达0.838元,同比增长8倍,年末又推10派1.5送6的分红方案,从而股价从上市当日的2.42元持续上升至12月5日的28.57元,在10送6后又以填权方式将股价攀升至35.19元,新股的抄底之风可见一斑,而"新"无疑成为识别牛股的第二大标识。

三、"低"——价廉质优、低调重生

低价股在股市中具有聚众效应,低价一般是经过充分调整,低价个股一旦企业在业绩、题材上出现重大转折就容易打开上升空间,历史上大牛股的炼成均是从低价到高价,然后除权到低价,再填权到高价,由于从低价起步,其上升空间就具有丰富想象。2 元股翻 3 倍,只有 6 元,这较为容易,但 20 元股翻 2 倍变成 60 元,市场就相对难以接受。因为高价就会缺少市场跟风效应。际华集团(601718)2014 年 7 月时股价仅 2.43 元,在军工题材和参与阅兵服制作的刺激下以及在业绩增长的推动下,股价一路攀升至 2015 年 8 月的 27.70 元,短短一年时间股价升幅高达 11.4 倍。又如 TCL 集团(000100)2014 年 7 月时股价也仅 2.29 元,此后随大势上扬至 2015 年 6 月达到 7.68 元,大幅上升了 3.35 倍。与此同期的四川长虹(600839)2014 年 7 月时股价仅 3.09 元,至 2015 年 6 月升至 15.09 元,升幅高达 4.88 倍。2014 年低价股成牛股的这三剑客有力地表明低价因素无疑是大牛股的重要推动力,尤其处于大盘转势期,低价股往往成为大资金重点关注的标的。

四、"高"——景气高升、行业创新

这是牛股具有生命力的核心。从中国股市 25 年历史来看,每年产生的十大牛股都与当年景气度最高的行业相关。1990 年的仪电电子(600602)、1991 年的游久游戏(600652)(原爱使电子)、1992 年的汇通能源(600605)、1993 年的飞乐音响(600651)、1994 年的世纪星源(000005)(原深原野)、1995 年的泸州老窖(000568)、1996 年的创元科技(000551)(原苏物贸 A)、1997 年的深科技(000021)、1998 年的合金投资(000633)、1999 年的神州高铁(000008)(原宝利来)、2000 年的银广夏 A(000557)、2001 年的中房股份(600890)、2002 年的象屿股份(600057)(原厦新电子)、2003 年的韶钢松山(000717)、2004 年的石油济柴(000617)、2005 年的苏宁环球(000718)、2006 年的泛海控股(000046)、2007 年的亿帆鑫富(002019)(原鑫富药业)、2008 年的鱼跃医疗(002223)、2009 年的商赢环球(600146)(原大元股份)、2010 年的广发证券(000776)、2011 年的华夏幸福(600340)(原国祥股份)、2012 年的山东地矿(000409)、2013 年的网宿科技(300017)、2014 年的兰石重装(603169)和 2015 年的特力 A(000025),这 25 只位列各年十大牛股之首的个股都属于行业的龙头。尤其近年来我国经济处于调结构、促转型、稳增长时期,所以近几年产生的牛股都具有新兴产业特征。互联网、环保、医保、网络游戏、网络影视、新材料、云计算、大数据等新行业的景气度为企业带来了高成长的经营业绩,也给了牛股正能量的推动力。

五、"并"——重组并购、资产优化

在中国证券市场最能体现的两大功能是:(1)融资功能,所以 IPO 新股和再融资增发的个股就容易成为牛股;(2)资产优化配资功能,这在股市中体现最多的便是并购重组、凤凰涅槃。所以在牛股中并购重组题材往往是经久不衰、历久弥新的动力,不但有强强联合的重组,还有新旧产业的重组,而最为神奇的便是乌鸦变凤凰的 ST 或*ST 的重组。由于新股的发行上市较为艰难,从而使壳资源的价值倍增,而 ST 股作为壳资源之一便自然成了重组的对象,并由此成就了一批批丑小鸭变白天鹅的神话。查看 1990~2007 年的十大牛股就会发现,一些 1990 年上市的老八股之所以能成为具有生命力的大牛股,其原因便是不断地通过重组兼并收购以保持行业不断翻新、业绩不断增长。如游久游戏(600652)先后与泰山能源、单联投资、鑫宇高速以及游久时代等公司就煤炭、石油、能源、高速公路及游戏等新产业进行并购重组,从而使老树发新芽、老股焕青春。值得一提的是,进入 2008 年全球金融危机之后,世界各国均开始为经济复苏而努力,新旧行业的更替、新旧结构的调整,使资产重组成了最具正能量的动力。以 2008 年至 2015 年各年产生的十大牛股分析,几乎绝大部分牛股与资产重组相关。如在 2011 年的十大牛股中,并购重组题材占了九成之多,因为无论是熊市、灾市、震荡市还是牛市,资产重组、收购兼并均具有改变企业原有生产结构、提升企业原有经营业绩的能力。

六、"优"——持续增长、业绩优良

业绩是一切牛股的基础,是牛股的根基,牛股的生命力就在于持续不断的业绩增长。无论是绩优股成为牛股还是绩差股炼成牛股,都必须在业绩上得到反映。如 2005 年 6 月至 2007 年 10 月,在这段牛市时期所产生的最典型的个股是中国船舶(600150)和中金黄金(600489)。中国船舶 2002 年每股收益为 0.038 元,2003 年每股收益为 0.167 元,2004 年每股收益为 0.328 元,2005 年每股收益为 0.56 元,2006 年与 2007 年每股收益分别为 1.019 元和 5.30 元。这一持续性翻番式的成长便为该股 2007 年成为大牛股打下了结实的根基,并且先于股价作出了反应。可见业绩的优良是牛股炼成的前提。又如中金黄金 2004 年每股收益为 0.138 元,2005 年每股收益为 0.24 元,2006 年与 2007 年每股收益分别为 0.53 元和 1.25 元。正是这种持续性的 100% 的复合增长,使该股成为牛市期的大牛股。显然中国船舶牛市期 3 524% 的升幅和中金黄金 2 197% 的升幅是与其业绩大幅增长相对应的。又如 2012 年的十大牛股同样是优良业绩成最大动力,如山东地矿、珠江实业、阳光城、欧菲光在 2011 年时每股收益分别为 0.032 元、

0.54元、0.58元和0.11元,而进入2012年则每股收益分别提升至0.27元、0.91元、1.04元和1.67元,可见业绩的大幅增长是牛股不可缺失的要素。

七、"厚"——分红丰厚、回馈股东

从中国股市25年历史来看,很少有"铁公鸡"式的不注重对股东回报的公司能成为牛股的。无论是每年的牛股,还是数年中被列为牛股的上市公司,都十分注重对股东的回报。一般而言,一个优秀的上市公司可以从两大数字中加以分析:一是总融资额与总派现额之比,如果二者比例在0.5之下,那么这个公司在回报股东利益上是较差的;另一个就是股本扩张倍数与业绩增长率之比,如果业绩增长与股本扩张成正比,那么便是一个优秀公司,相反业绩随股本扩张逐步背离,那么便是一个差公司。可见分红的丰厚与否与公司红利和红股的派发有密切关系。如2013年十大牛股之一的网宿科技(300017),2013年时10派1.998元转增9.99股,2014年又推出10派1.499元转增11.99股。又如2013年最牛热门股之一的掌趣科技(300315),2012年推出10派1转增12,2013年6月又推出10转增8,2013年继续推出10派0.56转增6,2014年再推出10派0.29转增9,从而使其在成为2013年牛股之后于2014年继续走强。显然只有注重股东利益的公司才会受到市场的关注。

八、"盘"——盘整蓄势、一鸣惊人

任何牛股的炼成均必须有个浮筹消化、筹码收集的过程。股谚云:横有多长,竖有多高。这个横就是盘的代词,横的长度就是盘的时间。笔者在《股道》一书中有关牛股精选独门绝技的章节中专门谈到了牛股的"寻"、"等"、"捕"、"骑"、"放"、"收"六大操作方法,这其中的"寻、等、捕"便是对牛股"盘"的注释。同时笔者在详析2008~2015年各年的十大牛股中也提及了筹码收集这一特征,这便是"盘",是牛股奔腾前必要的蓄势。基本上当牛股正式成立时,主流资金一般都必须有一个筹码收集期或称建仓期,这一点投资人可从钱龙软件主力追踪一栏查看股东户数是否大幅减少、人均持股数是否大幅上升便可明白筹码集中的状况。然后再结合《股道》一书中牛股精选独门绝技所告知的相关步骤,那么不仅能较快地识别牛股,而且能稳稳地捕获牛股,享受牛股带来的丰厚利益。

从数百只牛股的分析中,以"庖丁解牛"之法总结了牛股的"小、新、低、高、并、优、厚、盘"八大标志,又从实践中提炼了"寻、等、捕、骑、放、收"六法。如果读者能坚持不断地实践摸索,再配合良好的心态,那么完全可以相信,成为捕获牛股的高手离你并不遥远。

2. 牛股的特性与共性

（2008～2015年）

美国华尔街有句股谚:值钱的股票比钱更值钱。这句话有两层含义:一是值钱的股票;二是不值钱的股票。值钱的股票比钱升值快,是牛股;不值钱的股票比钱升值慢,甚至亏损,所以是熊股。这一个"值"字反映的是股票的价值,而这种价值更多地体现在股票的升值上。牛股便是以强劲的走势超越大盘,在数千只个股中脱颖而出,在节节攀升的价格中充分显示其升值的潜力。因此,寻找牛股、发掘牛股便是投资者追求的目标,让牛股带领投资者发家致富便成了广大投资者参与风险投资的梦想。

然而,牛股不是随处可捡,也不可能轻易发掘,就像伯乐相马。真正的千里马,其特征是若有若无、若隐若现,极难捉摸,其奔跑时轻快如飞、不见蹄印。牛股也是如此,那天马行空的升势,那持续涨停的升幅,其背后的因素往往非常人能及。有与业绩相关,有与题材相关,有与技术面相关,有与资金面、心理面相关,但凡一切强势,其背后必定有各种因素的刺激与推动。所以寻找牛股绝不能像博彩一样仅靠运气办事,而需要潜心研究、细心分析。天下没有免费的午餐,挣钱都不是件容易的事,要想寻找牛股、了解牛股、发现牛股,就得研究牛股、分析牛股,了解牛股的特性与共性,了解牛股是怎样炼成的。熊市有熊市的牛股,牛市有牛市的牛股,震荡市也有震荡市的牛股,甚至股灾之下也同样会诞生牛股,任何市道都有牛股诞生的条件、缘由。为此笔者将2008～2015年这八年以来每年产生的牛股做一个深入的剖析。之所以选取2008～2015年这一时间段,因为这八年是中国股市经历最艰难、最复杂、最动荡的阶段。这八年中:经历了全球性股灾、全球性经济危机,从而使中国股市一下从牛市跌至熊市的低谷;经历了长达7年的熊市,经历了大小非解禁的高峰;在新经济带动下刚刚止跌企稳时又遭遇史无前例的股灾和全力以赴的救市;互联网金融的新业态将杠杆效应变成了一种泛滥的祸水,而堵洪固岸又在极大的创伤愈合中慢慢修复。这一切变化无常的环境气候依然产生了不同阶段的牛股,因此研究分析这类牛股将更加具有鲜明性和典型性,更能从不同背景、不同市道中探索出不同时期牛股产生的成因及特性,从而在牛股的发掘中有更多的借鉴。

2008年至2015年10月的八年中,每年选取10只牛股共计80只牛股,通过多角度的分析,可了解到牛股产生的背景条件、技术条件、股本结构条件、行业景气条件、业绩变化条件、产品结构条件以及股东变化条件等,从中提取出牛股的共性和独特的个性,这无疑有益于在选择股票时更便捷、更准确地选择牛股。如果投资者能从中把握牛股的共性,又善于去发现牛股的个性,那么无疑能像善于相马的伯乐一样成为寻找牛股的高手。

2008年是全球金融危机下中国股市的灾年,上证指数以5 265点开盘,以1 820.81点收盘,年跌幅达65.4%,呈现一个典型的灾年态势。

3. 2008年十大牛股的成因和特色

2008年的十大牛股比之历年产生的十大牛股升幅均小，只是因为这一年中国股市受到以美国为代表的全球性股灾影响和随之引发的全球性经济危机，使中国股市出现灾难性暴跌。从2007年10月6日上证指数最高点6 124点跌至2008年10月的1 664点，在不到一年的时间内指数跌去4 460点，跌幅高达72%，总市值缩水达22万亿元，1.2亿个A股账户人均亏损13万元。这一年又集合了雪灾、地震、北京奥运，再加上金融危机，股市大起大落让股民大喜大悲。凤凰网2008年散户生存状况调查指出，有近九成股民亏损。这一年国家两次降低印花税，从3‰降为1‰，又从双边征收改为单边征收，暂停新股发行，启动融资融券试点、国企增持等救市措施。从2008年的十大牛股来分析，次新股、小盘股、优良业绩、互联网大数据、新兴产业、重组并购、员工持股等因素为当年牛股产生的重要因素。值得一提的是，这一年十大牛股中没有一家公司是业绩亏损的绩差股，充分反映了"跌势重质"的市场规律。以十大牛股之首的鱼跃医疗(002223)为例，当年升幅为69.06%，超越大盘130%以上。其牛股的成因是：成因之一为当年4月上市的新股，由于新股无套牢筹码，上升中抛压小，所以容易被资金炒作；成因之二是小盘股，总股本1.03亿股，流通盘仅0.26亿股，且发行价9.48元，较为合理，上市当日收盘价为14.3元，容易被市场所认同；成因之三是业绩，每股收益为0.43元，属于优良；成因之四是医疗器械行业，属于朝阳行业，景气度好；成因之五是具有送配股概念，因为盘小绩优、公积金丰厚，所以分红能力较强。正是由于这五大原因，使其在上证指数暴跌的情况下依然牛气不减，在上市不久就从14.3元上升至22.98元，此后随大盘回落至11.2元。当大盘在救市政策刺激下上证指数从1 664.92点开始反弹时，该股更是一马当先从11.2元持续上升至年底的23.89元，第二年4月又攀升至39.50元，充分显示出牛股的风采。

对2008年十大牛股综合分析后，可以十分明确地了解到在全球金融危机之下的牛股有五点特性：

(1)涨幅普遍趋小。虽远远跑赢大市，但十大牛股中最高升幅仅为69.06%，最低升幅仅为27.66%，平均年升幅仅为40%。这表明牛股的强势依然受大盘走势的影响。

(2)十大牛股的走势。尽管强于大盘，但基本上仍随大盘波动，2008年1~8月上证指数处于暴跌阶段，至10月止跌企稳，随后出现一波强势反弹，而十大牛股也基本借助于反弹之势呈现了强劲牛气。

(3)小盘、次新股依然是灾年牛股的最强基因。

(4)农业股占比三成。隆平高科、登海种业、敦煌种业列第4、5、6位,可见经济危机之下,农业成重点领域。

(5)"涨时重势,跌时重质"在灾年股市的十大牛股中得到了充分体现。题材性操作、亏损股升天的现象没有出现,相反业绩优良、成长明显的个股更具有牛股的底气。

表1　　　　　　　　　　　　2008年十大牛股

2008.1.1～2008.12.31(升跌幅－65.39％)

序号	股票代码	股票简称	现价(元)	区间涨跌幅(％)	区间换手率(％)	所属概念
1	002223.SZ	鱼跃医疗	40.63	69.06	1 411.51	互联网医疗;互联网+;股东增持;定增;养老概念;医疗器械;医疗改革;阿里巴巴概念;老龄化;融资融券;机构重仓;健康中国
2	002271.SZ	东方雨虹	17.67	65.58	1 005.15	铁路基建;大数据;电子商务;证券持股;轨道交通;空中巴士;高铁;海底隧道;回购;民营银行;基金重仓;海绵城市
3	600836.SH	界龙实业	32.92	62.98	2 006.71	人民币升值;上海自贸区;资产注入;迪士尼;浦东商业规划;造纸转暖
4	000998.SZ	隆平高科	20.41	48.66	2 409.70	并购重组;新兴产业;转基因;定增;三农;长株潭;两会;电子商务;生物育种;农业现代化;农业产业化;第三板;生态农业;玉米种业;新疆发展;融资融券;超级稻;基金重仓;强麦;普麦;晚籼稻;早籼稻;棉;玉米
5	002041.SZ	登海种业	16.22	32.83	2 060.05	新兴产业;转基因;三农;两会;黄河三角;生物育种;农业现代化;农业产业化;生态农业;抗旱;渤海粮仓;玉米种业;融资融券;超级稻;强麦;普麦;玉米;农垦改革
6	600354.SH	敦煌种业	7.66	32.07	2 504.83	新兴产业;三农;一带一路;供销社改革;两会;生物育种;农业现代化;小麦种子;抗旱;玉米种业;兰新试验区;融资融券;超级稻;强麦;普麦;棉;玉米
7	002253.SZ	川大智胜	37.12	31.87	1 097.36	军工;定增;车联网;军民融合;成都天府新区;成渝特区;通用航空;央视财经50;高科技;智慧城市;核高基;人脸识别;信息消费;机构重仓;私人飞机;全息手机
8	600395.SH	盘江股份	6.77	31.25	881.84	煤层气;稀缺煤;定增;循环经济;黔中经济区;沪港通概念;抗寒;西电东送;油价上调;融资融券;地方国资改革;焦煤
9	000918.SZ	嘉凯城	4.74	27.71	0.02	员工持股计划;定增;参股金融;O2O概念;土地增值;长株潭;新型城镇化;智慧城市;金改;低价股;地方国资改革
10	000925.SZ	众合科技	18.88	27.66	7.03	新兴产业;节能环保;污水处理;高校;废气处理;新材料概念;脱硫脱硝;轨道交通

【前三名牛股图解】

1. 鱼跃医疗(002223)

牛股炼成的主要成因：

(1)上市日期：2008年4月18日，系次新股。

(2)行业：公司属专用医疗器械业，是国内最大康复护理和医用供氧系的医疗器械专业生产企业，系主流热点之一。

(3)发行价：9.48元，上市首日收盘价14.30元，低发行价提升上涨空间。

(4)股本结构：总股本1.03亿股，流通股2 080万股，小盘股利于操作。

(5)业绩与分红：每股收益0.43元，10派1转增6，优良业绩与分红提升价值和价格。

(6)筹码趋向：股东户数从上市14 189户到9月底5 664户，人均持股从2 616股增加到4 590股，趋向集中，显示主流资金对筹码的收集。

(7)最佳买点：周K线显示2008年10月进入最佳买点，按照叶氏个股精选独门绝技的系列分析，均线、K线、成交量均线、KDJ随机指标、MACD平滑移动线指标及DMI趋向指标均呈低位金叉。见图1。

2. 东方雨虹(002271)

牛股炼成的主要成因：

(1)上市日期：2008年9月10日，系次新股。

(2)行业：防水、防腐材料，保温材料，建筑机械成套设备。

(3)发行价：17.33元，上市首日收盘价19.99元。

(4)股本结构：总股本5 276万股，实际流通A股1 056万股，小盘股利于操作。

(5)业绩与分红：每股收益0.69元，10派3.5转增5，优良业绩与丰厚分红方案提升价值。

(6)筹码趋向：股东户数从上市初9 104户到第二年7 609户，人均持股从上市初1 856.5股到第二年3 549.3股，趋向集中，显示受主流资金关注。

(7)最佳买点：周K线显示该股从上市初便开始进入最佳买点，按照叶氏精选个股独门绝技的系列分析，均线、K线、成交量均线、KDJ随机指标、MACD平滑移动线指标及DMI趋向指标均呈低位金叉。见图2。

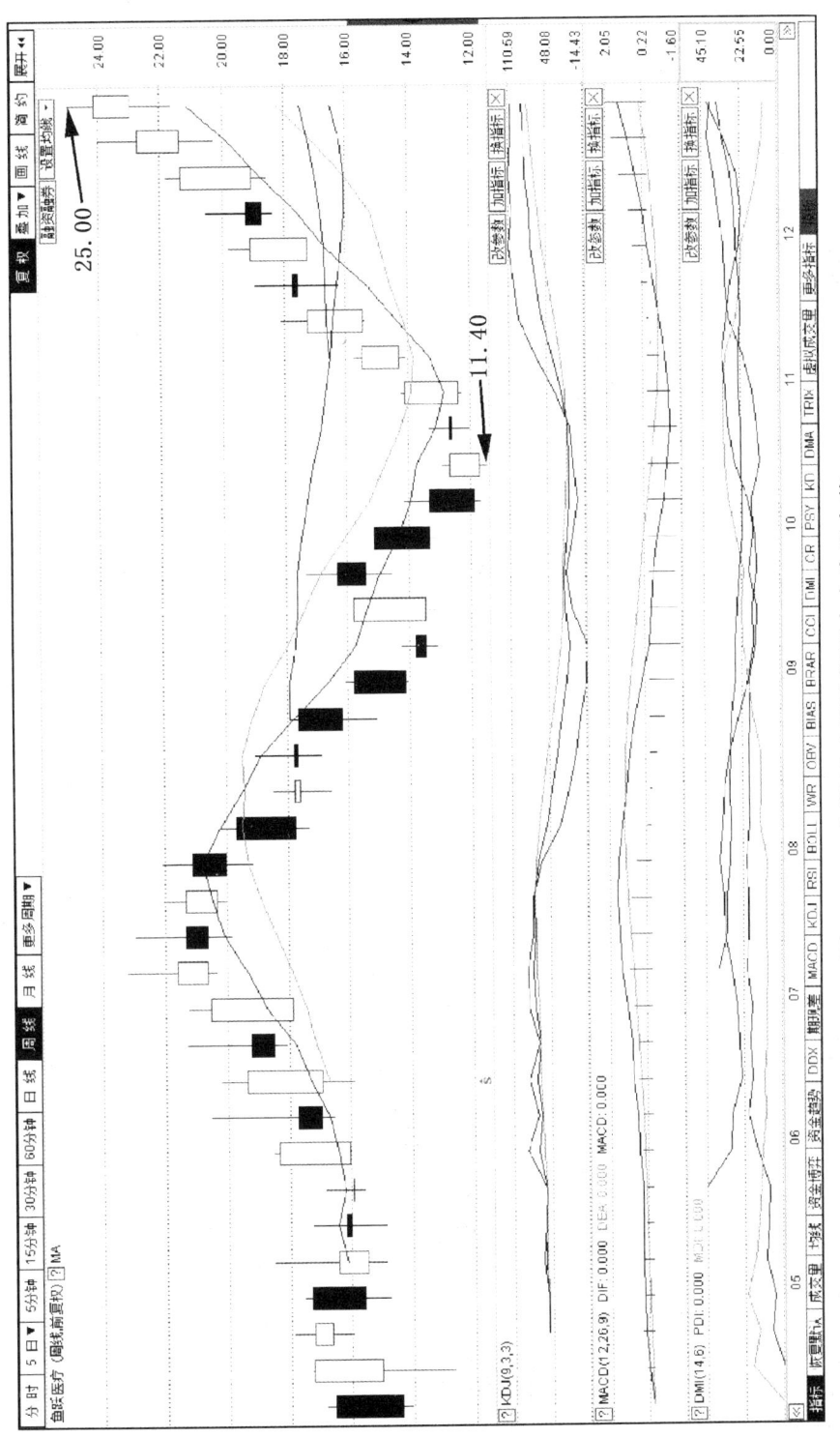

图 1　2008年以69.06%升幅列十大牛股之首

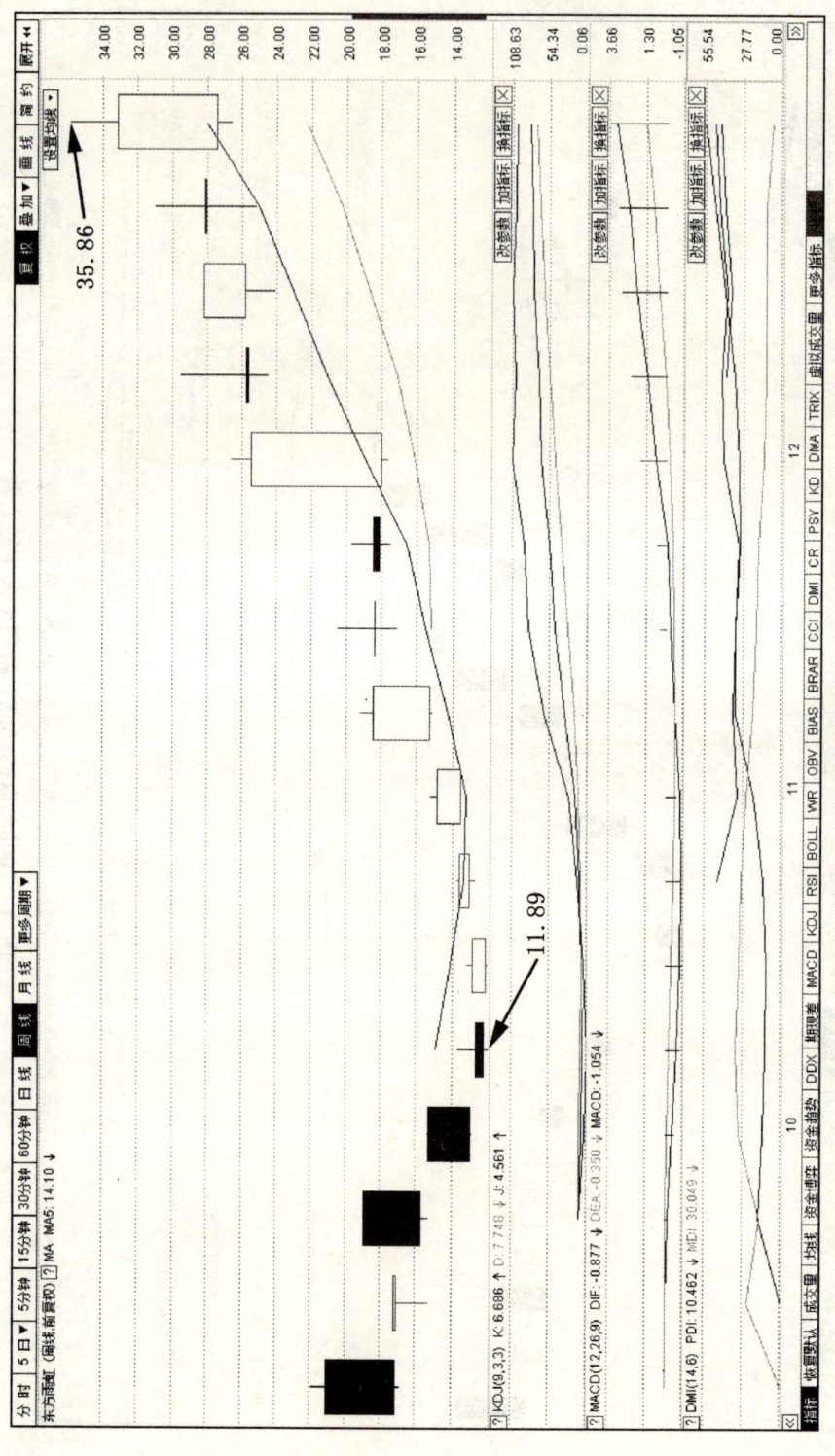

图 2 2008年以65.58%升幅列十大牛股第二名

3. 界龙实业(600836)

牛股炼成的主要成因:

(1)股本结构:总股本 17 420.19 万股,全流通 17 420.19 万股,小盘股利于操作。

(2)分红转增:2007 年分红预案为 10 转增 8 方案,2008 年 5 月 13 日到 15 日实施,丰厚分红方案提升该股价值和价格。

(3)主要题材:

①受迪士尼乐园落户浦东川沙地区的刺激,该地区土地价格持续上涨,公司拥有该地区数百亩资源,成炒作题材;

②当年企业荣获全国轻工业企业信息化先进单位;

③当年 4 月界龙牌平版印刷工艺连续四年获上海名牌产品称号;

④第六届中国包装印刷产品质量评比中"斯威特彩盒"获银奖。

(4)最佳买点:周 K 线显示,该股于 2007 年底便进入最佳买点,至 2008 年则进入强势上升通道,按照叶氏牛股精选独门绝技分析,2008 年全年 3 次出现买入时机、2 次出现卖出时机,从而获得年度升幅位列第三的收获。见图 3。

图 3　2008年以62.98%升幅列十大牛股第三名

4. 2009年十大牛股的成因和特色

2009年是中国农历牛年,对于中国股市而言同样是牛气冲天的一年。上证指数以1 849.02点开盘,以3 277.14点收盘,最高升幅达80%左右。这一年从1月到7月连拉7根月阳线,近43%的个股一扫股灾阴霾,股价重回2007年牛市顶峰时的6 000点水平。统计显示,在沪深股市1 800余只个股中,1 040只个股涨幅超过100%,其中有258只个股涨幅超过200%,有62只个股涨幅超过300%,19只个股涨幅超400%。这一年沪、深股市总市值回升至24.4万亿元,流通市值15.13万亿元。这一年之所以牛气强劲,是因为2008年救市的四万亿投资资金使货币政策的宽松有了极大的改观。2009年前三季度发改委分别下发了1 300亿元、700亿元及800亿元的投资计划,财政支出前三季度同比增24.1%,比之2008年增1.5万亿元,尤其是2009年11月底数据显示新增贷款同比增额达10万亿元,极大地刺激了国民经济的增长。GDP增速1~3季度依次为6.1%、7.1%、7.7%。在贷款和货币供给量快速上升的同时,储蓄存款便大量流向资本市场,从而推动股市快速上涨,而股市的赚钱效应又不断吸引新股民入市。另外,刺激经济的十大产业振兴规划促使基建、水泥重组、创投、汽车、钢铁、纺织、装备、制造、船舶、电子信息、轻工业、物流等行业的回暖为股市增添了新的题材。与经济振兴相提并论的是陆续出台了区域振兴规划,上海、珠三角、海西、横琴、长三角及东北老工业基地使这些地区板块的上市公司形成新的利好刺激。值得一提的是,2009年不仅将暂停9个月的IPO至6月18日开始重启,而且10月30日酝酿了十年的创业板正式推出,这不仅为国家直接融资开通了新的渠道,而且为中国股市带来了一批符合国家经济结构调整的且具有良好成长性的创新型企业。

详细分析一下2009年的十大牛股可以看出,与2008年世界金融危机时的十大牛股有明显不同,2009年十大牛股产生于牛市氛围之中,其共有五大特性:

(1)2009年的十大牛股由于在牛市背景之下,所以普遍升幅较大,比之2008年灾年的牛股升幅超出10倍左右,可见尽管牛股远强于大盘,但是大盘走势的强弱也直接关系到牛股升幅的强弱。

(2)十大牛股的走势不仅受大市场强弱的影响,也多少与大盘走势相关。在2009年大盘走势于8月初达到顶峰后开始出现大幅回落,十大牛股的走势也随之受到一定程度的影响,当然不少牛股往往比大盘稍后下跌,又率先反弹,这便是牛股的共性。

(3)小盘股占主要地位,列十大牛股之首的商赢环球(600146)总股本仅2亿股,流通盘也仅2亿股,在十大牛股中总股本在5亿股以下的占八成,其余二成个股总股本也仅 5 亿~6 亿股,可见小盘股始终是牛股的主要成因之一。

(4)次新股与重组股,这两大成因是牛股中最具吸引力的条件。在 2009 年的十大牛股中,30%属次新股,并购重组占 80%,其中有的牛股二者兼备,如商赢环球是典型的并购重组股,由*ST 大元经重组而成。在 2009 年全年十大牛股中,并购重组题材的牛股有 8 个,可见并购重组成为牛股的最大动力。

(5)业绩成长为次,题材为首。2009 年十大牛股中,亏损与微利的绩差股占比近六成,即使全年业绩变优也是因并购重组、合并财报而成,所以跌势重质地、升势重题材在牛股中体现得更为明显。

表 2　　　　　　　　　　　2009 年十大牛股

2009.1.1~2009.12.31(升跌幅 79.98%)

序号	股票代码	股票简称	现价(元)	区间涨跌幅(%)	区间换手率(%)	所属概念
1	600146.SH	商赢环球	—	663.01	1 156.47	并购重组;定增;黄金;上海自贸区;碳纤维;涉矿;举牌;电子商务;雅安地震;基因测序;甘肃地震;融资融券;品牌服装
2	600537.SH	亿晶光电	12.58	625.62	933.96	定增;分布式发电;光伏概念;沪港通概念;太阳能;新能源;蓝宝石;融资融券;信托重仓
3	000519.SZ	江南红箭	—	564.84	1 024.77	并购重组;军工;资产注入;成渝特区;新材料概念;央企国资改革;阅兵
4	000570.SZ	苏常柴 A	9.54	550.42	1 248.48	股东增持;江苏沿海发展;干细胞;金改;含 B 股;柴油发电;发电机概念;地方国资改革
5	600139.SH	西部资源	—	541.61	1 636.49	锂电池;定增;新能源汽车;稀有金属;成渝特区;涉矿;沪港通概念;锂矿;融资融券;铜
6	002005.SZ	德豪润达	—	509.61	927.68	新兴产业;珠港澳大桥;智能终端;定增;O2O 概念;珠三角区;横琴新区;电子商务;家用电器;节能照明;芯片替代;可见光通信;小间距 LED;融资融券
7	000540.SZ	中天城投	10.60	502.56	1 721.38	互联网+;互联网金融;股权激励;股东增持;定增;页岩气;保障房;金控平台;涉矿;黔中经济区;稀缺资源;新型城镇化;养老地产;棚户区改造;跨境电商;融资融券
8	600562.SH	国睿科技	54.30	479.19	1 113.30	定增;军民融合;军工改制;国资整合;预警机;陶瓷产权保护;雷达;央企国资改革
9	600157.SH	永泰能源	4.98	459.22	1 967.28	定增;页岩气;物联网;新能源汽车;沪港通概念;低价股;致密气;融资融券
10	600481.SH	双良节能	9.11	457.45	694.01	新兴产业;节能环保;污水处理;分布式发电;建筑节能;余热发电;海水淡化;沪港通概念;地热能;高送转;证金持股;并购投资基金;合同能源管理;发泡餐具解禁;甲苯胺反倾销;融资融券;分布式燃气发电

【前三名牛股图解】

1. 商赢环球(600146)

牛股炼成的主要成因：

(1)股本结构：总股本2亿股，流通盘2亿股。

(2)并购重组：大股东由上海泓泽世纪投资公司接替原大连实德投资有限公司。

(3)业绩扭亏：从2009年每股亏损0.24元转变为每股0.058元。

(4)公司更名：由原*ST大元更名为"商赢环球股份有限公司"。

(5)筹码趋向：2009年首季开始，股东户数和户均持股分别比之2008年底时的15 992户和12 506股集中至12 564户和15 918股，趋向非常集中。

(6)进入最佳买点：按照叶氏牛股精选独门绝技分析，该股于2009年1月首周周K线均线、KDJ随机指标、MACD平滑移动线指标、DMI趋向指标、MA均量线指标均出现低位金叉，显示长牛已初露端倪。见图4。

2. 亿晶光电(600537)

牛股炼成的主要成因：

(1)董事长：持股19 605.1万股，占总股本33.33%，个人财富积累与企业挂钩，更具企业发展积极性。

(2)股本结构：总股本2.3亿股，流通股2.3亿股，属小盘股。

(3)并购与重组及更名：海通食品集团重大资产重组，置入常州亿晶光电科技有限公司100%股权，并于2011年12月更名为亿晶光电公司，具最重大题材。

(4)筹码趋向：2008年底股东户数为35 876户，人均持股为6 413.5股；2009年底股东户数为16 409户，人均持股为14 018.7股，筹码明显趋向集中。

(5)最佳买点：从2009年一开始，该股K线便显示各均线呈多头排列，MA能量均线、KDJ随机指标、MACD平滑移动线指标以及DMI趋向指标均呈现低位金叉，按照叶氏牛股精选独门绝技分析，此股开始步入牛股状态。见图5。

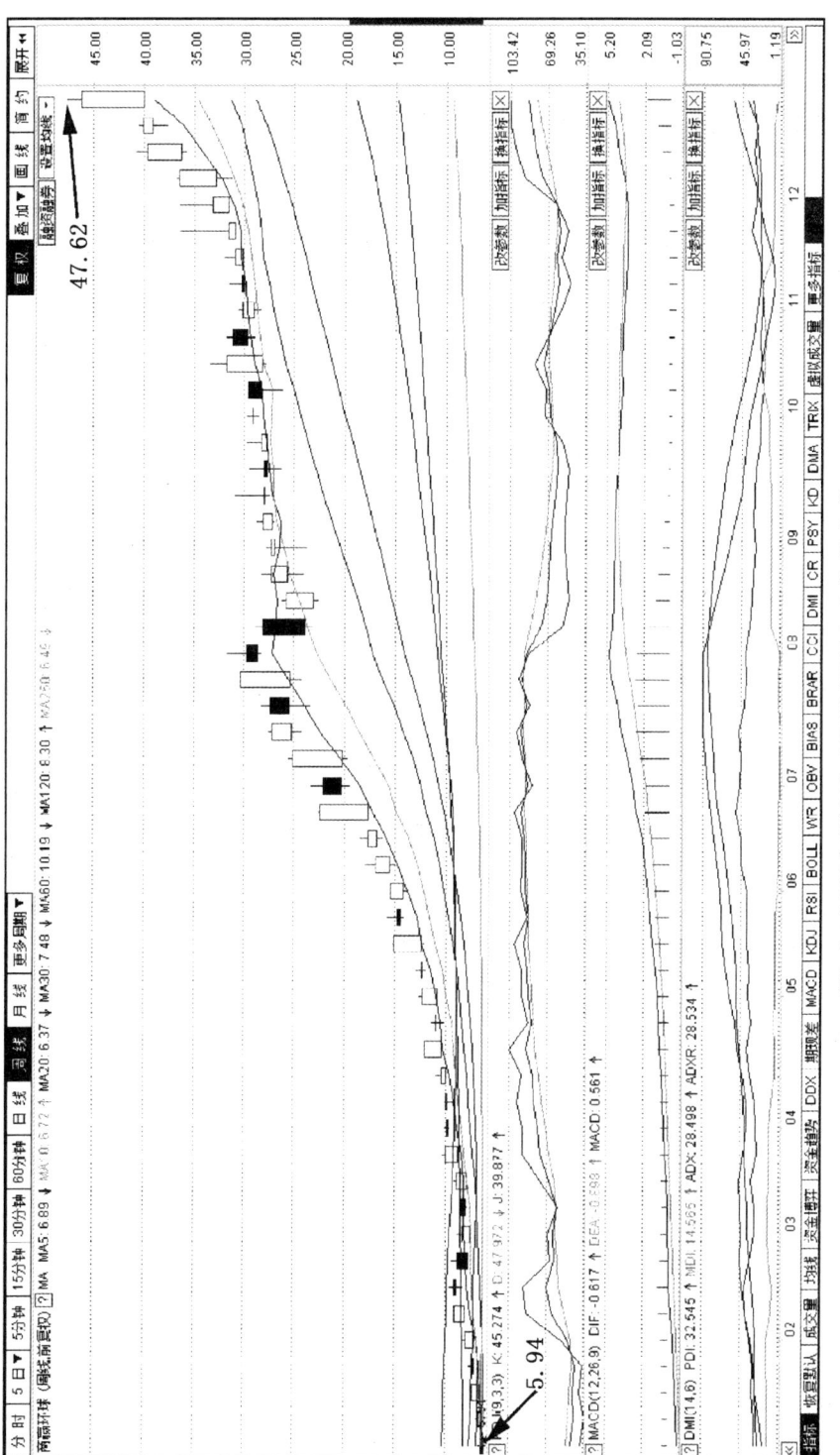

图 4　2009年以663.01%升幅列十大牛股之首

20　股术

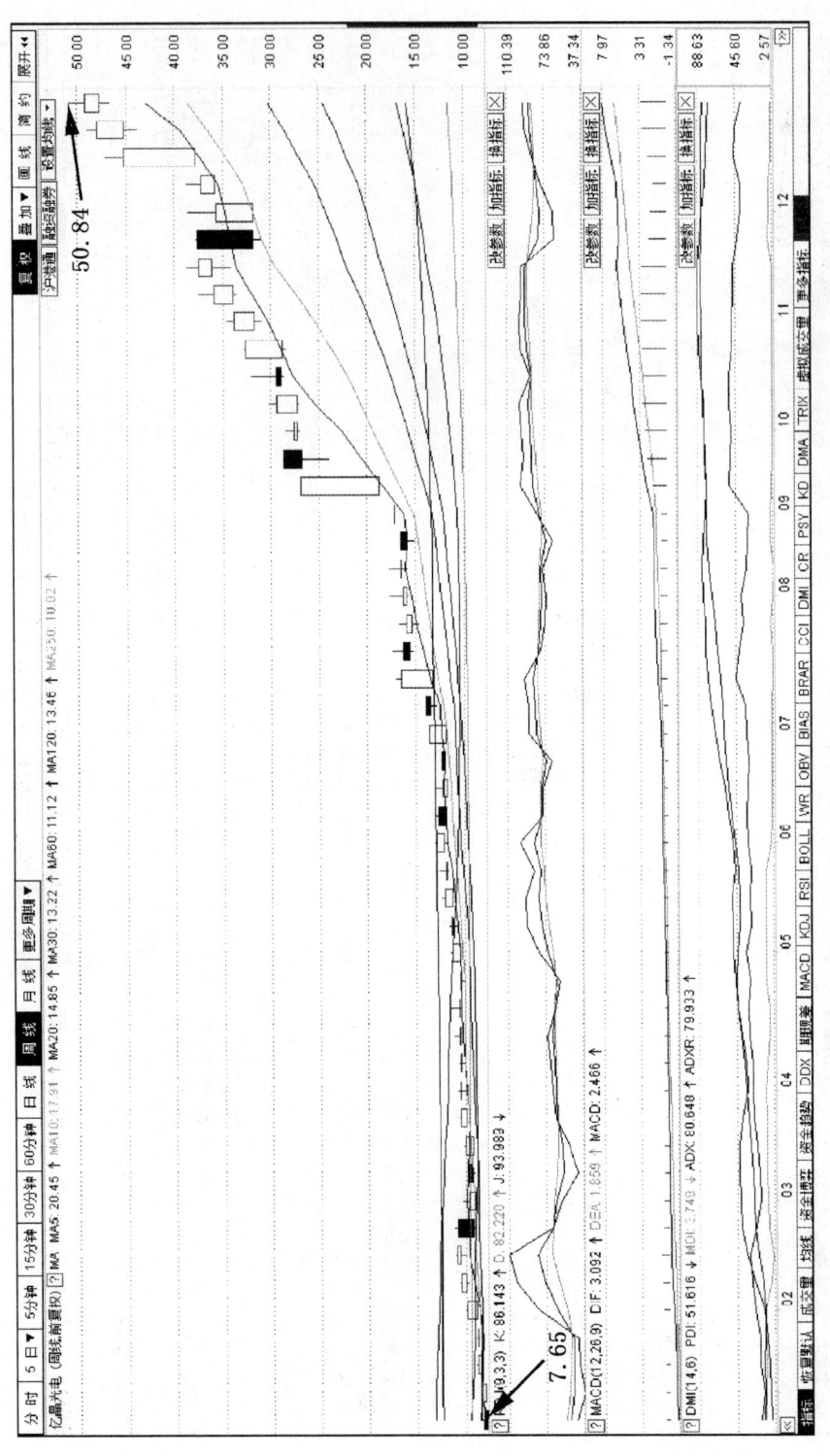

图 5　2009年以625.62%升幅列十大牛股第二名

3. 江南红箭(000519)

牛股炼成的主要成因:

(1)股本结构:总股本为19 115.36万股,流通盘为15 636.28万股。

(2)行业属性:公司系国际超硬材料领域龙头。

(3)业绩与分红:2009年扭亏为盈,从2008年每股收益-0.14元改变为2009年的每股收益0.02元。

(4)筹码趋向:2008年底股东户数为28 387户,人均持股为6 733股;2009年底股东户数为19 333户,人均持股为9 887股,趋向集中且非常集中。

(5)兼并重组:置出公司全部经营性资产,置入江南机器(集团)有限公司军工类经营性资产。

(6)最佳买点:自2009年1月起,该股周K线均线、MA均量线、周KDJ随机指标、周MACD平滑移动线指标、DMI趋向指标均在低位形成金叉,按叶氏牛股精选独门绝技分析,呈现最佳买点。见图6。

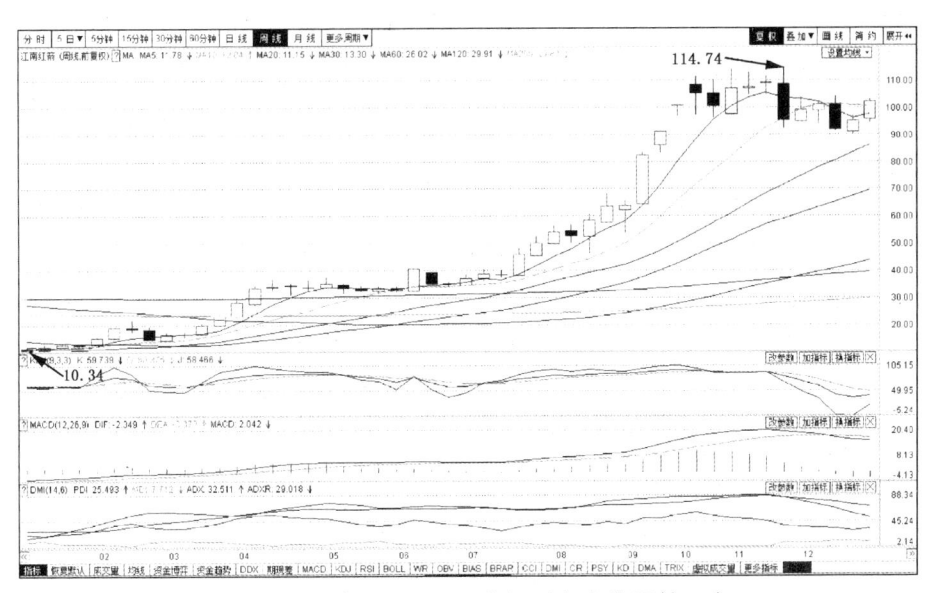

图 6 2009年以564.84%升幅列十大牛股第三名

5. 2010年十大牛股的成因和特色

2010年股市是一个较为典型的震荡市,以上证指数周K线分析,一个典型倾斜型的头肩底呈现在面前。上证指数以3 277点开盘,以2 808点收盘,全年下跌14.3%,列全球股市涨幅倒数第三。这一年发生了以下几件对股市产生重大影响的大事:(1)1月8日正式推出融资融券业务;(2)4月16日正式推出股指期货;(3)7月15日中国农业银行以222.3万亿发行规模在A股上市,使上证指数抄底至2 319.74点,此后大盘开始企稳反弹;(4)这一年IPO募资和再融资规模分别达到347家和168家,总融资规模达9 859.85亿元,列全球之最,为抑制通胀,2月27日央行再次加息,正盘整中的股市随之回落;(5)创业板、中小板指数创出历史新高,这一年电子元器件以36%升幅位列行业指数升幅前列,医药生物以32.9%升幅位列第二,消费与新兴产业崭露头角,而钢铁、地产则跌幅超20%,这一年据和讯调查59%的投资者获利。

2010年的股市上半年下跌27%,下半年最高上升33%,跌宕起伏、板块轮动,属于典型的牛皮震荡市。在这样的市场背景下所产生的十大牛股比之2008年灾年下的十大牛股以及2009年小牛市下的十大牛股又有明显不同。首先是在涨幅上有明显回落,2009年小牛市时的十大牛股平均升幅为535%,而2010年震荡市时的十大牛股平均升幅为280.9%,缩水近一半。而在炒作理念上更注重企业成长性和持续性经营业绩,比之2009年以题材为主、轻业绩的观念有了较大改进。在十大牛股中,以优良业绩或同比业绩大幅提升的占比达80%。例如,恒逸石化(000703)2009年每股收益为-0.14元,但进入2010年每股收益就高达3.99元。东方园林(002310)2009年每股收益为0.76元,2010年增长为每股收益1.72元。莱宝高科(002106)2009年每股收益为0.41元,2010年每股收益就达到0.75元。在2010年的震荡市中,主流资金重质轻势显得十分突出,成长性、高分红及业绩优良成为牛股的最重要的核心成因。另外一个突出的成因便是并购重组、借壳上市,作为2010年列十大牛股之首的广发证券就是借原ST延边公路之壳实现整体上市。自2006年10月19日停牌之后,持续40个月始得复牌,首日升幅高达374%。恒逸石化(000703)通过资产注入借壳ST光华实现整体上市,广晟有色(600259)通过对原海南兴业聚酯的重组,并将原ST有色更名为广晟有色,使企业扭亏为盈。可见震荡市中十大牛股的产生兼有熊市与牛市的特性。

综合2010年十大牛股的分析可以清晰地看到震荡市中牛股的特性:

(1)震荡市中十大牛股总体升幅较2008年的灾年牛股升幅要强6.54倍,但比之2009年的小牛市要小40%,显然震荡市中的牛股其升幅介于灾年与牛市之间。

(2)基于2010年"十二五"规划制定、七大战略新兴产业崛起在股市得到明显反映,在创业板推出新兴产业公司纷纷上市之下,物联网、电子信息、智能电网、生物医药等热点板块方兴未艾。在十大牛股中,东方园林(002310)、莱宝高科(002106)、金螳螂(002081)、成飞集成(002190)等新兴产业代表股初露峥嵘,这表明产业政策对牛股的产生具有较强的动力。

(3)震荡市中企业的业绩是十大牛股的重要基因。这十大牛股有的业绩持续增长,例如,东方园林(002310)2009年每股收益为0.76元,2010年提升至1.72元;莱宝高科(002106)、金螳螂(002081)同比分别增长82.9%和28.6%。有的通过兼并重组,企业业绩大幅提高,例如,广发证券(000776)每股收益为1.62元;恒逸石化(000703)2009年每股收益为-0.14元,2010年则达到3.99元;盛达矿业(000603)2009年每股收益仅-0.03元,2010年通过重组达到3.99元;金鸿能源(000669)2009年每股收益为0.004元,2010年通过重组大幅提升至每股收益0.40元。这十大牛股业绩平均每股收益为0.996元,可见震荡市中所产生的牛股比之熊市和灾市所产生的牛股更注重企业的经营业绩。

(4)并购重组为震荡市十大牛股的最强动力。在2010年十大牛股中,有6个牛股有并购重组的重大题材,尤其是高科技或新兴产业的注入使重组发挥神奇魔力。通过重组使企业脱胎换骨,业绩大幅提升,从而吸引主流资金加入。

(5)股本结构总体偏小。在震荡市的十大牛股中,总股本在4亿~5亿股的占五成,总股本在2亿~3亿股左右的占二成,总股本在10亿股以上的仅占三成,流通盘5亿股以下的占比七成,可见小盘股依然是牛股成因中不可缺少的因素。

(6)最佳买点。在震荡市中牛股的走势虽然呈现强势,但依然难免受大盘走势的影响,只是比大盘先止跌,随之又率先反弹而已。2010年大盘走势大幅震荡出现两个低点和两个高点,而十大牛股中也较一般个股最先出现两个最佳买点,而这两个最佳买点明显地显示出牛股奋蹄的风采。

综上所述,震荡市产生的牛股在涨幅与走势上依然会受到大盘的牵连,但是牛股的个体强势始终不减风采。而小盘、绩优、重组、新兴产业始终是牛股推升的主要题材,年初的主题概念往往成为全年炒作的主流热点。而所有这些均会在技术指标上得到反映,叶氏选股独门绝技始终能及时发现最佳买点和最佳卖点,为投资者提供行之有效的参考。

表3　　　　　　　　　　　　　2010年十大牛股

2010.1.1～2010.12.31(升跌幅－14.31%)

序号	股票代码	股票简称	现价(元)	区间涨跌幅(%)	区间换手率(%)	所属概念
1	000776.SZ	广发证券	15.60	427.93	1 451.93	互联网＋;互联网金融;新三板;券商创新大会;融资融券;互联网券商;沪港通券商
2	000703.SZ	恒逸石化	8.67	376.39	521.94	定增;互联网平台;东盟北部湾;PTA涨价;油品改革;PTA;燃油
3	600259.SH	广晟有色	—	314.88	2 126.49	定增;稀土永磁;稀有金属;东盟北部湾;再生金属;新材料概念;沪港通概念;稀缺资源;小金属;融资融券;广东国资改革;稀土整合
4	000603.SZ	盛达矿业	—	278.24	708.89	并购重组;珠三角区;涉矿;深圳综改;医保;民营银行;铅;锌
5	002310.SZ	东方园林	—	274.49	1 217.03	节能环保;O2O概念;美丽中国;美丽乡村;生态城乡;矿山生态修复;融资融券;园林开发
6	002106.SZ	莱宝高科	—	255.16	420.40	新兴产业;智能终端;苹果概念;新一代信息技术;珠三角区;石墨烯;深圳综改;高科技;新材料概念;移动互联网;TMT;触摸屏;WIN8;融资融券;全息手机;央企国资改革
7	002081.SZ	金螳螂	15.09	236.85	253.46	互联网＋;定增;建筑节能;电子商务;融资融券;机构重仓
8	000669.SZ	金鸿能源	21.60	220.82	907.30	并购重组;股东增持;天然气;振兴东北;低碳;天然气管道;新能源;社保重仓;机构重仓
9	002006.SZ	精功科技	10.51	215.26	1 188.38	股东增持;分布式发电;光伏概念;多晶硅;太阳能;新能源
10	002190.SZ	成飞集成	39.09	211.51	1 989.49	并购重组;大飞机;锂电池;充电桩;军工;航天军工;新能源汽车;成渝特区;新能源;电动汽车租赁;融资融券;央企国资改革;阅兵

【前三名牛股图解】

1. 广发证券(000776)

牛股炼成的主要成因：

(1)重组借壳：2006年6月5日原上市公司延边公司公告广发证券拟借壳上市，并于2006年10月19日停牌，在经历三年多时间后借股改契机以新增股份换股吸收合并，广发证券于2010年2月12日上市当天升幅达374.4%。

(2)业绩优异：2008~2010年三年每股收益分别高达1.257元、1.95元和1.62元，由于综合实力雄厚、业绩优势突出，成券商板块龙头。

(3)曾出现过最佳买点：该股虽然自2010年2月12日复牌上市，股价一度从停牌前的10.11元冲高至60.46元，此后随大盘回落最低跌至27.8元，但随之经过一段时间盘整，于9月30日股价30.03元时进入最佳买点。此时5日、10日两条均线上穿30均量线，5日MA上穿10MA，KDJ随机指标、MACD平滑移动线指标及DMI趋向指标均在低位形成金叉。根据叶氏选股独门绝技分析，此五大指标齐聚，各产生金叉，那便是大牛股奋蹄之日。见图7。

2. 恒逸石化(000703)

牛股炼成的主要成因：

(1)兼并重组：公司原名为*ST光华，通过非公开增发方式购买浙江恒逸石化100%股份，完成借壳上市，并于6月8日启用新名"恒逸石化"。恒逸石化作为PTA和聚酯纤维的行业龙头，为中国企业500强，且自2010年起未来三年利润依次为7.95亿元、8.81亿元、8.90亿元，从而使ST光华一下乌鸡变凤凰。

(2)走势怪异，奇兵突起：该股年初为世纪光华，于2010年1月出现第一个最佳买点，股价从9.43元连续7个涨停，最高升至4月中旬的22.86元，此后变成ST股，股价一路向下，至7月下旬跌至13.53元。恰在此时，该股再度出现第二个最佳买点，此后成牛股一路狂奔，升至年底的46.24元。若无叶氏选股独门绝技，很难发现该股走势是主力以ST帽子的戴与摘为契机进行吸筹、打压、拉升，变成整个牛股的途径。

(3)筹码收集：该股2009年6月时开户数为25 476户，人均持股4 336.4股，而至2010年3月开户数就缩小至9 565户，人均持股却达到14 887.96股，一下变得十分集中，显示主力吸筹意志坚决。

(4)业绩巨变：2009年该股每股收益仅-0.14元，为亏损股，而到了2010年该股业绩暴增至每股收益3.99元。

(5)股本结构：总股本为14 391万股，流通盘为14 391万股，为典型小盘股。见图8。

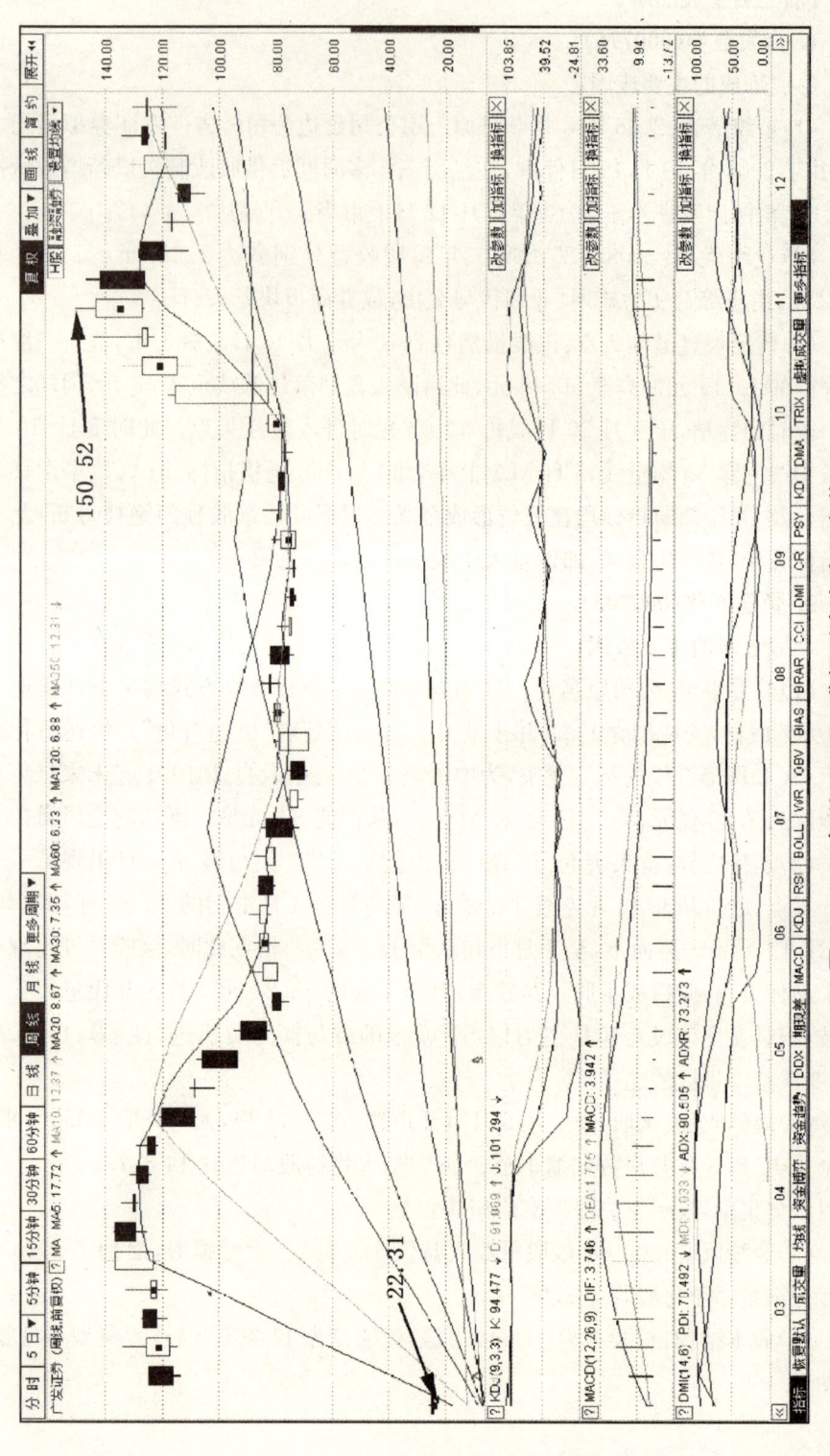

图 7 2010年以427.93%升幅列十大牛股之首

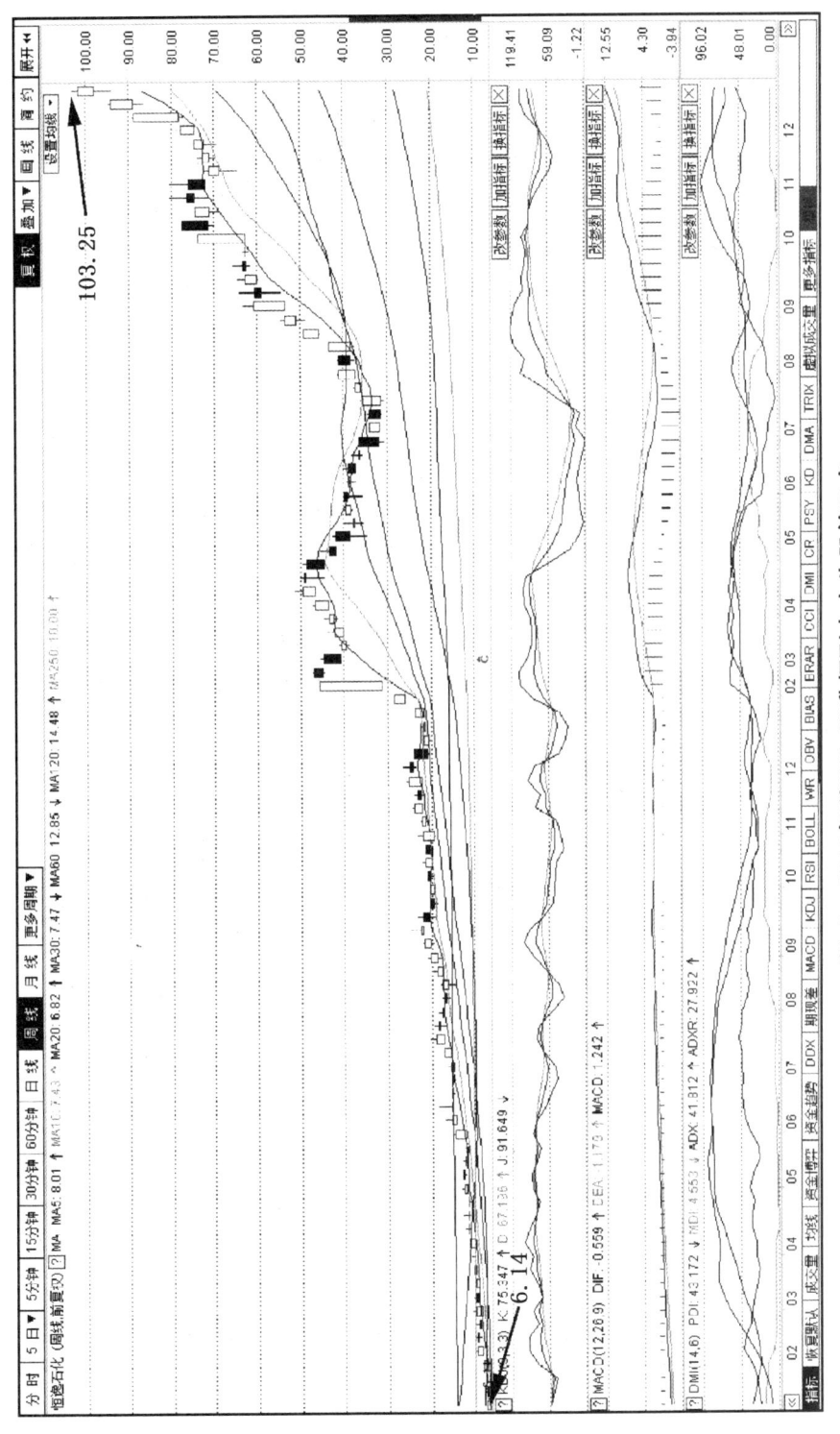

图 8 2010年以376.3%升幅列十大牛股第二名

3. 广晟有色(600259)

牛股炼成的主要成因：

(1)产业突出：稀土产业纳入国家指导性重组规划，稀土资源的稀缺及其价格的上涨成为推动该股走牛的主要动力，公司系广东唯一合法稀土开采企业。

(2)并购重组：由原ST有色成功摘帽，通过重组成为广晟有色并开始接受广晟有色集团下属7家子公司所拥有的有色金属资产经营管理，又于3月与自然人张修江控制的赣州稀土矿业公司共同投资设立江西广晟稀土集团有限公司，同年7月又收购清远嘉禾稀土公司，从而提高公司稀土加工整体水平，一系列的收购整合提升了公司的稀土整合能力。

(3)股本结构：总股本24 940万股，流通盘24 940万股，为小盘股，易受到资金青睐，易炒作。

(4)业绩增长：2008～2011年依次上升为0.06元、0.11元、0.15元和0.69元。

(5)筹码集中：2009年股东开户数和人均持股分别为20 989户和4 732.4股，至2010年3月开户数为16 196户、人均持股为6 869.4元，达到非常集中的标准，显示主力资金看好此股。

(6)最佳买点：随着筹码集中，该股于2010年3月底出现最佳买入点，按照叶氏选股独门绝技分析，该股周K线均线、MA资金线、KDJ随机指标、DMI趋向指标及MACD平滑移动线指标均在低位形成金叉。见图9。

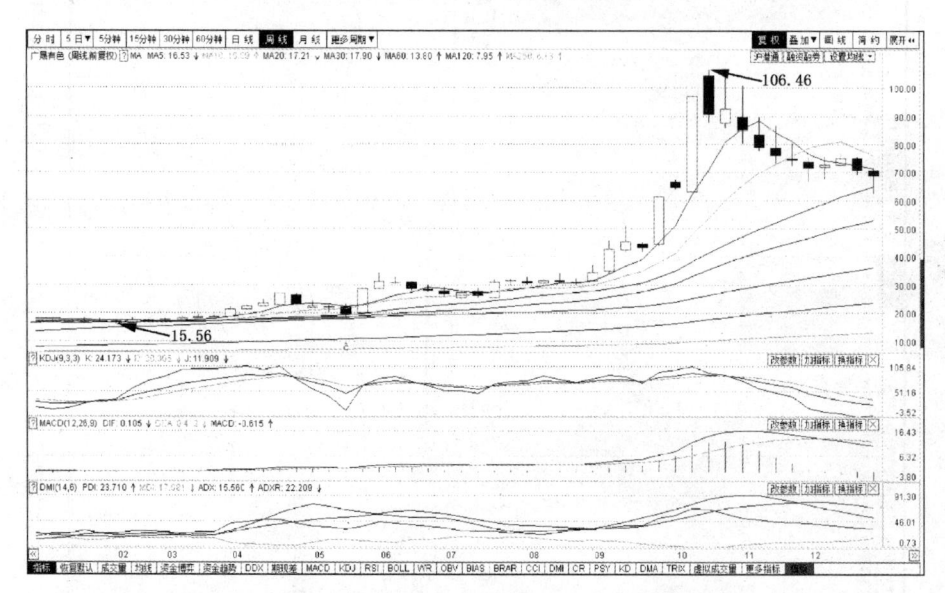

图 9　2010年以314.88%升幅列十大牛股第三名

6. 2011年十大牛股的成因和特色

2011年股市上证指数以2 825.33点开盘,以2 194.42点收盘,全年跌幅为22.15%。创业板指数和中小板指数分别跌37.02%和38.4%,整个K线形态就像层层下行的台阶,是一个典型的五浪下跌形态。沪、深两市总市值从30.5万亿缩水至24.6万亿,将近6万亿的市值被蒸发。这一年90%的个股下跌,近300只个股跌幅达50%,股民亏损比例由2010年的77.38%上升至83.39%,股民人均亏损达4.2万元。70%的偏股型基金跑输大盘,这一年总融资达到8 248.86亿元,列全球主要股市之前。这一年央行继2010年加息2次、提高准备金7次之后,又加息3次、提高准备金6次。这一年中国股市最流行的一句话就是:A股十年涨幅为零。从2001年至2011年,上证指数依然在2 245点上下波动。这一年股民最具希望的是证监会换帅、郭树清替换尚福林,以及汇金于10月10日宣布增持四大行股票,力挽危局。这一年最让股民迷惑的是新股的不败神话却成了噩梦,近四分之一新股在上市首日即遭遇破发,超七成新股先后跌破发行价,与2010年新股上市就暴涨成了鲜明对比。在2011年上市的280个新股中,75家首日破发,占新股总数的四分之一。2011年的股市,广大投资者最大的两个迷惑是:(1)何以中国经济增速列全球第一,而A股走势却熊冠全球?(2)何以股市持续低迷,而IPO融资规模却始终列全球股市首位?这一年"黑"天鹅飞临,医药板块如康兰药业(300086)、紫鑫药业(002118)、华兰生物(002007)、重庆啤酒(600132)等成为风险集中地。2011年股市虽然不是股灾之年,但基本上是持续下跌之年,是熊市之年,因此这一年产生的十大牛股有以下几点共性和特性:

(1)股价升幅变小。十大牛股的平均升幅为102.5%,最大升幅为194.5%,最小升幅为58.1%,总体升幅比之2008年股灾之年大近一倍,但是比之2009年的牛年平均升幅缩小了5倍之多。

(2)股本结构。从熊市之年产生的十大牛股看,小盘股依然是牛股炼成的主要成因,熊市资金紧缺,所以小盘股更容易吸引资金关注。在2011年的熊市中产生的十大牛股,总股本与流通股本在1.5亿股左右的占比为六成,流通盘在1.5亿股左右的更是达到八成。

(3)并购重组。无论是灾市、熊市还是牛市,并购重组始终是牛股炼成的推动力。2011年的十大牛股中,具有并购重组题材的几乎占了九成。有借壳上市的,有并购重组的,有同行业并购重组的,有跨行业并购重组的。显然在熊市之年,并购重组更成了牛股炼成的主要动力。

(4)新兴产业题材。在2011年十大牛股中,互联网、医保、环保、网络游戏、新材料、云计算、大数据等行业几乎在大牛股中都能得到不同程度的体现。可见牛股的强势在一定程度上体现了牛股公司行业的景气和产品的强势。

表4　　　　　　　　　　　2011年十大牛股

2011.1.1～2011.12.31(升跌幅－21.67%)

序号	股票代码	股票简称	现价（元）	区间涨跌幅（%）	区间换手率（%）	所属概念
1	600340.SH	华夏幸福	25.10	194.50	455.15	互联网+;互联网金融;定增;两会;通用航空;沪港通概念;北京环球影城;棚户区改造;PPP概念;融资融券;工业用地;基金重仓;机构重仓;保险重仓;京津冀一体化
2	000750.SZ	国海证券	10.89	153.99	1 034.18	医保;券商创新大会;融资融券
3	600645.SH	中源协和	54.34	142.96	386.87	体外诊断;股权激励;O2O概念;抗癌;生物医药;滨海新区;医保;干细胞;并购投资基金;基因芯片;冠状病毒;基因疗法;基因测序;融资融券;细胞运输膜融合
4	000587.SZ	金叶珠宝	20.00	111.66	632.33	贵金属;员工持股计划;定增;黄金租赁;振兴东北;黄金;融资租赁;资产注入;电子商务;证金持股;并购投资基金
5	000035.SZ	中国天楹	14.62	83.38	518.27	并购重组;股东增持;定增;珠三角区;深圳综改
6	600637.SH	东方明珠	35.72	79.59	328.20	新兴产业;股权激励;股东增持;数字电视;上海国资改革;网络游戏;新一代信息技术;在线教育;网络电视;奥运会;文化传媒;迪士尼;电子商务;沪港通概念;欧洲杯;信息化;机顶盒;信息消费;融资融券;机构重仓;智能电视;SNS概念;地方国资改革;电视游戏
7	002136.SZ	安纳达	14.24	72.41	1 668.79	钛白粉;举牌;纳米纸;忆阻器;地方国资改革
8	300229.SZ	拓尔思	28.60	66.05	1 005.94	并购重组;电子信息;大数据;云计算;网络安全;移动互联网;语音技术;超级计算机;信息消费;依法治国概念;搜索引擎;SNS概念;大数据反恐
9	600490.SH	鹏欣资源	—	64.13	177.80	涉矿;医保;超材料概念;证金持股;融资融券;信托重仓;PTA;临近空间
10	600466.SH	蓝光发展	13.84	58.12	1 718.00	成渝特区;甲型流感;3D打印

【前三名牛股图解】

1. 华夏幸福(600340)

牛股炼成的主要成因：

(1)股本结构：总股本14 532.47万股，流通盘14 532.47万股，属小盘股。

(2)并购重组：公司原名ST国祥，于2011年实施重大资产重组，向华夏幸福基业股份有限公司发行股份购买资产，并更名为华夏幸福。

(3)业绩大幅上升，分红丰厚：原公司2007年、2008年均亏损，2009年微利、每股收益为0.05元，重组后2010年每股收益上升至1.17元，在2010年10转增6后，2011年又10送3转增2且保持每股收益3.28元。

(4)筹码趋向：2010年底时股东户数为15 479户，户均持股为9 388.5股；2011年6月时股东户数仅9 972户，户均持股数上升为23 317股，筹码已趋向非常集中。

(5)最佳买点：周K线显示，自2011年2月下旬起，该股5周、10周均线上穿20周、30周均线，构成黄金叉；5MA均量线上穿10MA均量线，也构成黄金叉；KDJ随机指标、MACD平滑移动线指标及DMI趋向指标均在低位形成金叉。按照叶氏选股独门绝技分析，该股进入最佳买点。见图10。

2. 国海证券(000750)

牛股炼成的主要成因：

(1)兼并重组：公司原名为*ST集琦，后以增资扩股方式于2011年6月24日吸收合并国海证券有限责任公司，其间受国海证券副总裁内幕交易影响，此重组又延续五年之久，至2011年方重获证监会批准，终于重组成功。

(2)股价较低：该股重组前股价最低为3.61元，2009年12月收盘时股价仅4.39元，重组成功后复牌一下上升至14.6元，最高于当年攀升至19.55元。

(3)业绩扭亏，分红丰厚：原*ST集琦2007～2008年连续两年亏损，2009年以每股收益6.04元实现扭亏为盈，同时推出10派1.5送13转增2的优厚方案。见图11。

32　股术

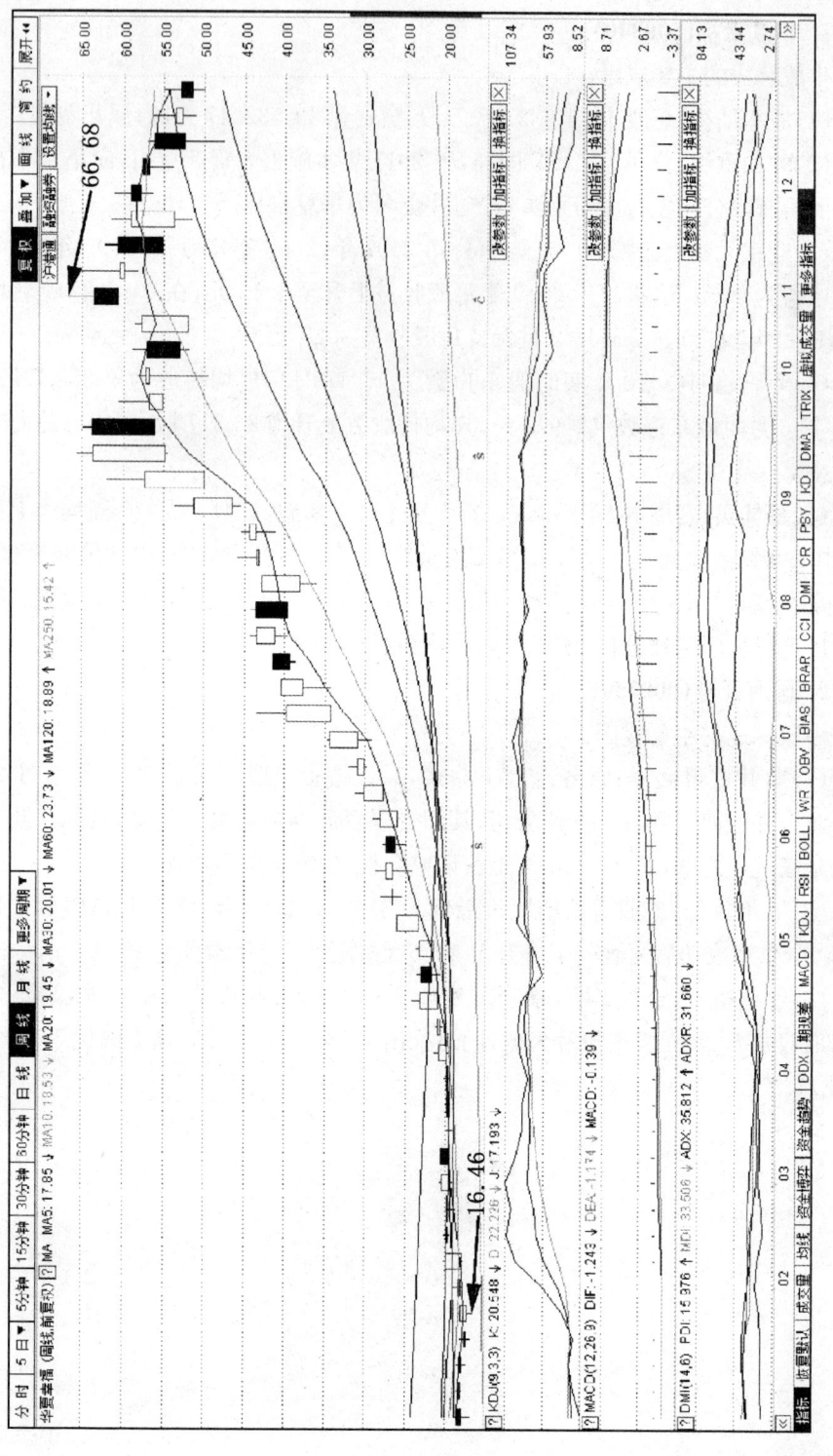

图 10　2011年以194.5%升幅列十大牛股之首

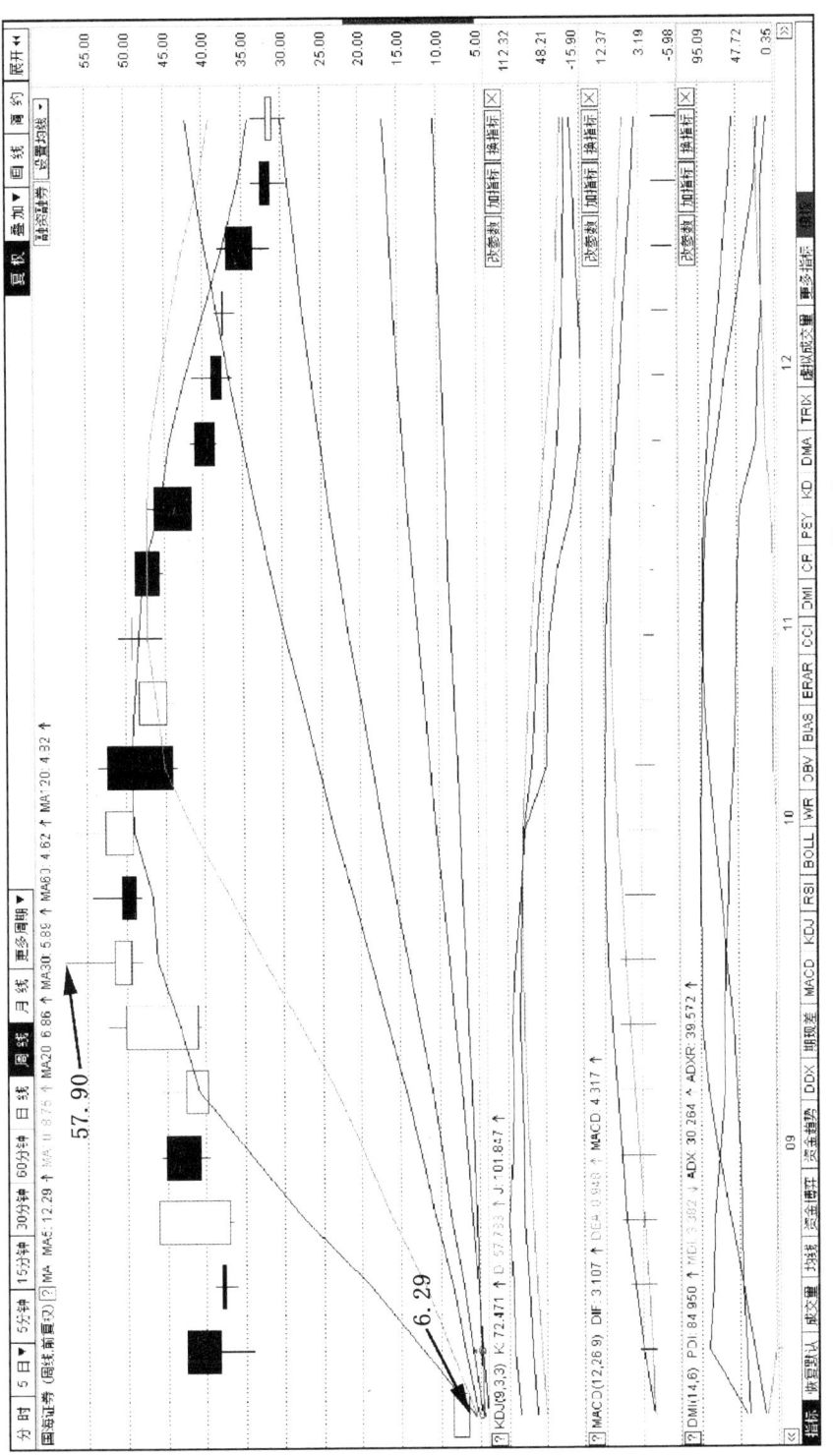

图 11 2011年以153.9%升幅列十大牛股第二名

3. 中源协和(600645)

牛股炼成的主要成因：

(1)兼并重组：公司原名为*ST春花,2008年11月更名为中源协和干细胞生物工程股份公司,公司经营业务也由传统纺织变更为"检测试剂、细胞检测、基因检测、细胞培养、专业技术服务"。

(2)筹码趋向：2010年底开户数为30 789户,人均持股数为10 458股,至2011年6月开户数压缩至17 300户,人均持股数为18 613股,筹码趋向非常集中。

(3)股本结构：总股本为32 504万股,流通盘为32 504万股,属小盘股。

(4)最佳买点：2011年首周交易,周K线的均线出现5周、10周上穿20周、30周的均线向上突破,成交量5MA上穿10MA成金叉,KDJ随机指标、MACD平滑移动线指标及DMI趋向指标均呈低位金叉,按叶氏牛股精选独门绝技分析,该股进入最佳买点。见图12。

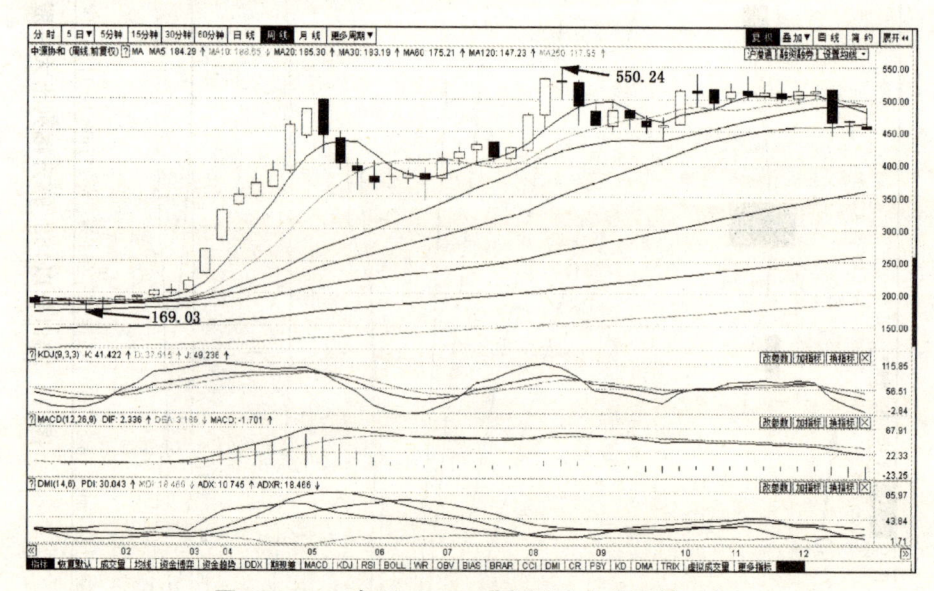

图12 2011年以142.9%升幅列十大牛股第三名

7. 2012年十大牛股的成因和特色

2012年股市上证指数以2 212点开盘,收盘为2 269.1点,最高点为2 478.3点,最低点为1 949.4点,全年升幅为2.58%,全年振幅为27.13%,整个日K线为一个"N型"。1月份、2月份大盘强势上升,进入3月份转为震荡起伏,5月份出现高位转折,此后连续6个月下跌,直到12月份方出现了一波猛烈的绝地反击行情。这一年黑天鹅事件不断涌现,酒鬼酒(000799)的塑化剂超标问题,通化金马(000766)的"毒胶囊"事件,万福生科(300268)极严重的财务造假事件,以地沟油为原料的健康元(600380)事件和为蛆虫深陷的双汇发展(000895)事件。这一年证监会新上任的郭树清主席开拓了创新的监管思路,新退市制度正式启动,QFII和RQFII额度大幅提高,债券市场产品创新提速。这一年上证指数跌破2 000点,最低探至1 949.46点。《人民日报》发文称,1 949点可以确认为阶段底部。底部之争成为2012年的焦点。这一年有810家上市公司解禁抛售,减持量达63.5亿股,套现市值667亿元。十大牛股之一的罗顿发展(600209)大股东高位套现6.79亿元。这一年大盘蓝筹股表现抢眼,上证50指数、上证180指数和沪深300指数分别上涨14.8%、10.8%和7.5%,均高于上证综指的升幅,代表优质蓝筹股的沪深300指数成分股平均市盈率为11.76倍,比2011年下降2.49%,与发达国家主要股指的估值水平相当。值得一提的是,资产重组依然是2012年熊市的最大亮点,最典型的莫过于华数传媒(000156)。2012年10月原*ST嘉瑞在以2元/股向华数集团等单位收购华数传媒100%股权后,成功地从暂停6年之后由一家铝材企业转型为传媒公司,10月19日恢复上市,当天则以14.42收盘,升幅高达1 053.6%。相反大立科技因重组失败,全年下跌61.3%,成为最熊公司。这一年最令人大跌眼镜的是,绝大多数券商对2012年的行情预测大幅偏离,有九成券商因看高上证指数2 900点以上而牛眼走偏,实际走势却是上证指数在2 478点之下独漫熊步。尽管12月份背水而战、绝地反击,但上证指数和深证指数的全年走势依然位列全球17个主要股市升幅的倒数1~2名。这一年在熊市中炼成的十大牛股,其共性可以概括如下:

(1)低价股。这是大牛股产生的重要条件之一,在2012年十大牛股中,年初股价在10元之下的占八成,在5元以下的占三成。凡是全年升幅最大的牛股,其年初均处于最低价,如山东地矿(000409)、*ST秦岭(600217)、罗顿发展(600209),年初时股价分别为4.35元、2.75元和3.53元,可见低价股更容易成为牛股基因。

(2)股本结构。十大牛股中总股本5亿股以下的占七成,流通盘3亿股以下的占六成,可见小盘股是牛股炼成的主要成因之一。

(3)资产重组。这是十大牛股中最具推动力的题材,十大牛股中具有重组题材的占八成之多,重组后的个股实现华丽转身,演绎了乌鸦变凤凰的传奇。

(4)业绩与分红。业绩提升是牛股炼成的基础。山东地矿2011年每股收益为0.0327元,2012年升至0.27元;珠江实业2011年每股收益为0.54元,2012年升至0.91元;阳光城2011年每股收益为0.58元,2012年升至1.04元;欧菲光2011年每股收益为0.11元,2012年升至1.67元。可见在牛股炼成的成因中,企业经营业绩的提高是一个十分重要的因素,同时分红方案的丰厚也是吸引资金的关键。华夏幸福2011年10送3转2,进入2012年实施;珠江实业10送5,阳光城10送6转3,都是吸引主流资金的动力。

(5)最佳买点。2012年的十大牛股,有的是延续2011年牛股的足迹,如国海证券、华夏幸福在2011年进入最佳买点后升势延续;有的年初便出现最佳买点,牛股风采初露端倪;有的一年中两次出现最佳买点。可根据叶氏牛股精选独门绝技的方法分析,凡牛股初显,必然呈现最佳买点。只要你及时在最佳买点加入,就能享受牛股的收益。

【前三名牛股图解】

1. 山东地矿(000409)

牛股炼成的主要成因:

(1)低价股:该股年初启动时仅4.35元,呈现最佳买点时也仅5.85元,至年底升至13.92元,低价股容易产生翻倍收益。

(2)小盘股:总股本仅1.71亿股,流通盘为1.71亿股。

(3)业绩提升:2011年每股收益为0.0327元,2012年每股收益达0.27元。

(4)重组兼并:2011年9月27日原ST泰复以每股5.99元向山东鲁地投资控股公司等8家公司定向增发3.01亿股,12月19日正式获批,从而实现华丽转身,成为地矿第一股。

(5)筹码集中:2011年12月该股股东户数为13 256户,人均持股为12 736股,至2012年9月股东户数缩小为11 712户,人均持股增加为14 434股,筹码趋向集中。

(6)最佳买点:2012年2月第一周该股周K线显示进入最佳买点,上升至7.15元之后进入调整,此后2012年10月再次出现最佳买点,从6.26元再次起步升至年末的13.92元。最佳买点的呈现可按照叶氏牛股精选独门绝技作分析参考。见图13。

表5　　　　　　　　　　2012年十大牛股

2012.1.1～2012.12.31（升跌幅3.16%）

序号	股票代码	股票简称	现价（元）	区间涨跌幅（%）	区间换手率（%）	所属概念
1	000409.SZ	山东地矿	8.90	204.58	220.31	并购重组;珠三角区;深圳综改
2	000750.SZ	国海证券	10.88	170.19	2 636.79	医保;券商创新大会;融资融券
3	600340.SH	华夏幸福	25.00	165.97	547.41	互联网＋;互联网金融;定增;两会;通用航空;沪港通概念;北京环球影城;棚户区改造;PPP概念;融资融券;工业用地;基金重仓;机构重仓;保险重仓;京津冀一体化
4	600209.SH	罗顿发展	8.58	159.10	1 283.55	海南旅游岛;土地增值;三沙;假日;东盟北部湾;新型城镇化;土地流转;新土改;融资融券;聚土地概念
5	600684.SH	珠江实业	10.15	156.41	798.87	珠港澳大桥;股东增持;珠三角区;土地增值;南沙新区;沪港通概念;融资融券;地方国资改革;马彩概念
6	600988.SH	赤峰黄金	—	152.85	454.44	并购重组;珠三角区;黄金;稀缺资源;固废处理;人民币贬值概念
7	000671.SZ	阳光城	6.52	144.76	155.48	股东增持;定增;保障房;迪士尼;高送转;融资融券
8	000043.SZ	中航地产	9.28	137.89	626.07	并购重组;前海新区;珠三角区;资产注入;深圳综改;央企整合;融资融券;工业用地;央企国资改革
9	600217.SH	*ST秦岭	—	134.77	450.32	天水经济区;一带一路;新型城镇化;涉矾;ST板块;晋陕豫黄河金三角;地方国资改革;西安自贸区;*ST板块
10	002456.SZ	欧菲光	21.93	126.50	932.28	并购重组;新兴产业;智能终端;互联网＋;互联网汽车;苹果概念;股东增持;员工持股计划;定增;新一代信息技术;互联网平台;云计算;汽车电子;触摸屏;WIN8;三星;碳纳米管;填权;触控产业论坛;人脸识别;信息消费;小米概念;融资融券;基金重仓;社保重仓;全息手机

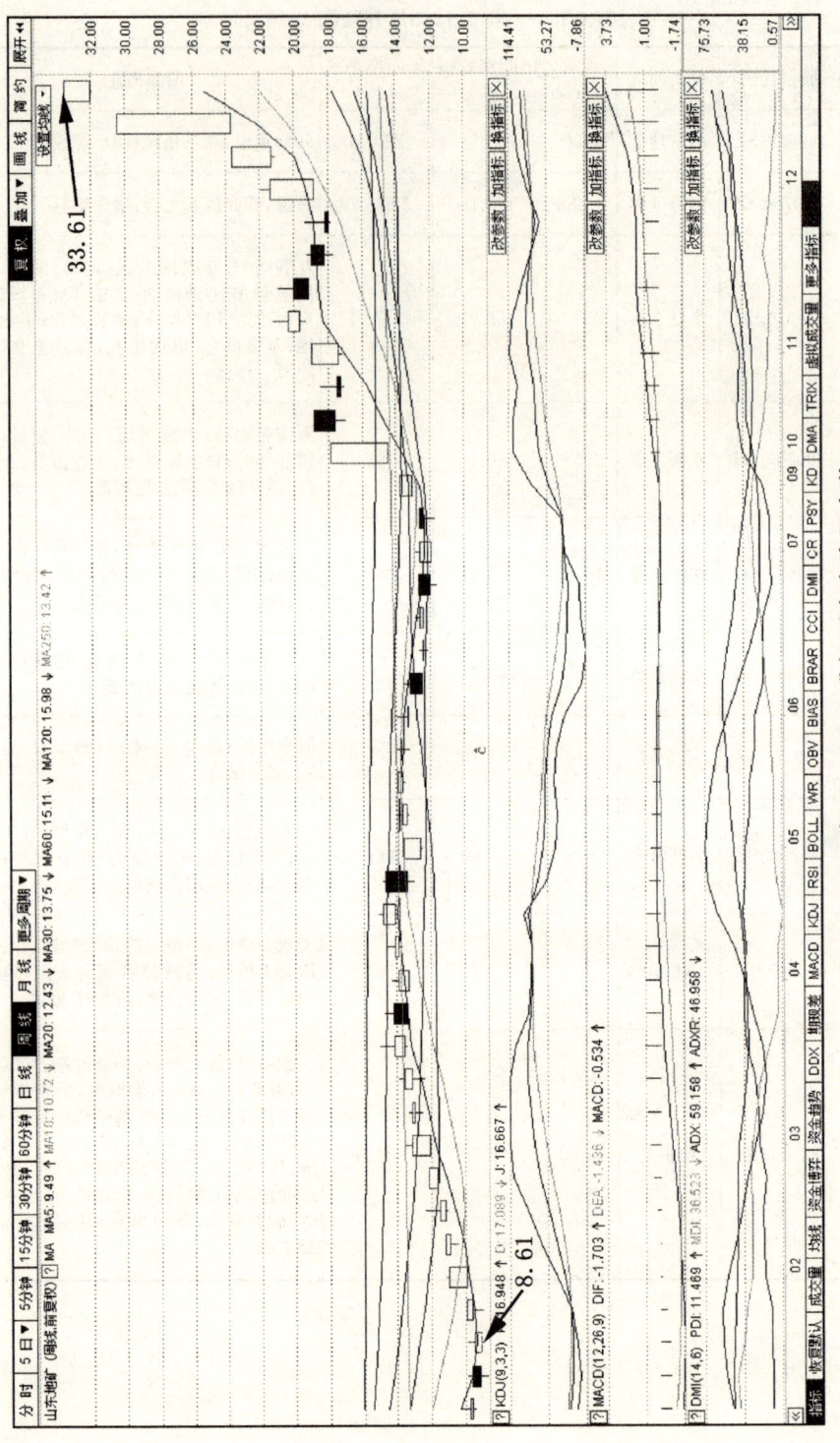

图 13　2012年以204.58%升幅列十大牛股之首

2. 国海证券(000750)

牛股炼成的主要成因：

(1)低价股：年初正逢该股最低价4.21元，至6月下旬则升至12.17元，此后又回落至12月初的6.17元低价，再次发动升至年末的11.20元。

(2)资产重组：2009年1月停牌重组，2011年8月借壳桂林集琦复牌，股价一下升幅达3倍，可见该股之所以连续两年成十大牛股，是因为其具备牛股炼成的最重要的动能——资产重组。

(3)创新题材：增发募资50亿元，扩大创新业务，又获准参与股指期货交易，利润大幅提高。

(4)分红丰厚：2011年推出10送13转增2派1.5元，2012年6月5日股权登记日，翌日除权、除息、分红、转增、上市推升股价。

(5)最佳买点：全年两次出现最佳买点，第一次为3月初，第二次为12月中旬。根据叶氏牛股精选独门绝技分析，这两次KDJ随机指标、MACD平滑移动线指标、DMI趋向指标及均线和成交量线MA均呈现低位金叉，显示牛股启动。见图14。

3. 华夏幸福(600340)

牛股炼成的主要成因：

(1)低价股：该股年初首周股价为2.92元，吸引大量资金加入，一路震荡上行至年尾升至8.69元，低价不仅是主流资金选择牛股的因素之一，也是容易引来市场效应的成因之一。

(2)股本结构：总股本为8.8亿股，流通股为8.8亿股。

(3)分红丰厚：该股2011年10送3转增2，至2012年5月8日股权登记，5月10日红股转股上市，推升股价。

(4)业绩大幅提高：该股实施重大资产重组后，业绩大幅提升，2009年时每股收益仅0.05元，2010年达1.17元，2011年又上升至3.28元，2012年在10送3转增5的情况下，每股收益依然达到2.02元。

(5)最佳买点：该股延续2011年大牛股升势，在经过高位盘整后于2012年1月再次出现最佳买点，由3.18元上升至5.63元，又经过盘整再现最佳买点，于2012年9月股价从4.96元再度上升，最高达年末的8.69元。见图15。

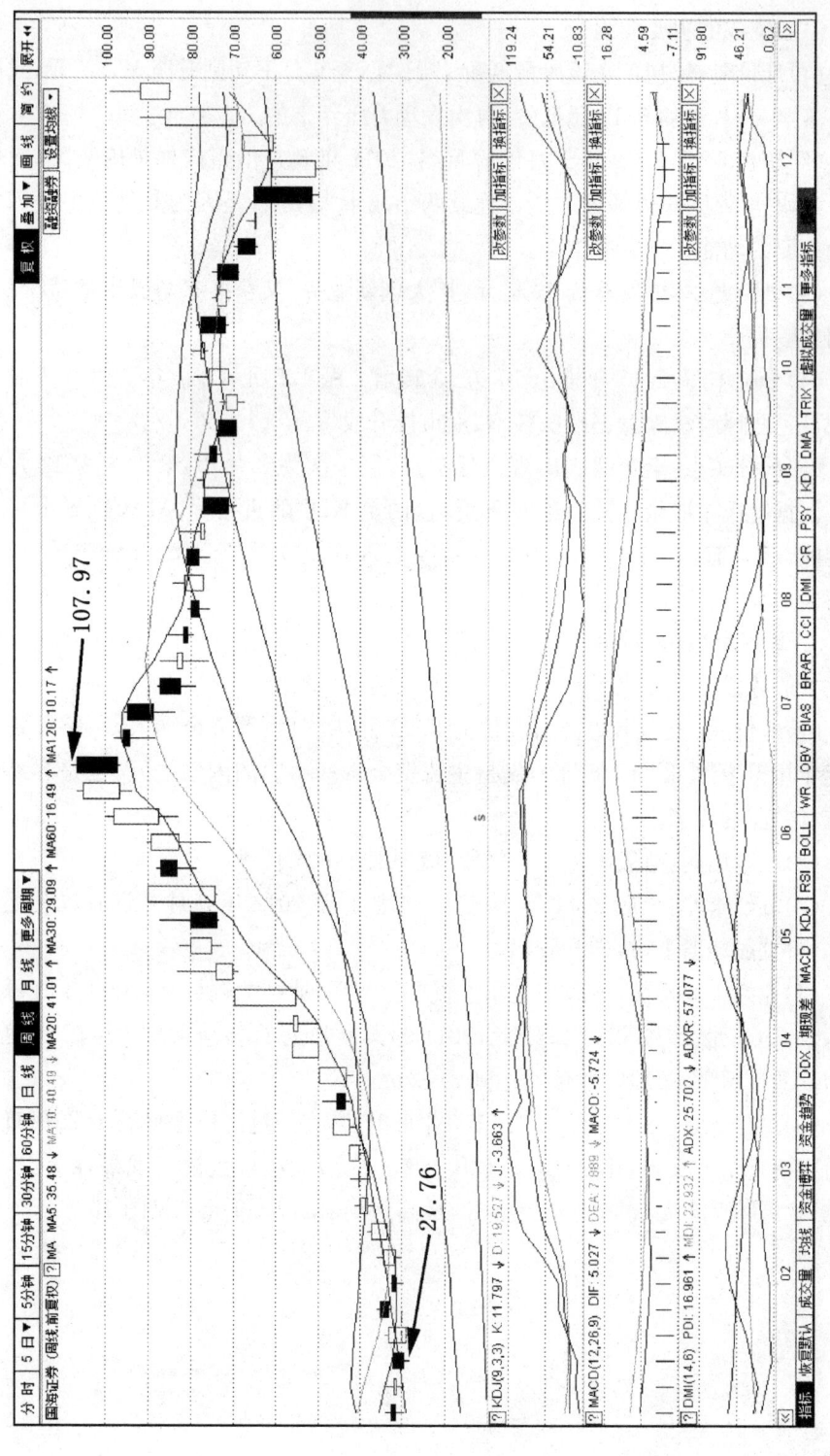

图 14　2012年以170.19%升幅列十大牛股第二名

选股之术　41

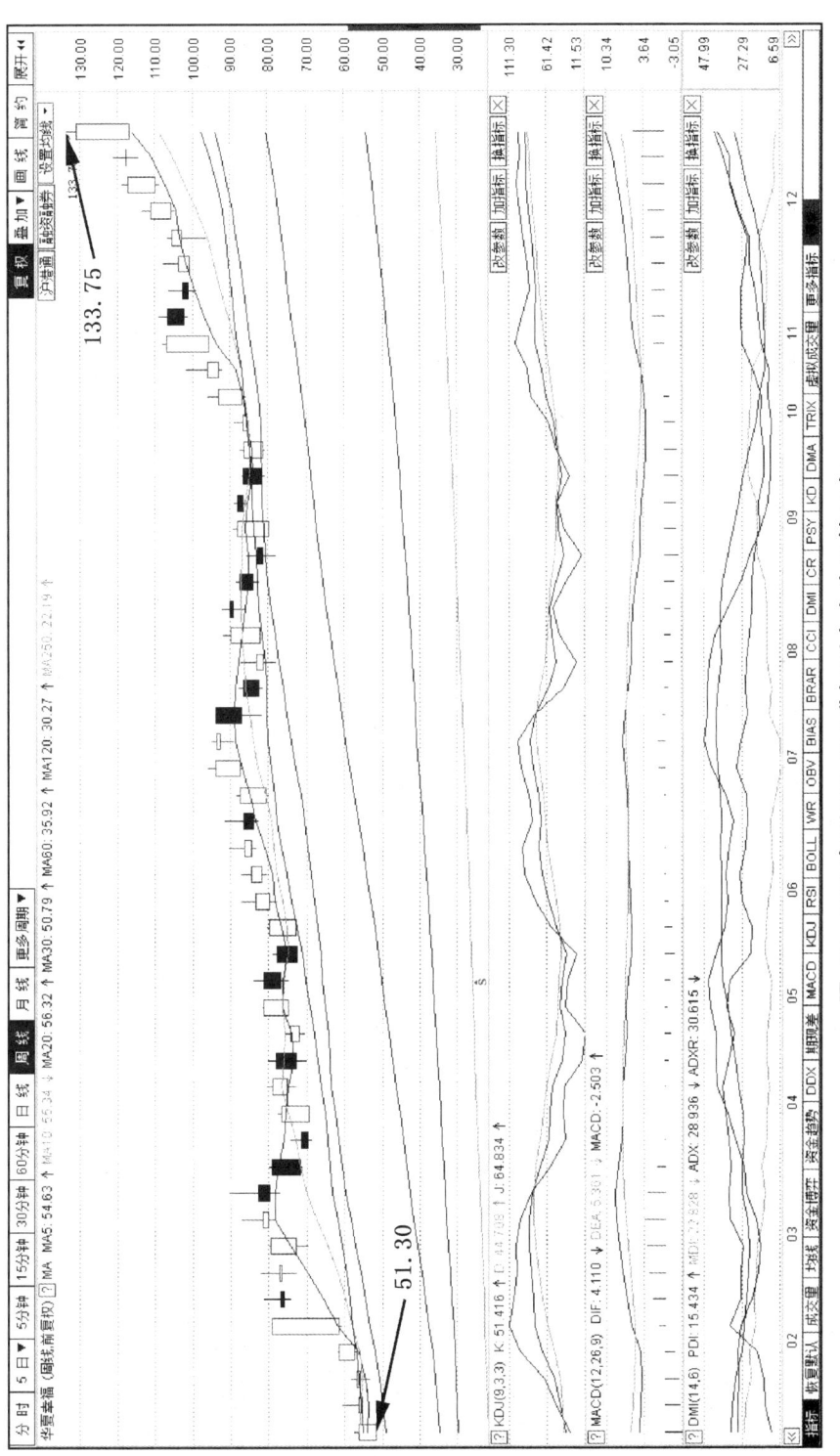

图 15　2012年以165.97%升幅列十大牛股第三名

8. 2013年十大牛股的成因和特色

2013年股市上证指数以2 280点开盘,延续了2012年的年尾升势,继续冲高至2月18日的2 444.80点。此后逐波回落,至6月25日探至1 849.65点,此后虽探底回升,但指数高超不过2 300点、低跌不破2 000点,最终以2 115.98点报收。周K线显示阳线31根、阴线20根,全年下跌6.05%,既出现10.8亿的交易周天量,又产生9 281万周交易的地量。这一年IPO停发整整一年,为中国股市二十余年中8次暂停IPO中时间最长的一次。这一年光大证券发生乌龙事件,在8月16日11:04时以工商银行、中石化、中石油为代表的蓝筹股瞬间涨停,上证指数顷刻飙升百点,从开盘时的2 075.98点升至2 198.85点,升幅高达5%,光大以234亿元巨量申购180ETF成分股,实际仅成交72.7亿元便撬动了整个大盘,充分暴露了交易系统的漏洞和监管制度的缺陷。这一年逐步扩散的雾霾迫使环保空气治理提上了议事日程,从而引发环保概念股逆市走强,全年产生45%的升幅。同时,自贸区概念脱颖而出。2013年8月中国(上海)自由贸易试验区正式获批,从而使以金桥、外高桥为代表的上海自贸区概念产生连续涨停的走势。值得一提的是,临近年底,国务院办公厅发布《关于进一步加强资本市场中小投资者合法权益保护工作的意见》,强调了上市公司的分红政策及利润分配政策的披露问题,为资本市场带来新的变革指引。2013年中国股市最大的亮点是创业板走出与主板负增长完全相反的走势,从年初的714点涨到1 267点,升幅高达82.7%。一批新兴产业拔地而起,传媒、电子、信息、消费等行业表现强势,尤其是以手游为代表的移动互动互联网板块牛股迭出:掌趣科技(300315)、中青宝(300052)、网宿科技(300017)等出现升幅数倍的强势。与此同时,华谊兄弟(300027)、光线传媒(300251)等影视股同样涨势喜人,二者可谓比翼双飞。而与此形成鲜明对比的是作为长线价值投资代表的标的股贵州茅台(600519),从2012年7月的266.08元跌至2013年12月31日的122.5元,股价被腰斩。泸州老窖(000568)2011年7月曾升至50.08元,此后一路下行至2013年12月底,跌至19.16元。酒鬼酒(000799)2012年曾作为大牛股从20.45元升至61.45元,但自此以后因塑化剂事件爆发、重组失败等因素,股价一路下行至2013年底,跌至13.5元。冷酷的现实让投资者明白,价值投资也会遭遇阶段性风险。股票市场与商品市场是相连的,经济的环境、行业的景气、企业的管理等都会影响上市公司的价值,进而也会影响到股票的价格。在2013年中最妖魔化的个股无疑是昌九生化(600228),年初因赣州稀土将注入的传闻使其股价从14.66元持续飙升至5月的40.6元,投机气氛浓烈的参与者不惜融资3.54亿元推升股价。此后赣州稀土借壳威化股份上市的信息披露,昌九生化的重组预期落空,股价高台跳水、连续跌停,致使不少参与者投机不成反亏损。这一年在一档电视台相亲节目中,当一位男青年表明自己是一个炒股者时,台上20多位姑娘的灯全灭了,这便是2013年股市的写照。但是这一年由于创业板开始形成牛市趋势,所以2013年的十大牛股几乎全是清一色从创业板中脱颖而出的,并且绝大多数属于互联网＋的范畴。这是近几年来最大的牛股特色,而由此产生的共性和特性也格外引人注目。

(1)新经济特性在股市得到提前反映。2013年国民经济在调结构、促转型、稳增长方针下,大量新兴经济受到国家政策的扶持优惠,尤其是新能源、新材料、互联网＋等新兴产业蓬勃兴起,有力地推动了股市的结构性行情。经济与股市的关联在产业重点上引起了共鸣。

(2)小盘次新股始终受市场青睐。在2013年十大牛股中,总股本在2亿股之下、流通盘在1.5亿股左右的占比八成,属次新股的占多数。其中,2009年上市的有2家,2010年上市的有2家,2011年上市的有4家,2013年上市的有2家。可见,次新股由于上档阻力小,所以更易受到主流资金的关注。

(3)并购重组。在十大牛股中,并购重组题材始终是牛股炼成的主要动因之一,无论是跨界、跨行业还是同业之间,均通过并购重组获得新主业的活力和壮大扩展原主业的市场占有率。

(4)业绩优良、分红丰厚。这几乎是十大牛股又一鲜明特性。2013年十大牛股平均每股收益达0.509元,无一亏损,而且在优厚分红分配方案下保持业绩增长与股本扩张同步。

(5)最佳买点。2013年的十大牛股均在年初或上半年出现最佳买点。在各均线、各MA成交量及KDJ随机指标、MACD平滑移动线指标、DMI趋向指标呈低位金叉时,牛股便开始初露风采,此时买入便基本确认了投资人一年的丰厚收益。

表6　　　　　　　　　　　　　2013年十大牛股

2013.1.1～2013.12.31(升跌幅－6.74%)

序号	股票代码	股票简称	现价(元)	区间涨跌幅(%)	区间换手率(%)	所属概念
1	300017.SZ	网宿科技	61.80	404.25	714.72	新兴产业;电子信息;股权激励;定增;云计算;TMT;三网融合;宽带中国;流媒体;信息消费;数据存储;融资融券;基金重仓
2	300315.SZ	掌趣科技	—	397.38	1 124.51	并购重组;股权激励;定增;手机游戏;信息消费;融资融券;基金重仓;机构重仓
3	002681.SZ	奋达科技	31.95	388.98	3 011.56	智能穿戴;智能眼镜;智能手表;高管增持;小米概念;融资融券
4	300052.SZ	中青宝	29.88	341.90	2 180.62	互联网＋;网络游戏;手机游戏;新三板;足球概念;互联网彩票;信息消费;腾讯平台;融资融券
5	300191.SZ	潜能恒信	39.60	332.55	2 255.79	定增;页岩气;油气开采;油页岩;油品升级;融资融券;燃油
6	300226.SZ	上海钢联	59.72	326.60	2 372.26	互联网＋;互联网金融;互联网钢铁;P2P概念;上海自贸区;电子商务;临港地区;高管增持;信息消费;上海金改;融资融券;基金重仓;机构重仓
7	300205.SZ	天喻信息	19.74	320.99	1 718.35	电子信息;金融IC;定增;在线教育;高科技;NFC;金融信息服务;移动互联网;换芯;TMT;移动支付;指纹技术;信息消费;超级网银;银联;融资融券;基金重仓
8	300104.SZ	乐视网	47.97	313.12	1 086.85	互联网医疗;电子信息;智能终端;互联网＋;互联网汽车;股权激励;定增;新能源汽车;新媒体;互联网平台;在线教育;网络电视;奥运会;文化传媒;电子商务;智能自行车;证金持股;三网融合;生态农业;微电影;电动汽车;机顶盒;高管增持;流媒体;信息消费;网络视频;融资融券;明星参股概念;基金重仓;冬奥会;牛散概念;智能电视;巴西世界杯;互联网电视;电视游戏
9	300071.SZ	华谊嘉信	11.64	310.46	966.23	并购重组;网络游戏;文化传媒;基金重仓;机构重仓;互联网广告
10	300027.SZ	华谊兄弟	37.38	293.33	1 250.91	网络游戏;动漫;两会;文化传媒;阿里巴巴概念;移动互联网;TMT;手机游戏;微电影;马云概念;网络视频;腾讯平台;融资融券;明星参股概念

【前三名牛股图解】
1. 网宿科技(300017)
牛股炼成的主要成因：

(1)产业景气度：该股主营业务85.5%为CDN服务，14.2%为IDC服务，总体为电信增值服务，为客户提供服务器的托管和网络接入内容的分发与加速等互联网业务平台解决方案，主要客户为门户网站、网络游戏网站、主流媒体网站为主的互联网企业，属于典型的新兴产业。

(2)股本结构：总股本为15 421.43万股，流通盘为9 828.4万股，属小盘股。

(3)业绩增长与分红丰厚：2012年每股收益为0.67元，2013年每股收益为0.76元，2013年分红方案为10转9.9901股，派1.998元。

(4)筹码集中：2012年12月时股东户数为10 410户，人均持股数为14 814股；2013年6月时股东户数为7 331户，人均持股数为21 182股，显示主流资金收集筹码将其作为重点关注的迹象。

(5)最佳买点：2013年首周该股股价为16元，周均线5周、10周、20周均线呈多头排列，KDJ随机指标、MACD平滑移动线指标、DMI趋向指标均在低位形成金叉，呈现最佳买点。见图16。

2. 掌趣科技(300315)
牛股炼成的主要成因：

(1)行业景气：公司属于电信、广播电视和卫星传输、互联网游戏、手机游戏、移动终端游戏占营收52.06%，互联网页面游戏占营收40.3%，属新兴的朝阳行业。

(2)上市日期：2012年5月11日上市，为次新股。

(3)并购重组：2013年2月5日以发行股份和现金支付方式收购广州联动商务咨询、广州肯瑞企业投资咨询等持有的海南动网先锋网络公司，2013年10月16日公司以发行股份支付现金方式购买北京亿辉远博投资管理中心、北京分播时代网络科技有限公司以及上游信息科技有限公司等网络游戏和页面游戏开发运营公司。

(4)股本结构：总股本16 366万股，流通盘16 366万股，属小盘股。

(5)分红丰厚：2012年10派1转增12，2013年6月10转增8，2013年12月10转增6。

(6)最佳买点：2013年开盘则因重组复牌，日K线、周K线形态以及5日、21日均线、MACD平滑移动线指标、KDJ随机指标及DMI趋向指标均呈现低位金叉，按叶氏牛股精选独门绝技分析，则该股牛股风采初露端倪。见图17。

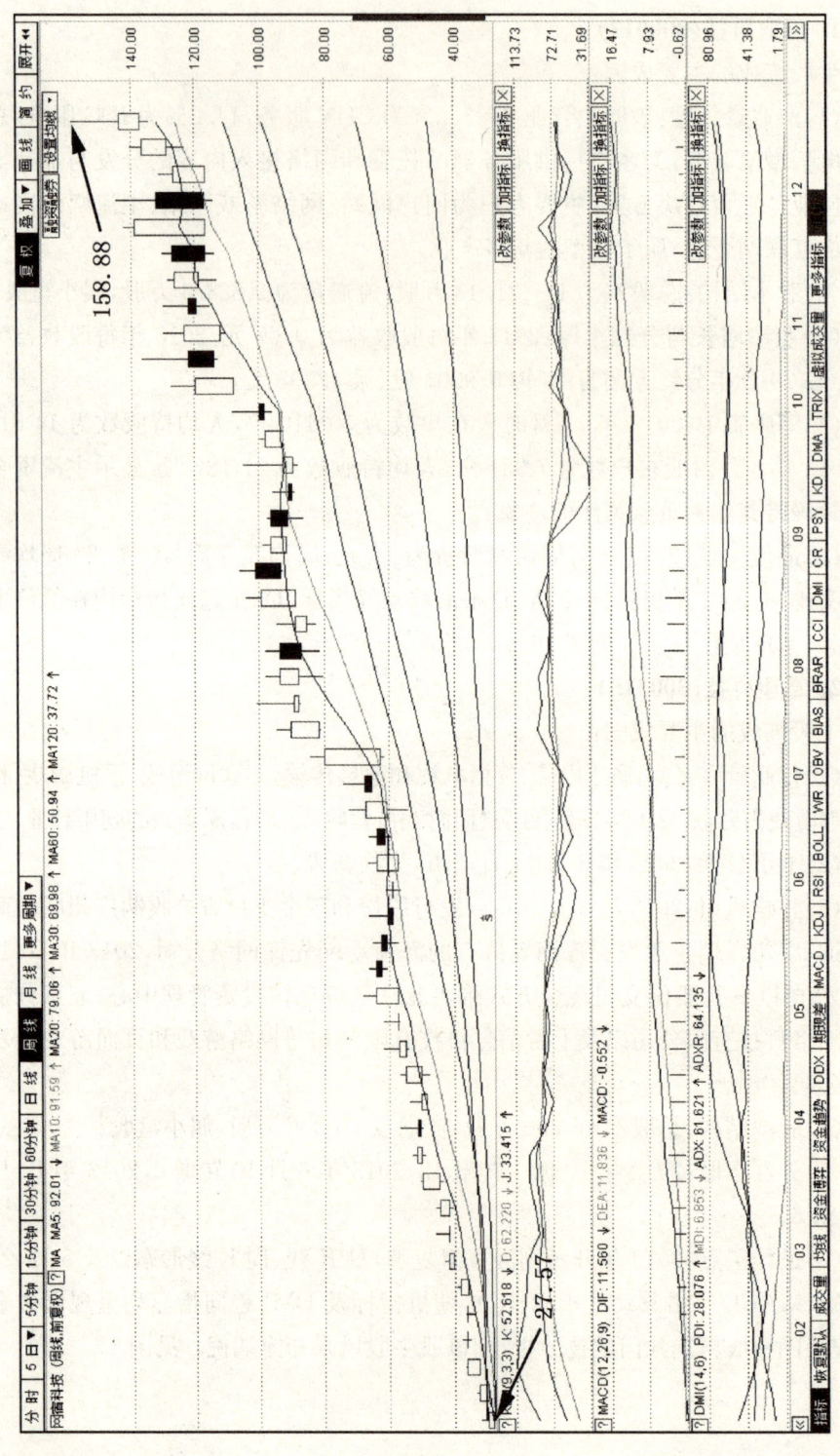

图 16　2013年以404.25%升幅列十大牛股之首

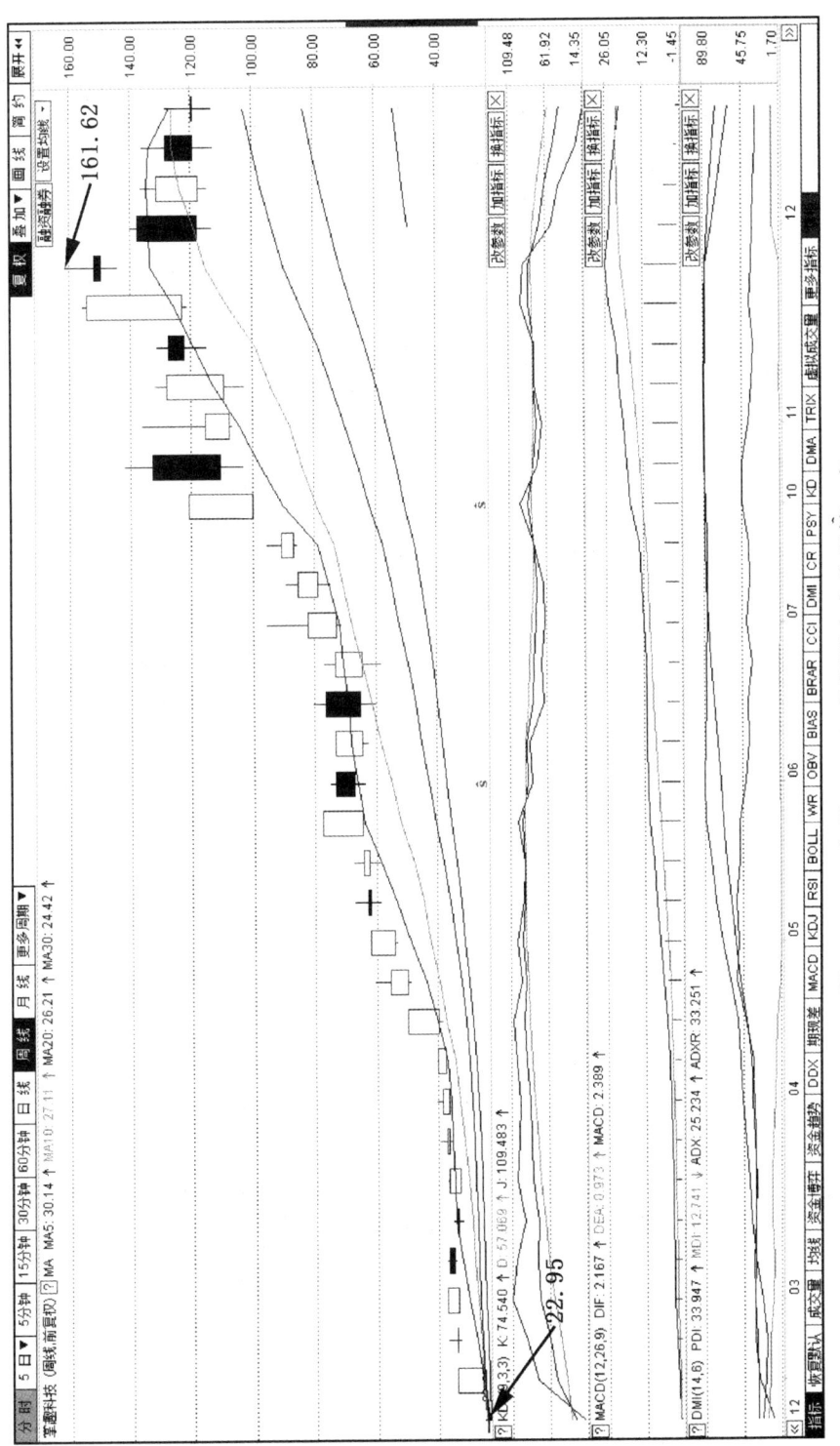

图 17　2013年以397.38%升幅列十大牛股第二名

3. 奋达科技(002681)

牛股炼成的主要成因：

(1)行业景气：公司属于计算机、通讯和其他电子设备。在公司主营收入中，电声产品、健康电器及精密金属外观件各占30％以上，属于新兴消费产业。

(2)股本结构：总股本为15 000万股，流通盘为15 000万股，属小盘股。

(3)次新股：该股2012年6月5日上市的次新股容易受到市场追捧，且盘小、价优，更受主流资金青睐。

(4)业绩优良、分红丰厚：2012年该股每股收益为0.56元，2013年每股收益上升为0.87元，并推出10派3转增10的方案。

(5)筹码集中：2012年底该股股东户数为23 557户，人均持股为1 591.88股，2013年9月股东户数缩小为11 159户，人均持股达3 360.52股。

(6)最佳买点：周K线显示，2013年初至5月，该股长期在10元上下窄幅波动，均线呈粘连状，至5月中旬一根长阳一下将3周、8周、21周均线呈牛市强势散发，KDJ随机指标、MACD平滑移动线指标、DMI趋向指标均在低位形成金叉。按照叶氏牛股精选独门绝技分析，该股出现最佳买点。见图18。

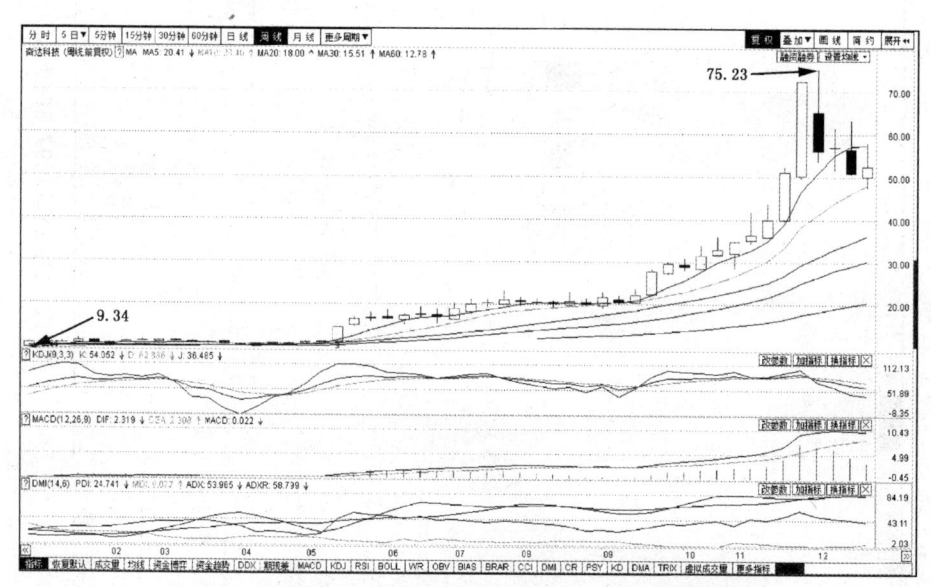

图 18　2013年以388.98%升幅列十大牛股第三名

9. 2014年十大牛股的成因和特色

2014年股市上证指数以2 112.13点开盘,以3 234.68点收盘,升幅达53.14%。这一年A股结束长达7年的熊市,从6月28日上证指数一度下探至1 849.65点时,大盘走势出现牛熊转折,市场人气不断上升,成交量日益放大,两市新增账户持续上升,最后以全年最高点牛冠全球。这一年5月9日《国务院关于进一步促进资本市场健康发展的若干意见》正式发布。这一政策被市场称为"新国九条",对中国资本市场产生积极影响。此后数月新华社三天连发九文力挺中国股市,从《中国需要"有质量的牛市"》到《改革效应显现A股价值投资回归正当时》,新华社为中国股市不断发出唱多之声。

这一年IPO先发后停,又至6月重启。新股发行制度的改革实施,老股转让受限、超募规模受限、新股定价及发行市盈率受限,使IPO发行中过度圈钱现象受到一定限制。同时明确宣布下半年发行100家新股,且力求每月均衡发行,从而有效地改变了供求失衡、信息不明的历史遗留问题。

这一年创业板和中小板依然作为新经济的代表,延续了2013年的牛市走势,在2013年升幅翻倍的基础上,2014年再度上升,升幅为12.9%。而以金融类为代表的大盘蓝筹股作为扭转熊市的主导力量,走势特别强劲。从全年行情伸展情况观察,从新股、低价股、周期股、次新股到金融类、工程类、蓝筹股依次轮展。而大盘走势也是1～6月熊市延续,7～11月牛熊更替、步入牛市,12月则快牛上行。较为欠缺的是前两年相对强势的消费、医药、科技、传媒表现较弱。这一年双向跨境投资正式开放,4月10日沪港通公开亮相,使海外资金开始关注A股的"估值洼地",使整体市盈率仅6.6倍的银行股走出跑赢大盘的走势。更有以中信银行为代表的6只银行股升幅达70%,并由此使恒生AFD溢价指数收报128.08点,较7月的历史低点大幅上升45%,并推动上证指数月K线实现八连阳。

这一年作为"全面深化改革之年",在财税、户籍、司法、央企高管薪酬、土地流转等方面的改革措施相继出台,为A股营造了热点,为投资者增强了信心。尤其在11月下旬伴随着利率市场化进程,央行推出了非对称降息,引发了一波强劲的上升行情。尤其是八大板块成为牛股的集中地,具体表现为:以中信银行为代表的银行板块升幅为54.8%;以宏源证券为代表的非银行金融板块升幅为119.25%;以抚顺特钢为代表的钢铁板块升幅为80.4%;以营口港为代表的交通运输板块升幅为71.52%;以航天动力为代表的国防军工板块升幅达63.15%;以节能风电为代表的公用事业板块升幅为67.28%;以中科曙光为代表的计算机板块升幅为46.03%；以中国交建为代表的建筑装饰板块升幅为108.2%。这八大板块牛股频出、超越大盘，成为2014年沪深两市牛股的旗帜。

2014年无疑是牛熊的转折之年，分析这样一个转折之年所产生的十大牛股，可以清晰地看到具有以下几点成因与特色：

(1)新股、次新股独霸天下。在十大牛股中，当年上市的新股占20%，2011～2012年上市的新股占40%，2000～2011年上市的新股占40%，可见新股、次新股成为转折之年十大牛股的代表。

(2)十大牛股平均升幅出现不升反降。在转折之年，十大牛股平均升幅为322%，而在2013年熊市之下，十大牛股平均升幅反而是342.4%。这其中的原因是2013年时创业板已呈牛市态势，而2013年的牛股又集中在创业板和中小板，所以整个市场所表现的是典型的结构性行情。在进入2014年牛熊转折年后，因大盘蓝筹板块刚刚迈开牛步，故整体行情仍难以与创业板相比。从牛股分布面来看，2014年十大牛股比之2013年十大牛股面更广，所以牛股的平均升幅难免稍逊于2013年。

(3)从牛股所处行业看，互联网＋与军工是最具核心的动力，互联网＋占比十大牛股50%，军工占比十大牛股30%。

(4)牛股与国家新经济政策关联增加。在国家调结构、促转型、稳增长中，节能、核电、一带一路、智慧城市、新业态正成为牛股的重大题材。

(5)转折期牛股的走势基本与大盘指数相似，只是表现更为强势。除新股外，转折期牛股基本先于大盘企稳，又先于大盘转折，随之在大盘7月启动牛市时以更强劲走势显示牛股风采。值得一提的是，占十大牛股50%的牛股以送转股后的填权形式实现牛股的升值，这也许是转折期牛股的一个重要特色。

总之，无论转折期牛股如何启动、上升、震荡、拉升，其都在牛股启动时呈现出最佳买点。根据叶氏牛股精选独门绝技，在发现此买点时大胆加入，将能享受牛股的利益。

表7　　　　　　　　　　2014年十大牛股

2014.1.1～2014.12.31(升跌幅52.86%)

序号	股票代码	股票简称	现价(元)	区间涨跌幅(%)	区间换手率(%)	所属概念
1	603169.SH	兰石重装	19.60	626.03	1 268.24	定增;核电;地方国资改革;兰州自贸区
2	603019.SH	中科曙光	90.88	458.14	344.51	新股与次新股;定增;超级计算机;透明计算
3	600399.SH	抚顺特钢	9.92	387.57	769.47	大飞机;军工;定增;航天军工;振兴东北;南海;特钢;地方国资改革;轧板
4	600317.SH	营口港	5.11	334.58	754.04	振兴沈阳;振兴东北;一带一路;辽宁沿海;黄河三角;东亚自贸;中韩自贸区;地方国资改革
5	300162.SZ	雷曼股份	—	291.98	1 233.97	定增;节能照明;足球概念;巴西世界杯;体育产业
6	600556.SH	慧球科技	13.44	291.06	513.49	医保;智慧城市;牛散概念
7	300324.SZ	旋极信息	38.52	287.93	806.42	军工;定增;高科技;网络安全;手机游戏;基金重仓;机构重仓
8	300033.SZ	同花顺	85.02	282.90	1 158.20	电子信息;互联网+;互联网金融;大数据;高科技;电子商务;沪港通概念;金融信息服务;证金持股;基金三方销售;沪港通行情软件
9	002544.SZ	杰赛科技	—	277.50	375.92	军工;4G;3G;IPV6;WIFI;数字音乐;信息消费;央企国资改革
10	300288.SZ	朗玛信息	—	276.52	682.96	互联网医疗;互联网+;4G;大数据;定增;网络游戏;互联网平台;移动转售;智能医疗;微信替代;信息消费;基金重仓;SNS概念;虚拟运营商;网络语音

【前三名牛股图解】

1. 兰石重装(603169)

牛股炼成的主要成因：

(1)上市日期：2014年10月10日上市，为新股，且发行价为1.68元，上市首日收盘价为2.42元，新股与低价两大诱因引来主流资金关注。

(2)股本结构：尽管总股本达59 115.53万股，但实际流通仅1亿股，所以容易控盘。

(3)业绩增长：2014年上市首年每股收益为0.8385元，比之上市前2013年0.10元增长8倍。

(4)筹码集中：2014年10月上市首月股东户数为89 350户，至2014年12月仅两个月时间，股东户数缩至46 975户，人均持股为2 128.79股。

(5)分红丰厚：2014年公司在业绩大幅增长下，以10派1.5送6推出分红方案，受市场追捧。见图19。

2. 中科曙光(603019)

牛股炼成的主要成因：

(1)上市日期：公司于2014年11月16日上市，每股发行价为5.29元，上市当日收盘价为7.62元，新股、低价吸引主流资金关注。

(2)股本结构：总股本3亿股，流通股3亿股，但实际流通A股仅7 500万股，是典型小盘股，新股、低价、小盘这三大主因确立其在市场受宠的地位。

(3)新兴行业：公司属于计算机、通信和其他电子设备，在软件开发、系统集成、高性能计算机上具有优势。

(4)业绩优良：2013年每股收益为0.43元，2014年每股收益为0.49元。我国"十二五"期间，工业化与信息化深度融合，战略新兴产业不断壮大，互联网向各领域飞速渗透，以互联网经济为代表的新经济增长点正快速形成，从而有力推动相关公司快速发展。见图20。

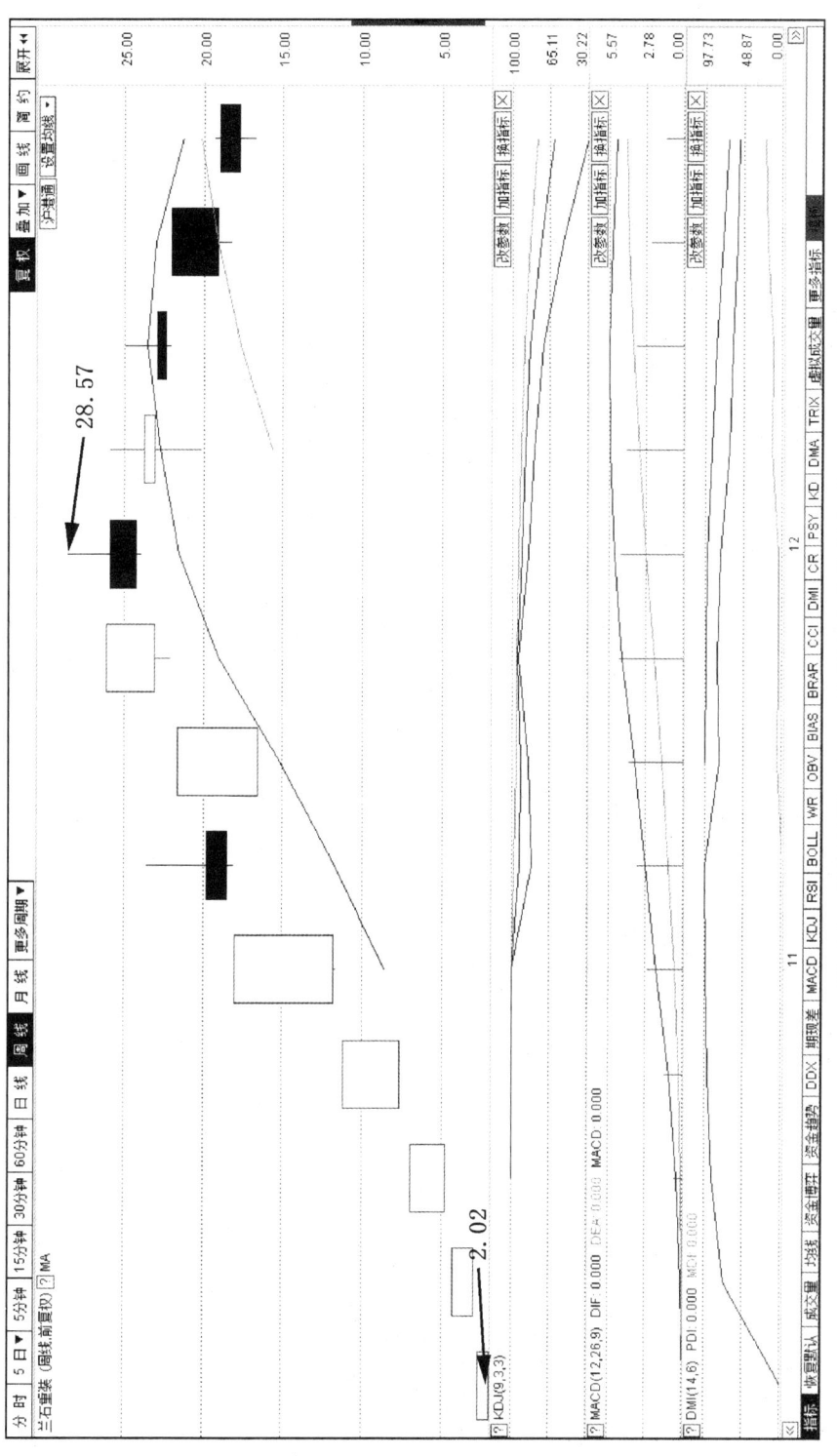

图 19　2014年以626.03%升幅列十大牛股之首

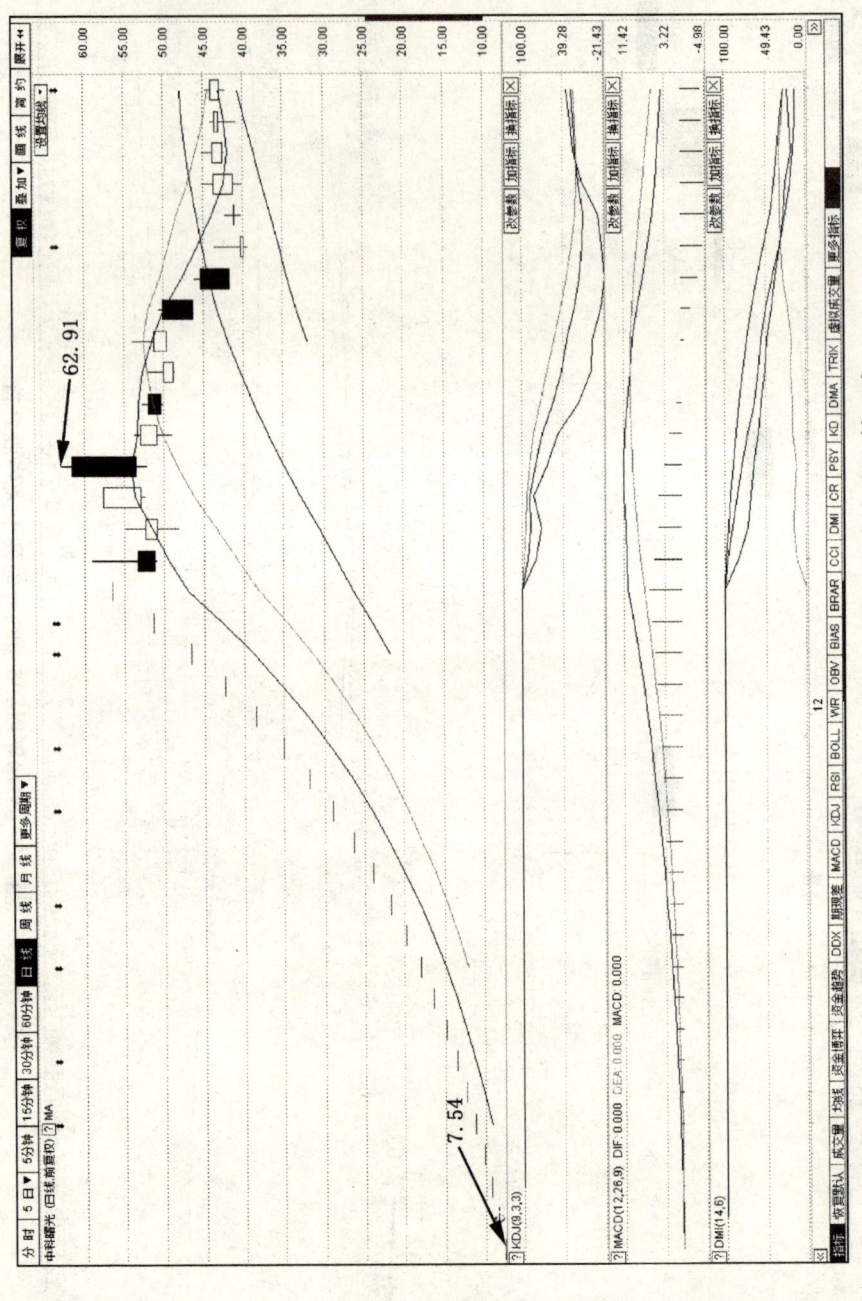

图 20　2014年以458.14%升幅列十大牛股第二名

3. 抚顺特钢(600399)

牛股炼成的主要成因：

(1)行业：公司素有"中国特殊钢摇篮"之称，也是中国国际军工产业配套材料最重要的生产和科研试制基地，生产超高强度特种钢、耐酸耐热不锈钢、高档汽车钢、高档模具钢以及风电、核电、钛合金等主要产品，其军工钢产能占比超过其他特钢企业。公司以高温合金、高强钢为代表的"两高"产品，市场占有率达80%以上，居中国第一。齿轮钢、模具钢市场占有率也达全国第一。由于中国自产军用装备制造迎来发展期，使该企业作为最大军用钢企业获得直接收益。

(2)业绩增长：2013年每股收益为0.0446元，2014年则提升至每股收益0.09元。

(3)分红方案丰厚：2014年推出10派0.5元、10送4转增11股。

(4)股本结构：该股总股本52 000万股，流通盘52 000万股，但是大股东占比达44.74%共23 265.09万股。除去大股东占比，实际流通盘仅28 735万股，依然属小盘股。

(5)最佳买点：该股于2014年1月下旬进入最佳买点。根据叶氏牛股精选独门绝技分析，周K线显示均线、KDJ随机指标、MACD平滑移动平均线指标、DMI趋向指标均在低位呈金叉。见图21。

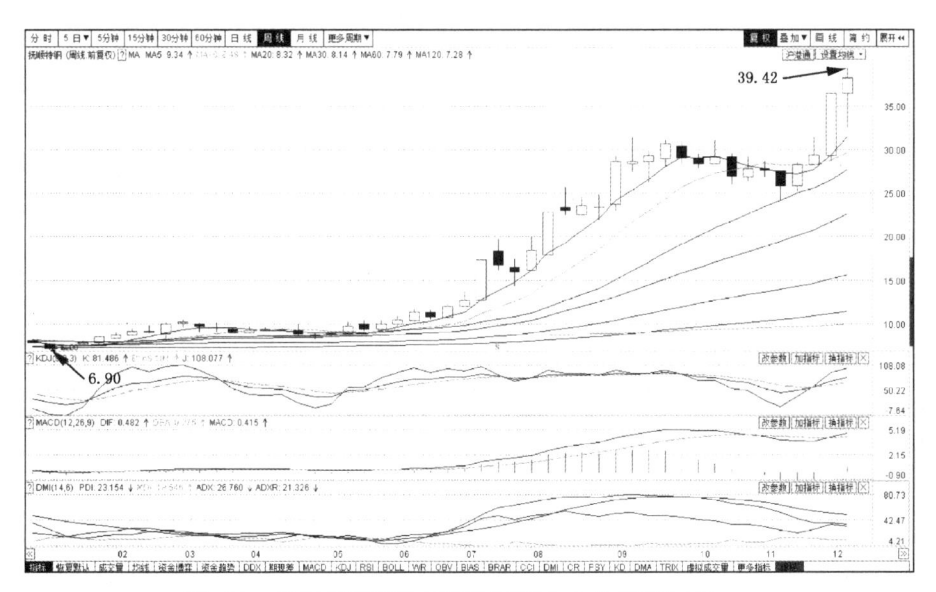

图21 2014年以387.57%升幅列十大牛股第三名

10. 2015年十大牛股的成因和特色

2015年股市上证指数以3 258.63点开盘,截至12月31日收盘指数为3 539.18点,升幅为8.6%。这一年的年K线实体尽管收在2014年年K线的实体之上,但其长达1 639.01点的上影线却让人望而生畏,又伴之以130余万亿的史上最大巨量,更让人产生一种关山重重之感。这一年不仅创出了132万亿的史上最高成交量,更创出81.6%的巨大振幅。不仅如此,还产生了连续17次的千股跌停。而这一切均源于发生在6月15日至8月26日的一场史无前例的股灾。在这场为时11周的灾情中,上证指数从5 178.19点直落至2 850.71点,跌幅高达44.94%,近30万亿的市值被蒸发,数万投资者被杠杆挤出股市之外。在不断出现的千股跌停之下,又催生出千股停牌。市场在恐慌之下不仅爆发出流动性风险,更产生危及整个国家金融系统的危害。6月26日2 000只个股跌停,6月29日1 500只个股跌停,7月1日1 300只个股跌停,7月2日1 000只个股跌停,7月3日1 000只个股跌停,7月6日1 000只个股跌停,7月7日1 736只个股跌停,7月8日除1 440家停牌外其余多数跌停。危急之下,国家及时出手救市,采取了一系列的救市措施:6月27日央行降息,6月29日对高于担保比例的融资强行平仓,6月29日发布养老金投资办法征求意见,6月30日基金业协会倡议不要盲目踩踏,6月30日13位私募大佬集体唱多,证券业协会称7月底前完成核查,7月1日证监会进一步拓宽券商融资渠道,7月1日两融容许展期、担保物违约可不强平,7月1日沪深交易所调降交易结算费用三成,7月2日对涉嫌市场操纵行为进行专项核查,7月3日汇金出手护盘、四大ETF净申购395亿元,7月3日减少IPO发行家数,证金公司大幅增资扩股,7月3日QFII额度从800亿美元扩大至1 500亿美元,7月4日25家公募基金表态将积极申购,7月4日和5日21家证券公司出资不低于1 200亿元投资蓝筹ETF,并保证在上证指数4 500点以下只进不出。国务院决定暂缓IPO,央行多种形式给予证金公司流动性支持。25家公募基金倡议,中证500股指合约部分账户限制开仓,各上证公司申明维稳不减持。面对史所罕见的股灾,政府动员一切可以动用的人力、资力,集中各大部委全线出击,决心之大、意志之坚、力度之大,堪称史无前例,从而有效地制止了危机的蔓延。这次股灾的成因既有高泡沫,也有高杠杆。2015年6月沪深两市股票均价为17.81元,沪市1 063家上市公司平均市盈率达24.95倍,深市1 714家上市公司平均市盈率达68.92倍,其中创业板154倍、中小板101倍。2015年6月当上证指数升至5 000点之上,两融杠杆资金也升至2.12万亿,另外以5倍杠杆产生的场外配资规模约1万亿、伞形信托0.7万亿等。除此之外,造成股灾的成因还有内外势力勾结泄露救市决策、洗劫中国股市,当然中国股市在法制和监管上还缺乏应对股灾的完善制度。所有这些都属于股灾的成因,好在国家及时出手,有效地击退了股灾的蔓延。在上证指数下探至2 850.71点后,大盘逐步企稳,交易开始恢复正常,人气恢复、信心增强,至年底收于3 600点上方,年度升幅依然位居全球股市前二位。

这一年影视传媒、消费、互联网等无疑成了主流热点,而证券、房地产、煤炭等行业便成了被主流资金遗忘的角落。在这样一个牛熊转换、灾祸突发的市场,借壳重组和新股上市依然是炒作的热点。

2015年是中国股市25年来最为难忘的一年,冰火瞬间、牛熊变幻,千股跌停与涨停交替,又附上千股停牌,最迅猛的股灾与最强力的救市,一批赌欲旺盛的投资人在杠杆中倒下,一批钻入证券高层的内奸在救市中原形毕露,更多的投资者在互联网金融的新常态股市中得到锻炼。这一年中产生的十大牛股更具特性。

(1)十大牛股平均升幅为577.5%。升幅最高的特力A(000025)全年升幅735.4%,最低升幅的七喜控股(002027)全年升幅为482.8%,比之2013年熊市的342.4%、2014年牛市的322%均高出许多。可见不同的市道对牛股的涨幅具有一定的影响。

(2)并购重组题材。在十大牛股中有8家具有并购重组题材,或跨界并购,或扩展主业,或延伸产业链,均通过并购重组增强公司竞争力。

(3)在十大牛股中,2015年推出高分红方案的占60%,有的更是连续三年推出高分红方案,如光环新网(300383)2013年10转10,2014年再推出10转15,2015年6月又推出10送5转5,使公司股价不断在除权填权中得以推升。

(4)行业景气。在十大牛股中,不少属于新兴产业,如锂电池、工业4.0、创投、云计算、互联网平台、超材料概念、节能环保、智能穿戴、网络游戏、电子信息、去IOE、干细胞等,行业景气度高,符合调结构、促转型的大背景,受到政策支持。

(5)多次出现最佳买点。在股灾影响和救市维稳中,十大牛股均在大幅震荡中多次出现最佳买点,如特力A(000025)曾4次出现最佳买点,通过震荡反复使股价在上升波段从10元之下攀升至108元。

表 8　　　　　　　　　　　　　2015 年十大牛股

2015.1.1～2015.12.31(升跌幅 9.41%)

序号	股票代码	股票简称	现价(元)	区间涨跌幅(%)	区间换手率(%)	所属概念
1	000025	特力 A	69.24	735.46	1 158.15	珠三角区;深圳综改;含 B 股;深圳国资改革;地方国资改革
2	300410	正业科技	—	661.79	2 800.00	苹果概念;定增;工业 4.0;锂电池
3	600053	九鼎投资	52.84	593.83	150.59	鄱阳湖经济区;资产注入;定增;昌九自贸区;创投
4	002075	沙钢股份	—	587.44	179.57	螺纹钢
5	002625	龙生股份	43.70	585.82	1 034.14	超材料概念;小额贷款;定增
6	300078	思创医惠	39.53	556.79	667.54	新兴产业;电子信息;高科技;食品安全;信息化;物联网;安防;电子纸;检测认证;电子标签;社保重仓;云计算;互联网医疗;定增;智能物流;健康中国
7	300383	光环新网	45.8	552.48	1 399.55	云计算;互联网平台;工业互联网;定增
8	300302	同有科技	60.15	512.43	1 432.39	电子信息;高科技;军工;云计算;灾备存储;数据存储;去 IOE
9	600165	新日恒力	18.82	510.67	865.04	节能环保;保障房;新材料概念;呼包银榆经济区;股东增持;线材;员工持股计划;干细胞;定增
10	002027	七喜控股	35.45	482.88	1 512.08	电子信息;珠三角区;网络游戏;手机游戏;智能穿戴;文化传媒;中概股回归

【前三名牛股图解】

1. 特力A(000025)

牛股的成因与特性：

(1)走势妖异：作为2015年A股妖名册中的头牌，或被称为2015年第一妖股，其灾后反弹从7月9日的9.88元暴涨至8月12日的收盘价49.65元，短暂1个月升幅就高达400%。

(2)国企改革概念：2015年主流热点之一是国企改革、央企重组，在此背景下，该股实际控制人为深圳市国资监控管理局，占总股本的73.22%。

(3)小盘股：公司总股本为2.9728亿股，流通股为1.7929亿股，在十大流通股东中，作为实际控制人深圳市特发集团有限公司，又以占总股本44.16%的13 128.35万股无限售A股控制全局，使该股成为名副其实的小盘股。

(4)最佳买点：该股由于经营业绩长期较差，从可记载的2006~2014年每股收益分析，依次为－0.399、0.05、0.02、0.028、0.016、0.0098、0.00324、0.0326、0.047，所以其股价长期在6~10元之间横盘。2015年2月该股出现第一次最佳买点，股价从10元涨到30元；此后回落至9.88元，又进入第二次最佳买点，股价又回升至51.99元；此后再次回落到18.51元，接着又一次出现最佳买点，股价再次创出新高至93.88元；随之回落再寻找最佳买点至60元，然后升至108元最高点。见图22。

2. 正业科技(300410)

牛股炼成的主要成因：

(1)小盘股：总股本0.6亿股，流通盘0.15亿股。

(2)新股：公司2014年12月31日上市，发行价为10.79元，收盘价为15.54元。

(3)分红方案丰厚：公司2015年6月30日实行10转增15。

(4)经营分析：公司生产PCB精密加工检测设备和PCB精密加工辅助材料。

(5)兼并收购材料：9月15日以定增加现金收购集银科技，11月24日又以现金方式收购鹏煜威科技有限公司，从而优化产业结构、增强竞争力。

(6)股权激励：8月11日公司推出448万股限制性股票激励，授予136名激励对象。

(7)最佳买点：公司股价走势于5月初和10月中旬前后两次进入最佳买点，这两次分别上升达107.7%和188.9%。见图23。

60　股术

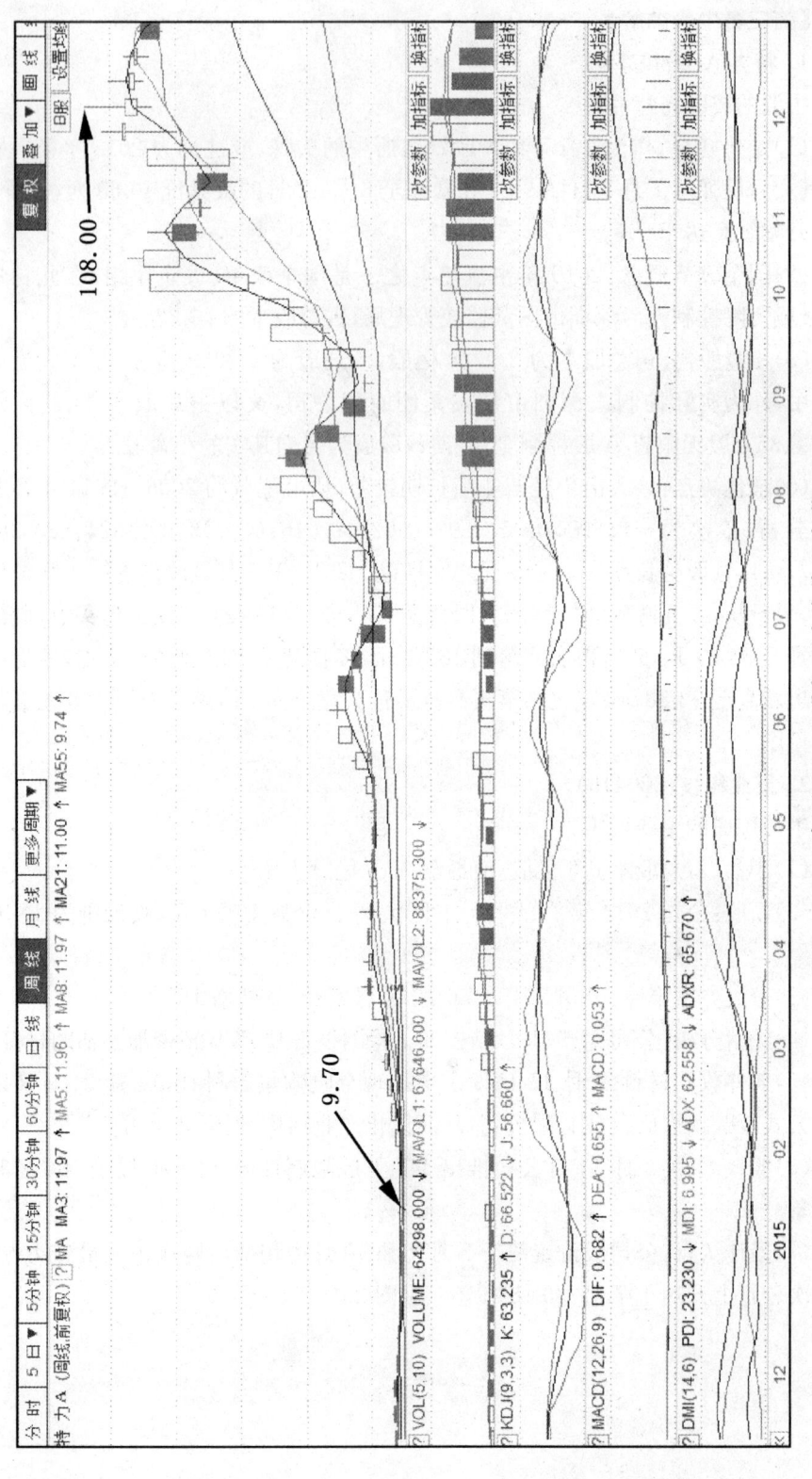

图22　2015年以735.4%升幅列十大牛股之首

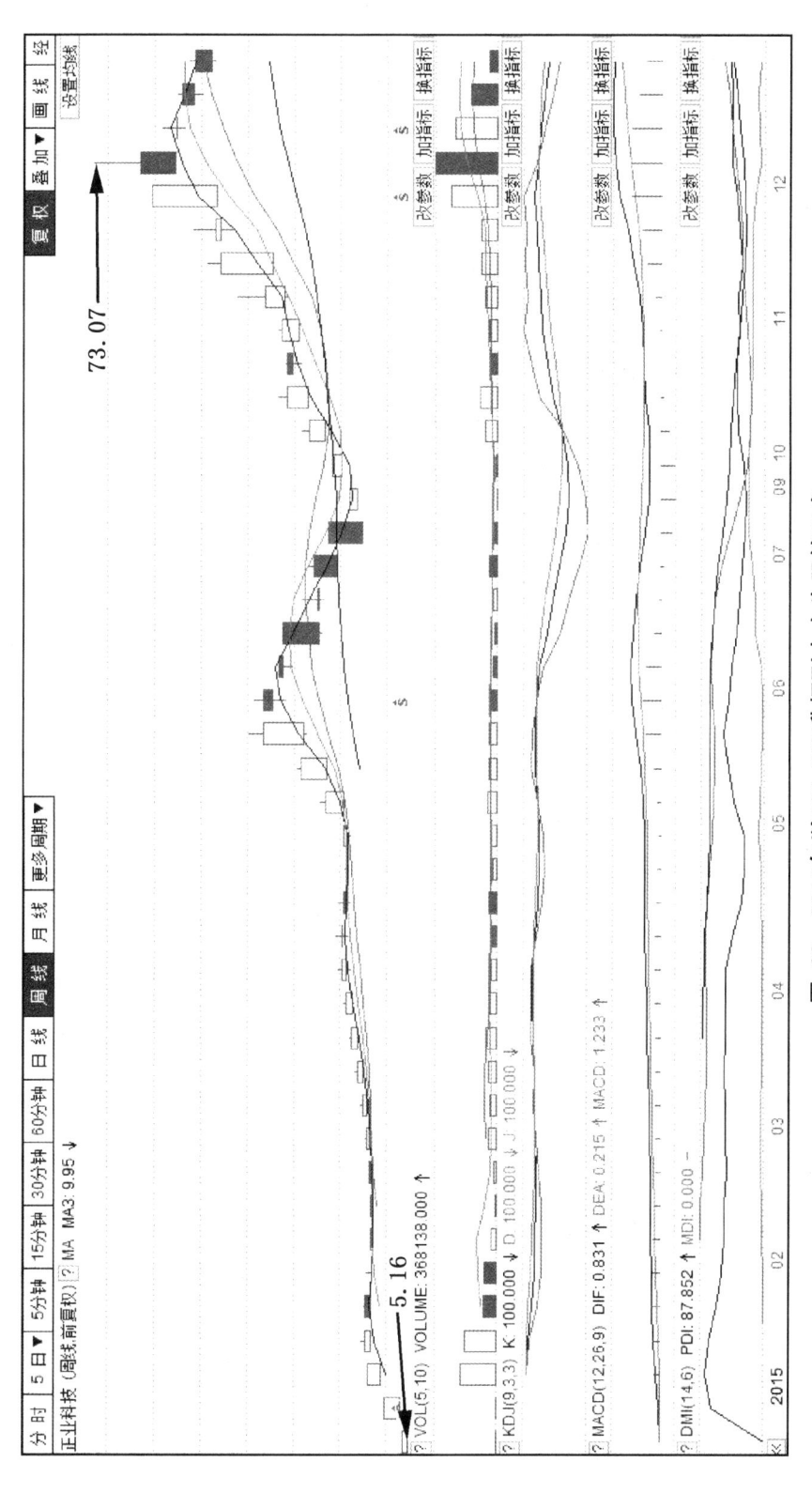

图 23 2015年以661.79%升幅列十大牛股第二名

3. 九鼎投资(600053)

牛股炼成的主要成因：

(1)小盘股：总股本 4.33 亿股，流通盘 4.33 亿股。

(2)长期横盘：自 2011 年 6 月以来该股长期徘徊于 10 元之下，至 2015 年 2 月中旬方开始突破 10 元。股谚云：横有多长，竖有多高。长期横盘使该股积蓄了较大的做多能量。

(3)筹码收集：该股 2014 年 12 月底股东户数为 14 576 户，户均持股数为 29 743 股，但至 2015 年 6 月股东户数减少至 12 809 户，户均持股数为 33 846 股，可见主力收集筹码意图强烈。

(4)重大资产重组：9 月 22 日该公司控股股东江西中江集团挂牌转让，被北京同创九鼎投资管理股份竞得 100% 股权，随之九鼎投资又以不超过 54 亿元认购 5.4 亿股，并于 12 月 3 日中江地产拟更名为昆吾九鼎投资控股股份有限公司。

(5)最佳买点：该股于 2 月 17 日出现最佳买点，股价为 9.87 元，3 月 20 日因重大资产重组于 13.2 元停牌，同年 11 月 12 日复牌后出现 15 个涨停股价，最高攀升至 77.58 元。见图 24。

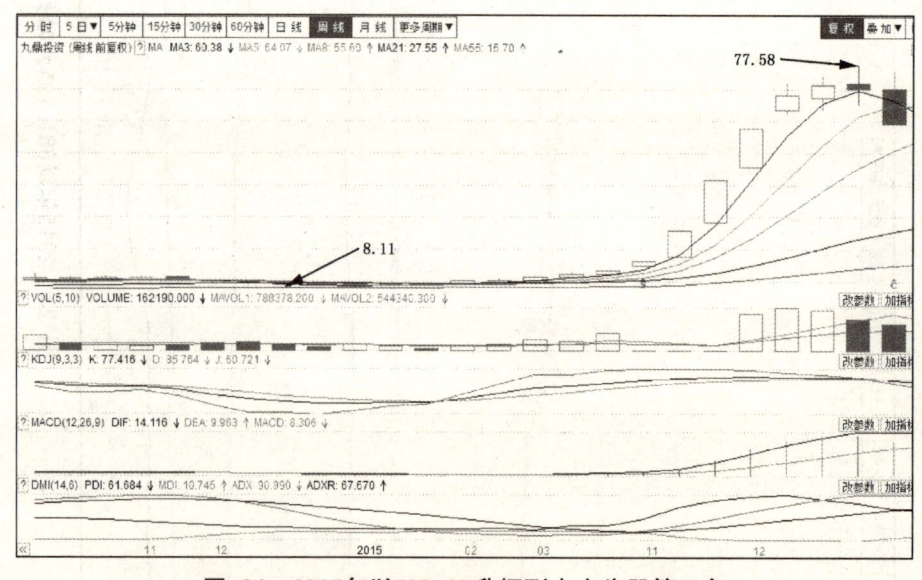

图 24　2015年以593.8%升幅列十大牛股第三名

11. 1990～2007 年十大牛股的成因和特色

从 1990 年上证指数 95.79 点开始至 2007 年 12 月底上证指数 5 261.56 点，历时 18 年，上证指数升幅 5 392.8%，也就是升了 53.9 倍。但这期间，沪深股市经历了 1990 年的 95.79 点～1992 年 5 月的 1 429.01 点、1992 年 11 月的 386.85 点～1993 年 2 月的 1 558.95 点、1994 年 8 月的 325.89 点～1994 年 9 月的 1 052.94 点、1996 年 1 月的 512.83 点～1997 年 5 月的 1 510.18 点、1999 年 5 月的 1 047.83 点～2001 年 6 月的 2 245.44 点，最后又经历了 2005 年 6 月的 998.23 点～2007 年 10 月的 6 124.04 点。这是中国股市成立 26 年来的历史高点，共计经历了六轮大小不一的牛市行情，同时也经历了从 1992 年 5 月的 1 429.01 点～1992 年 11 月的 386.85 点、1993 年 2 月的 1 558.95 点～1994 年 8 月的 325.89 点、1994 年 9 月的 1 052.94 点～1996 年 1 月的 512.83 点、1997 年 5 月的 1 510.18 点～1999 年 5 月的 1 047.83 点、2001 年 6 月的 2 245.44 点～2005 年 6 月的 998.23 点这五轮熊市。指数跌宕起伏、潮涨潮落，但整体向上。这趋势线印证了"道路是曲折的、前途是光明的"这一发展理念。在这 18 年中，货币政策经历了 1993 年 5 月开始的升息、1996 年 5 月开始的降息和 2004 年 10 月开始的又一次升息。中国经济 GDP 增长率从 1990 年的 14.2% 逐步回落至 1998 年的 7.6% 的过程，又进入逐步回升至 2007 年的 14.2% 的最高值。而中国股市的牛熊强弱又似乎关联性并不密切，然而股市的牛熊转折与政策却有着直接的影响。1994 年上证指数 325 点时的救市、1996 年上证指数 512 点时的救市，以及 1999 年上证指数 1 047 点和 2005 年上证指数 998 点时的救市，均使股市发生了牛熊的转折。据同花顺"问财"统计，这 18 年中涨幅前十位的个股中，方正科技（600601）以升幅 2 352 倍列涨幅首位，中集集团（000039）以 28.81 倍为涨幅最小，十大牛股平均升幅为 531 倍，超过上证指数 10 倍。从这十大牛股看，所处行业依次为游戏、软件、照明、汽车、制酒、房地产、贸易、集装箱及造船，其中房地产占了两席——万科 A（000002）和金融街（000402），显然这段时期这些行业处于景气度高的发展期。从牛股成因分析，首要条件便是企业经营业绩的优良，在这方面最典型的便是万科 A（000002）。在 18 年中该股股本扩张了 119.52 倍，送转股达 14 次，配股了 3 次，但其经营业绩始终稳定增长，每股收益最高 0.84 元，最低 0.337 元，绝大多数年份保持在 0.45 元左右，始终保持与股本扩张同比上升；其销售额在 1992 年时为 6.6 亿元，至 2015 年达 2 500 余亿元，增加 378 倍；净利润在 1992 年为 0.7 亿元，至 2014 年达 157.4545 亿元，增长 225 倍。与万科 A 类似的房地产企业金融街（000402）送转 7 次、增发 4 次，股本扩大了 36.98 倍，但其经营业绩同样保持持续性成长。从1998年每股收益0.06元到2001年每股收益1.20元,此后虽有波动,但基本保持在0.60元左右。这些企业始终坚持在原产业基础上做大做强。同样中集集团(000039)从1994年上市至2007年,在送转9次、增发4次股本、扩张32.46倍的情况下,每股收益绝大多数年份保持在1元左右。另一种个股其业绩优良主要表现在行业走向景气,如造船行业的中国船舶(600150),该股之所以列入十大牛股,其原因是经营业绩发生巨大变化。1999～2000年时该股每股收益为-0.12元和-0.19元,2001年、2002年实现扭亏,每股收益为0.05元和0.038元,随之呈几何级数的翻番。2003年为0.167元,2004年为0.328元,2005年为0.56元,2006年为1.019元,2007年达到5.30元,2008年又达到6.28元。这种业绩的巨大变化有力地推动股价随价值上升,从而一跃成为十大牛股之一。

作为牛股的第二大成因便是小盘＋重组。最典型的便是方正科技(600601),该股1990年12月19日上市时,每股面值50元,发行量仅10万元,发行总市值仅500万元,1991年实施面值拆细变成100万股总股本,然后再次拆细变成2 000万股,随之通过8次送转、7次配股,股本扩张达到21 947.9倍。这期间发生了宝安收购事件、北大方正入主事件,又发生过裕兴举牌、高清举牌等风波,从而使其从上市初的延中实业变更为方正科技,而每次重大事件均成为该股上扬的重要动力。

值得一提的是,1990～2007年这18年中所产生的十大牛股之所以成为投资者长线投资的对象,其重要原因在于这十大牛股中有40%的上市公司十分注重对投资者的回报。最典型的如泸州老窖(000568),该股1994年上市以来送转7次、配股1次、增发1次、现金红利派发达18次。其总融资额为78 968.22万元,而总派现额为1 245 709.47万元,二者比例为1∶15.7,其回报投资者的金额是融资的15.7倍。这样的公司无疑是具有长线投资价值的公司。类似如中集集团(000039)、万科A(000002)和辽宁成大(600739),其总融资额与总派现额之比依次为1∶7.33、1∶1.67、1∶1.48,均属于派发给投资者的红利总额远远超过向投资者的融资额,显然这些公司上市不仅发挥了证券市场的融资功能,也发挥了证券市场的投资功能。

作为十大牛股成因的第四大成因,便是资产重组、收购兼并。游久游戏(600652)原名为爱使电子,从事电子计算机行业,先后重组泰山能源、山西大远煤业,又变更为蒙古荣联、天津鑫宇高速,最后正式实现跨行业收购游久游戏,类似如方正科技、飞乐音响、申华控股等。1990年中国股市成立之初上市的"老八股"之所以能青春焕发,就在于不断地利用资本市场的资产优化配置功能,置换景气度高的朝阳行业、新兴行业,使企业始终保持旺盛的生命力。

综上所述,从2 000余个股中筛选出18年来的十大牛股可以清晰地看到,小盘是牛股的首要因素,即使业绩不足,但可以通过重组兼并,在不断增资扩股中变大变强。其次是经营业绩,这是牛股的底气,没有业绩何来价值？其三是兼并重组,这是牛股的外在动力、外生性因素,是牛股的催生素。其四是上市公司对股东的回报丰厚,每年推出送股、转增、现金红利派发的分红方案,这不仅吸引长线大资金的关注,也使大批投资者无论中长线都愿意持有,从而保持企业的强势,也为中国证券市场树立了长线价值投资的优秀标的。

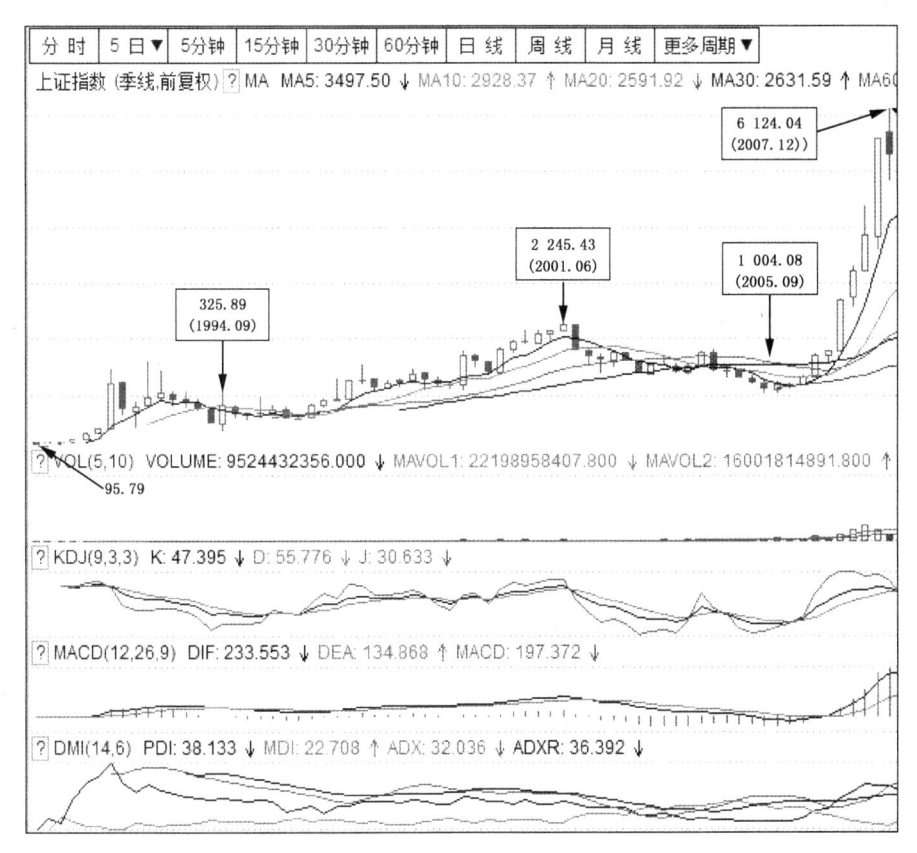

图 25　上证指数(1990～2007年)季线走势图

(95.79点～5 261.56点,升幅:5 392.80%)

表 9　　　　　　　　　　　　1990～2007 年十大牛股

1990.1.1～2007.12.31（上证指数升跌幅：5 377.94％）

序号	1	2	3	4	5
代码	600601	600651	600652	600653	000002
股票简称	方正科技	飞乐音响	游久游戏	申华控股	万科 A
曾用名	延中实业	—	爱使电子	申华电工→申华实业→华晨集团	深万科 A
上市日期	1990－12－19	1990－12－19	1990－12－19	1990－12－19	1991－01－29
总融资额（单位：万元）	282 561.42	213 761.55	167 723.68	133 063.01	1 875 107.24
总派现额（单位：万元）	23 244.98	20 281.72	10 171.96	1 314.65	1 880 776.35
总派现额与总融资额之比	0.08	0.09	0.06	0.01	1
股本扩张倍数	21 947.91	29 854.15	104 086.94	174 637.03	266.08
股权转让重大事项	2012－08－02 方正集团将持有的 11.65％ 股份出资至方正信息产业控股有限公司；2011－04－15 下属全资子公司苏州制造向方正信产控股出售其持有的苏州发展 100％ 股权	2012－03－21 上海仪电控股拟将其持有的本公司 14.91％ 股权无偿划转予上海仪电电子；2012－03－15 向圣阑实业收购 54.465％ 股权；2012－02－28 仪电控股将其持有的本公司 32.73％ 股权无偿划转予上海仪电电子；2011－05－12 上海仪电竞价获得浦江公司 75％ 股权	2012－11－10 将所持天津鑫宇高速公路 49％ 的全部股权转让给宁波旌宇商贸；2012－07－11 用自有资金受让蒙古荣联投资 17.6％ 股权；2011－02－26 控股子公司山东泰山能源将山西大远煤业 60％ 股权转让给冀中能源峰峰集团	2012－09－13 全资子公司申华房产将收购通瑞置业 25％ 股权；2012－07－07 全资子公司华安投资拟将持有的大连万顺车辆 80％ 股权以原收购价转让给华晨汽车；2012－07－05 拟由全资子公司华安投资向信昌实业收购昆山专用车 60％ 股权；2012－06－09 全资子公司申华房产将持有西安吉吉 69.96％ 的股权转让给陕西祥安；2011－09－08 将绵阳华瑞 100％ 股权转让给华晨汽车；2011－03－30 全资子公司绵阳新华内燃机和申华风电新能源分别将其持有的绵阳华瑞 55.8％ 和 44.2％ 的股权转让给华晨汽车	2013－02－06 上海万科投资将其全资持有的护彤置业 39％ 的股权转让给华威欣城；2012－05－15 全资子公司万科置业向永泰地产收购重组后的南联地产 73.91％ 股份
近三年每股收益（单位：元） 2012 年	0.04	0.14	0.35	0.08	1.14
2013	0.03	0.08	0.01	0.10	1.37
2014	0.12	0.09	－0.02	－0.11	1.43
首日开盘价（单位：元）	18.53	32.03	19.30	327.90	14.57
复权价（单位：元）	43 591.57	60 435.33	6 368.27	76 046.09	2 367.64
区间涨跌幅（％）	2 352.49	1 886.84	329.96	231.92	162.50

续表

序号	6	7	8	9	10
代码	000568	600739	600150	000402	000039
股票简称	泸州老窖	辽宁成大	中国船舶	金融街	中集集团
曾用名	川老窖A	—	沪东重机→ST重机	重庆华亚	深中集A
上市日期	1994—05—09	1996—08—19	1998—05—20	1996—06—26	1994—04—08
总融资额(单位:万元)	114 545.58	266 064.88	1 257 351.96	1 072 019.09	190 200.00
总派现额(单位:万元)	1 214 606.43	59 762.51	274 185.20	486 910.54	929 753.14
总派现额与总融资额之比	10.60	0.22	0.22	0.45	4.89
股本扩张倍数	15.14	23.67	5.28	36.98	32.46
股权转让重大事项	2012—12—04出售所持湖南武陵酒32.9%股权给联想控股；2012—10—19向锐成投资转让泸州老窖国际发展(香港)15%股份；2012—09—05拟向老窖集团协议转让公司持有的华西证券12%股权	2012—08—21受让宏发公司持有的成大弘晟40%股权	2013—01—22全资子公司上海外高桥造船拟将持有的长兴造船51%的股权转让给沪东中华；另外,外高桥造船拟收购江南造船所持有的长兴重工36%的股权	2011—06—25拟将全资子公司金融街(北京)置地持有的北京天叶信恒房地产100%股权转让给北京华融基础设施投资公司	2010—08—13终止对F&G的收购
近三年每股收益(单位:元)	2012年	3.14	0.51	0.02	0.75	0.73
	2013年	2.46	0.62	0.03	0.96	0.82
	2014年	0.62	0.83	0.03	0.97	0.93
首日开盘价(单位:元)	9.00	13.16	7.00	5.99	15.50
复权价(单位:元)	1 117.74	1 196.30	363.34	305.96	446.60
区间涨跌幅(%)	124.19	90.90	51.91	51.08	28.81

12. 1990～2015年十大牛股的成因和特色

　　从1990年12月19日上海证券交易所成立至2015年底,中国股市经历了长达25年的历史。在这段时期,沪、深股市震荡起伏,又经历了六次顶部与六次底部,最高点为2007年10月的上证指数6 124点,最低点为上证指数的起点95.79点。牛熊交替、顶底反复,至2016年2月以2 687.98点收盘,总市值从1990年的23.82亿元扩展至2015年5月底的10.27万亿美元,折合人民币62.1万亿元,增长达2 607倍,已占全球股市总市值70.06万亿美元的14.7%,沪深股市分列全球股市的第三、第四名。中国经济、中国众多企业及众多投资者从资本市场获益匪浅,但是不少投资者依然处于被套甚至亏损之中。因此对中国股市的争议始终未能停息,"政策市"、"投机市"、"熊长牛短、熊强牛弱"、"毫无投资价值可言",甚至被视为"必须远离的赌场、毒品"。为此研究中国股市有无投资价值、有无财富积累效应便成了投资大众关注的焦点,而研究中国股市成立26年来的牛股更成为价值的核心。中国上市公司研究院对1994年以前上市且截至2016年2月22日仍处于上市的156只个股进行了成长性研究分析,结果显示平均复合增长率达8.3%,其中游久游戏、飞乐音响、万科、方正科技、中安消、申华控股6只个股复合增长率超过21%,其余复合增长率达10%以上的占33.9%,复合增长率达5%以上的占78.21%。可见中国A股市场是具有投资价值的,也具有一定的财富积累效应。更值得一提的是,据已公布年报统计,注重对投资者分红回报的公司超97%,且分红总额占股权融资的平均水平达109.59%,超过融资额。可见无论从事二级市场投资还是注重企业分红回报,均能得到一定的正收益。

　　而笔者在此基础上又重点选择了1990～2015年中国股市25年的十大牛股作重点分析,以便更进一步地从中了解长线投资的价值所在,也可从这十大牛股的成长中了解其牛股的成因与特色。

　　(1)小盘低价,这无疑是牛股的第一成因。

　　以十大牛股前五名为例,游久游戏(600652)、飞乐音响(600651)、方正科技(600601)、申华控股(600653)及万科A(000002),其上市初流通股本依次为40万、165万、500万、100万、4 133万,上市首日收盘价依次为1.93元、3.2元、3.8元、3.27元(拆细后股价)和14.58元,完全属于典型的小盘低价股。正因为此,这十大牛股的股本扩张倍数也名列前茅。仍以上面五股为例,股本扩张倍数依次为2 081.7倍、29 911.3倍、438.98倍、174.64倍、1 863 214倍,平均股本扩张规模为379 164倍。也正因为此,25年来,游久游戏、飞乐音响、方正科技、申华控股的复权价分别达到27 197.1元、88 477.7元、42 711.1元和81 663.3元,均进入万元行列。

(2) 业绩增长与品牌资源,这无疑是牛股的基因。

以万科A为例,1992年销售总额与净利润分别为6.6亿元和0.7亿元,到2014年销售总额与净利润分别达到2 500余亿元和157.4亿元,分别增长378倍和225倍。仅以2003~2010年计算,2003年其总资产主营业务收入及利润总额依次为105.61亿元、63.8亿元和8.3亿元,2010年便分别达到2 156.4亿元、507.1亿元和119.4亿元,分别增长19.4倍、6.95倍和13.39倍。一位刘先生在1991年1月买入万科370.76万股,至2010年为1.34亿股,持股市值达9.07亿元,20年升值1 458倍,这便是长线投资的生动写照。与此相称的是泸州老窖(000568),其1994年5月上市开盘价为9元,而今复权价为854元,累计涨幅达94.88倍,其高增长的原因就在于得天独厚的资源和酿酒环境,并以国窖"1573"为重点品牌,从而持续保持高增长态势。尤其是2008~2013年每股收益依次达到0.91元、1.20元、1.58元、2.08元、3.14元、2.46元,从而成为典型的优质成长股。

(3) 兼并重组,这无疑是牛股较强的外生性动力。

在这十大牛股中,50%为跨行业兼并重组,如游久游戏,电子→能源→高速→游戏,随潮流跨行业地转行,以保持企业旺盛的生命力。另50%的牛股则坚持主业,不断进行回行兼并,如万科A收购南联地产、云南白药收购云南药物研究所等。在中国股市历年牛股中,几乎都与资产重组密切相关,这也充分体现了资本市场的资产优化配置功能。

(4) 丰厚的分红送配方案,这是牛股最大的魅力所在。

在这十大牛股中,年分红都较为丰厚。在送股、转增及派现上,这十大牛股依次为14次、22次、18次、11次、44次、15次、23次、19次、30次和26次,平均达到22.2次。其中50%以上的牛股,其融资额与分红派现之比远远小于对投资的回报额,也就是说,这些公司向投资者融资的金额已确确实实通过企业的优良经营给了投资者超额的回报。最典型的是泸州老窖,总融资额与总派现额之比为1∶15.77,也就是该企业从股市中融资1元钱,却向投资者回报15.77元。类似的公司在十大牛股中还有伊利股份(600887)、中天城投(000540)、万科A(000002)和云南白药(000538),其融资额与派现额之比依次为1∶4.11、1∶3.34、1∶1.67和1∶1.39。这类公司与重融资、轻回报的"铁公鸡"相比,可谓鹤立鸡群。

(5) 与行业景气度密切相关。

一般而言,牛股所处的行业多属于热门行业。从十大牛股看,行业分布分别为游戏、电子信息、汽车、安防、医药、饮料、房地产等行业,其中房地产占两席。这些行业中,传统性行业如公共事业、建筑材料、机械、农林牧渔、交通运输、家用电器等不在其列,可见牛股多集中于新兴行业。同时可以看到,房地产业占比

20%,这十分符合中国国情。特别是从 1998 年 7 月国务院下发《深化住房制度改革的通知》后,中国房地产市场迎来黄金十年,房地产投资从 2003 年首超 1 万亿、商品房销售额和销售面积分别达到 7 670 亿元和 3.22 亿平方米,进入 2010 年房地产投资猛增至 48 267.07 亿元,商品房销售额和销售面积分别达到 51 478.72 亿元和 10.434 亿平方米,短短数年分别增长 3.77 倍、5.84 倍和 2.24 倍。从 1999 年至 2010 年,我国房地产投资平均每年以百分之十几至二十几的高速度增长,全国商品房价格从 2001 年的每平方米 2 220 元上升至 2010 年的每平方米 5 029 元,升幅达 125.9%。与此相应的是,2003 年沪深股市有 76 家房地产公司,总市值为 1 764.9 亿元;至 2010 年房地产上市公司已达 120 家,总市值为 9 436.8 亿元,扩容 4.3 倍。从中国股市牛股行业的历史变化分析,1999~2004 年以钢铁、机械等传统行业为主,2005 年后逐步向医药、金融、房地产等行业转移,随之又向电子信息游戏、传媒、军工、造船等行业转向。近年来互联网+、环保、智能制造、3D 打印、工业 4.0 及虚拟现实、教育养老等逐步成为主流资金青睐的对象。可见宏观经济的变化与牛股的产生有着一定的关联。

综上所述,小盘低价、业绩优良、兼并重组、分红丰厚及行业景气度为十大牛股的五大成因与特色。这无疑成为投资者选择牛股的有益参考,也为长期投资者选择长期投资的牛股标的提供了良好的借鉴。

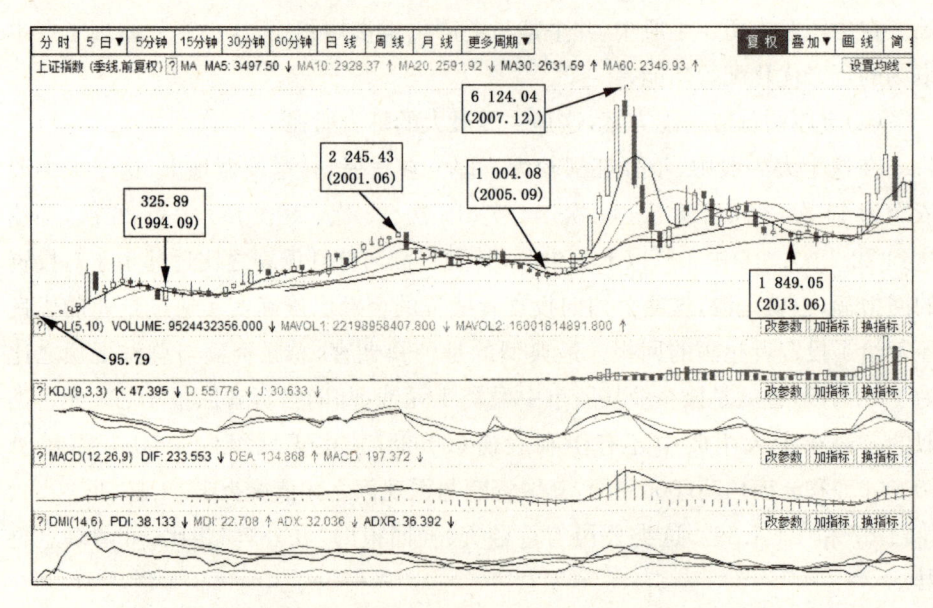

图 26 上证指数(1990~2015 年)季线走势图

(95.79 点~3 539.18 点,升幅:3 594.72%)

表 10　　　　　　　　　　1990～2015 年十大牛股

1990.1.1～2015.12.31(上证指数升跌幅：3 584.73％)

序号	1	2	3	4	5
代码	600654	600651	600601	600652	600653
股票简称	中安消	飞乐音响	方正科技	游久游戏	申华控股
曾用名	飞乐股份	—	延中实业	爱使电子	申华电工→申华实业→华晨集团
上市日期	1990-12-19	1990-12-19	1990-12-19	1990-12-19	1990-12-19
总融资额(单位：万元)	470 193.41	213 761.55	282 561.42	167 723.68	133 063.01
总派现额(单位：万元)	19 625.60	20 281.72	23 244.98	10 171.96	1 314.65
总派现额与总融资额之比	0.04	0.09	0.08	0.06	0.01
股本扩张倍数	6 105.72	29 854.15	21 947.91	104 086.94	174 637.03
股权转让重大事项	2012-11-13 仪电控股将所持本公司 17.82％的股权无偿划转给其全资子公司上海仪电电子；2012-11-10 飞乐股份将所持有的宝通凡球 18％股权出让给上海仪电信息；2012-05-19 拟将所持有的上海美多通信公司 90％股权转让给上海广电电子；2012-04-13 通过公开竞价受让上海精密科学仪器持有的日精仪器 20％股权；2011-11-30 受让光明集团上海长江总公司持有的德科电子 95％股权；2011-12-07 受让杨毅先生持有的德科电子 2.5％股权；2011-04-02 将所持有的飞乐房产 100％股权及 140 897 957.67 元债券转让给杨家雄	2012-03-21 上海仪电控股拟将其持有的本公司 14.91％股权无偿划转给上海仪电电子；2012-03-15 向圣阆实业收购 54.465％股权；2012-02-28 仪电控股将其持有的本公司 32.73％股权无偿划转给上海仪电电子；2011-05-12 上海仪电竞价获得浦江公司 75％股权	2012-08-02 方正集团将持有的 11.65％股份出资给方正信息产业控股有限公司；2011-04-15 下属全资子公司苏州制造向方正信产控股出售其持有的苏州发展 100％股权	2012-11-10 将所持天津鑫宇高速公路 49％的全部股权转让给宁波旌宇商贸；2012-07-11 用自有资金受让蒙古荣联投资 17.6％股权；2011-02-26 控股子公司山东泰山能源将山西大远煤业 60％股权转让给冀中能源峰峰集团	2012-09-13 全资子公司上海申华房地产将收购通瑞置业 25％股权；2012-07-07 全资子公司华安投资将持有大连万顺车辆 80％股权以原收购价转让给华晨汽车；2012-07-05 拟全资子公司华安投资向信昌实业收购昆山专用车 60％股权；2012-06-09 全资子公司申华房产将持有西安万吉 69.96％股权转让给陕西祥安；2011-09-08 将绵阳华瑞 100％股权转让给华晨汽车；2011-03-30 全资子公司绵阳新华内燃机和申华风电新能源分别将其持有的绵阳华瑞汽车 55.8％和 44.2％股权转让给华晨汽车
近三年每股收益(单位：元) 2012 年	0.14	0.14	0.04	0.35	0.09
2013 年	0.16	0.08	0.03	0.01	0.10
2014 年	0.48	0.09	0.12	−0.02	−0.11
首日开盘价(单位：元)	3.24	32.03	18.53	19.30	327.90
复权价(单位：元)	56 635.08	88 477.77	42 711.13	27 197.10	81 663.61
区间涨跌幅(％)	17 479.96	2 762.34	2 304.97	1 409.18	249.05

续表

序号	6	7	8	9	10
代码	000002	000538	600887	000568	000540
股票简称	万科A	云南白药	伊利股份	泸州老窖	中天城投
曾用名	深万科A	云白药A	—	川老窖A	黔中天A→中天企业→世纪天→*ST中天
上市日期	1991—01—29	1993—12—15	1996—03—12	1994—05—09	1994—02—02
总融资额(单位:万元)	1 875 107.24	160 475.36	641 405.50	114 545.58	615 169.49
总派现额(单位:万元)	1 880 776.35	210 032.99	561 210.46	1 214 606.43	119 091.52
总派现额与总融资额之比	1	1.31	0.87	10.60	0.19
股本扩张倍数	266.08	12.02	119.90	15.14	71.92
股权转让重大事项	2013—02—06上海万科投资将其全资持有的护彤置业39%的股权转让给华威欣城；2012—05—15全资子公司万科置业向永泰地产收购重组后的南联地产73.91%股份	2013—01—23白药集团收购白药控股下全资子公司云南省药物研究所100%股权	2010—12—31全资子公司盛泰投资将持有的惠商投资50%股权转让给重庆正信思拓	2012—12—04出售所持湖南武陵酒32.9%股权给联想控股；2012—10—19向锐成投资转让泸州老窖国际发展(香港)15%股份；2012—09—05拟向老窖集团协议转让公司持有的华西证券12%股权	2012—12—19全资子公司资源控股收购自然人姚小雷、代文伦、王岗持有的众源同汇100%股权
近三年每股收益(单位:元) 2012年	1.14	2.28	1.07	3.14	0.34
2013年	1.37	3.34	1.65	2.46	0.84
2014年	1.43	2.41	1.35	0.63	1.22
首日开盘价(单位:元)	14.57	8.50	9.00	9.00	5.80
复权价(单位:元)	3 402.81	1 342.19	1 207.39	854.35	478.12
区间涨跌幅(%)	233.55	157.90	134.15	94.93	82.43

13. 牛股的五大"底"气
——基本面选股之术

从1989年至今,无论是上证指数100点还是6 100点,也无论是熊市还是牛市,也无论是资金量大还是小,我可以说95%以上的时间是满仓的。24年来我从未离开过股市,从业余到专职,始终如一,可谓是"衣带渐宽终不悔,为伊消得人憔悴"。而且很少涉足一级市场和其他商品市场,集中财力、精力、智力,专心致志于二级市场的股票买卖。对这种满仓持股,有人称之为"死多头",我却自称为"不死的多头";有人说这缺乏风险控制,我却认为风险控制已在选股之中。世上任何事物都存在风险,也都存在机遇。满仓如此,空仓也是如此。控制仓位的确可作为规避风险的有效途径之一,但不是唯一;同样满仓操作也不能简单地认为只知道机遇却不懂风险。二十余年的股市生涯给我的一个重要经验便是,风险的控制与机遇的把握不一定由仓位的轻重来决定,因为熊市也有牛股、牛市也有熊股。我之所以始终满仓操作,这其中的胆识和自信就在于"心中有底,持股不慌"。这个心中之底就是对个股的深入了解,就是对个股的信心,所以股票投资的核心与关键应在于对个股的选择。

选股之术贵在精,这恰如养儿育女重在优生优育一样,在2 700余只个股中挑选牛股是件很不容易的事。俗话说:"瓜里挑瓜、挑得眼花"。越是挑选的范围广,越容易产生无从入手之感,因此选股之前先要在心中确立一个标准。客观而言,所谓标准往往因人而异、因地而异,因资金的大小、能力的高低、操作者的个性等不同而不同。基金有基金的标准,机构有机构的标准,私募有私募的标准,大户与中小散户也各有标准,即使是机构也会因领导人的素质风格不同而不同。在各种标准中,既有公认的标准性质,如估值方面的市盈率、市净率、业绩的成长性、持续性,行业的景气度、产品的市场占有率,是否属于市场热点、是否属于新兴产业,等等,也有各自的特色,如有的以题材为主,有的以热点为主,有的以业绩为主,有的以大盘蓝筹为主,有的以小盘为主,等等。因此,确立选股标准首先要根据自己的实际情况,也就是根据你自身的资金财力、你的身体素质、你的抗风险能力、你的投资经验和资历见识,乃至你的个性喜好,绝不是简单的条条框框所能划定的。不过万变不离其宗,无论不同的投资者确立各自的标准有多么不同,在基本面的核心内容上依然具有共同之处,只是各有侧重而已。笔者总结二十余年的选股经验,发现在我发掘的不少牛股中有五大核心内容是必不可少的,笔者称之为基本面选股的五大底线。

一、董事长素质

　　心中有底,持股不慌。这个底,就是股票之底,就是对股票的全面深入的了解,尽可能地把握各种有利因素,尽可能地了解各种不利因素,对确定投资的个股应像了解家人、了解自己一样如数家珍般明了。因为这毕竟是一定数量的资金,这毕竟是一个重要的投资,尤其当你准备做该企业的一个股东甚至进入十大股东时。所以必须像创办一家企业、创办一家商店一样慎重踏实,将所有的调查、研究、分析完成于投资之前。说一句心里话,赚钱是不容易的,天下没有免费的午餐,真正的赢家都是通过勤奋辛劳才获得成功的。那么有哪些因素可以构成对个股的心中之底呢?笔者以为在位列所有因素之首的是董事长。这是企业的领袖,是企业数百、数千名员工和股东的领军人物,是驾驶企业航船在风浪中驶向成功彼岸的船长。一个企业的董事长从某种意义上与一个国家的领袖和一个家庭的家长是一样的。一个好的董事长可以带领企业从小到大、从弱到强、从亏到盈,可以带领员工乘风破浪、识暗礁、避险滩、扬帆远航。因此从一定程度上说,董事长的素质体现着企业的素质。相反,不良的董事长会将好的企业引向反面。在这个鱼龙混杂的股市中,有的董事长明知企业已濒临险境却高唱凯歌,厚颜无耻地吹嘘业绩翻番;有的董事长虽是办厂的差手,却是造假的高手,伪造业绩、伪造假账,将一个持续亏损的企业描绘成持续高增长的典型。可见董事长是企业的一面旗子和一面镜子,董事长的胸襟、见识、才能、品质也代表着企业的生机、活力和发展前景。在我的股市生活中,我结识过不少董事长,如福耀玻璃(600660)的董事长曹德旺,其眼光、胸襟、才能、资历、勤勉、踏实,只要一见面就会令人产生敬佩之感。我曾在其上市之初作为记者采访过他。从1993年6月至今该公司股本扩张了35.02倍,业绩持续增长,2013年每股收益0.96元。还有一位是欧亚集团董事长曹和平(人称曹兼并),曾获"国家有突出贡献的中青年专家"、"改革开放30周年功勋人物"、"中国商业服务入世十周年最具创新力人物"等荣誉称号,享受国务院特殊津贴待遇。他率领企业从一个汽车城中的小百货变为长春市首屈一指的欧亚集团。从1993年上市以来,总融资金额为39 541.94万元,而总派现高达62 369.6万元,在股本扩张2.03倍的情况,2013年经营业绩每股达1.27元。还有不少好的董事长,这里不一一列举了。可见董事长对企业具有不可替代的重要性。当然,董事长不是每个投资者随时都能了解的,但从公开资料上还是可以有所了解的。我在了解董事长时,首先看的是董事长是否专业、是否是企业产品生产与经营的行家。搞汽车的必须懂汽车,搞玻璃的必须懂玻璃,搞化肥的或搞通讯的必须是这方面的行家。只有内行领导内行的董事长才能使企业的生产经营走上有序的轨道。有些董事长对企业的生产经营不熟悉,外行领导内行必然漏洞百出。尤其是一些不务正业的董事长,他们只是资本腾挪的高手,其业绩往往靠东拼西凑而成的;或者是企业缺乏主业,董事长好大喜功、见异思迁,什么挣钱就干什么,结果企业像个杂货铺,这都是对企业发展的祸害。其次看董事长是否有思路,俗话说思路就是出路,董事长的思路就是对企业的经营发展是否运筹帷幄,对行业景气度是否成竹在胸,对市场经济的运行是否了如指掌,对企业资金的流通及产品的库存是否一清二楚。再次是董事长的言谈举止是否诚信,是否言过其实,是否客观真实,待人接物是否可亲可敬。有了这三点的印象,心中对个股的选择就有了第一个底。

二、主业突出

年轻时父母告诉我,干事业如果东一榔头西一棒子是做不好的,只有专精一艺才能成名。长大后看的多了,听的也多了,经历了风风雨雨的曲折之后,更领悟到这确实是走向成功的金玉良言。如今在进入资本市场选择个股时,这一教诲更成了一个重要的经验和底气。

在沪、深股市中有2 700余家上市公司,所涉及的行业更是名目繁多,如何精选具有底气的个股呢? 这就是在将董事长作为持股的第一底气之后,还必须将公司的主业突出作为第二大重要因素。有的公司主业十分明确,医药、房产、建材、旅游、服装、机电、汽车、化肥等,无论哪一行都十分专业、十分突出。不少上市公司凭借主业的种种优势成为各行业的龙头企业,更有的上市公司在细分行业中做强做实。比如同是汽车行业,有生产轿车的、生产客车的、生产零部件的、生产发动机的、生产汽车内饰的、生产轮胎的、生产汽车音响和导航的、生产汽车玻璃的,等等。在这些细分行业中突出其中的一个,发挥优势成为细分行业的佼佼者。医药类的也有许多细分行业,如医疗器械的、医疗通信的、医疗智能化仪器仪表的;医药方面又可在药品上分为原料药、新药、仿制药、西药、生物医药等。一般而言,越是主业突出的企业,越是能让投资者轻松把握、加深了解,也就越能受到资本市场的青睐。这就像你上一家餐馆,当你点菜时,上品之人往往点鱼、点虾、点肉、点蔬菜,每盘佳肴鱼是鱼味、肉是肉香,菠菜、芹菜各有风味,看的人清晰明白,吃的人口感十足。而有些人喜欢点个什锦菜,或荤什锦,或素什锦,意为什么荤的或什么素的都能在一盘菜中全部尝到。但是这种大杂烩的菜既吃不出鱼味,也尝不出肉味。所以在上档次的饭店中,荤、素什锦均不属上品佳肴。同样在精选个股时也一定要把主业突出的与主业混杂的加以区别。因为国内外的经济发展经验表明,只有主业突出的公司才具有核心竞争力,才能产生企业生产经营的良性循环,才能具有明确的战略发展规划。20世纪60年代,美国企业一度兴起多元化战略,四面出击、多种经营,结果在同日本的竞争中因核心竞争力的下降而失败。在痛苦和教训中,美国企业通过重组调整,终于在 80 年代重归主业,重新增强了核心竞争力。历史现实告示人们,突出主业、发展强有力的核心业务才是企业最稳健、最快捷的发展之路。例如,巴菲特重点投资的可口可乐以及国内的上市公司贵州茅台。在笔者所选的个股中,曾经列入前十大股东之一的上市公司扬农化工(600486),其主营业务就是农药,其产品就是杀虫剂和除草剂,并以草甘膦为主,所以主业突出、产品清晰。只要了解草甘膦的价格波动就可以基本了解公司业绩的影响程度。由于该企业是典型企业,曾获得过我国工业系统中"远学邯钢、近学扬农"的美誉,所以无论在管理机制还是产品流程上均十分规范。在国家大力提倡环保的情况下,扬农化工的规范管理更使产品具有核心竞争力的优势。公司从 2002 年 4 月上市以来,在股本扩大 2.69 倍的前提下,每股收益从 2002 年的 0.27 元升至 2006 年的 0.48 元,再升至 2008 年的 1.65 元,2013 年达到 2.193 元。在实施 10 送 3 转 2 派 1.94 元之后,2014 年半年报显示,每股收益依然高达 0.958 元。因此,扬农化工的持续增长之路再次表明,在国内外资本市场中,凡是能够实现持续发展的上市公司,其必定是主业突出、经营明晰的公司。只有主业突出,才能集中人才、资源、品牌、管理、市场等多种优势,在激烈的竞争中立于不败之地。再如创业板中的天源迪科(300047),其主业是电信软件,这一行业尤其是能够真正进入工信部批准的企业是十分严格的,其主业不仅在技术上要创新杰出,而且必须要有较好的品牌信誉。天源迪科是少数可以与中国电信、中国移动、中国联通三大电信集团签订 IT 设备采购合同的公司,其 CRM 系统软件开发及金融保险行业 3G 应用的增值服务,都具有较高的技术优势和人才优势。正因为此,其在 2010 年 1 月上市以来股本扩张 3.05 倍的前提下,2013 年每股收益依然达到 0.39 元。可见一个企业主业是否清晰突出,不仅体现了其竞争力的强弱,更体现了其生命力的强弱以及其经营业绩的强弱。如果说一个上市公司的董事长是船长,那么其主业就是船的构架、船的质量,只有具备抗风险能力的航船才能经得起大风大浪的颠簸,才能驶向成功的彼岸。这便是心中有底、持股不慌的第二大底气。持有这样的个股,满仓又何妨?

三、品牌产品

在 2 700 余家上市公司中,涉及各个行业,更涉及数千产品。而行业的景气与否及产品的冷热销售均关系到公司的价值。在沪深股市短短的 20 余年历史中,弄虚作假的公司屡见不鲜。银广夏的麻黄素萃取、兰田股份的无鱼池塘、曾被誉为国企改革一面红旗的郑州百文,却是世界上最烂的垃圾股。素被视为绩优股的琼民源,仅隔两年,每股收益从 1993 年的 0.68 元陡降为 1995 年的 0.009

元,股价从25.8元大幅下跌至2元。随之进入1996年,琼民源又以每股收益0.867元、净利润同比增长1 290.68倍、分红方案为10送9.8股而震惊股坛,股价直线上升至26.40元,创出历史新高。结果经过审查,这只超级黑马原来是以虚增巨额利润、虚构巨额公积金虚造而成。于是最大黑马成了最大骗局,公司法人代表及主要董事几乎全部变成了一批身份不明、无从寻找之人。近年来食企的瘦肉精事件、奶企的三聚氰胺事件、药企的毒胶囊事件等,使投资者在选股时格外小心。更主要的是投资人尤其是中小散户,他们缺乏优势,没有能力去深入上市公司调研,即使去了实地也很难了解到真实内容,他们是股市中的弱势群体,所以在识别能力上处于劣势地位。正因为此,在分析上市公司基本面时,除了查看董事长的相关资料以及查阅上市公司所属行业的景气度之外,更应该去了解一下上市公司的品牌产品。因为品牌产品是一种信誉、一种价值、一种市场的占有率。能拥有品牌产品的公司,一般而言都属于在激烈的市场竞争中具有生存力的公司。因为它们以质取胜,显示公司的潜在价值,民众对品牌产品自古以来就有一种爱好。在上海,五芳斋的糕团、嘉兴的粽子、金华的火腿、大白兔奶糖、亨得利的钟表、张小泉的剪刀等,都属于大众喜好的产品。如今在股市中同样会产生一种品牌效应,如青岛海尔的电器、贵州茅台的酒、福耀的汽车玻璃、万科的房产、扬农化工的草甘膦、珠江钢琴、东阿阿胶等。产品的品牌不仅是一种识别标法,对于消费者来说这是一种信任、一种需求,对于一个企业来说这更是一种创业精神、一种价值理念,是企业优秀品质的核心体现。品牌产品是企业创新力量的源泉,是企业在激烈的竞争中自强不息的根基。在海外,不少创新企业在初创时期将微薄的利润全投入广告宣传,其目的就在于提高产品的知名度。全球品牌集团2012年发布的全球品牌价值排行榜中,可口可乐以778.4亿美元连续13年蝉联品牌价值榜首位,苹果以765.7亿美元位列第二。在排行榜前十位中还有谷歌、雅虎、微软、通用电气、麦当劳、英特尔、三星、丰田,可见品牌对于企业而言就是一种价值体现。中国的产品虽然还未进入全球品牌价值排行榜,但是追求品牌产品的趋势正在不断上升。因为中国在世界市场中假货泛滥已盛名传播,要改变现状必须创出自己的著名品牌。中国的资本市场能否真正成为有投资价值的市场,也在于中国的上市公司能否创出自己的品牌产品。所以选择上市公司就是要从品牌产品入手。近年来笔者曾选择扬农化工(600486),其中一个重要因素便是该企业的草甘膦产品具有品牌效应,在严格的环保要求下,该企业依然以强有力的竞争力获得优良业绩。另一家上市公司便是珠江钢琴(002678),其产品在全球位居前列,这也是品牌效应。2014年7月我与友人一起去考察濮耐股份(002225),当时该股股价在6.30元左右,自2011年4月该股股价升至19.45元历史最高价之后,一路向下,最低探至4.82元。经公开资料分析,该公司业绩相对稳定,基本在每股0.16元左右。其主营业务是耐火材料,其中包括定型耐火材料、不定型耐火材料和功能性耐火材料。董事长刘百宽先生本科学历，是教授级高级工程师，还是河南省耐火材料协会会长，拥有一定数量的发明专利，显然属于该行业的翘楚。其主营耐火材料与钢铁行业相关，目前钢铁行业已趋向好转，所以其产品也随之转暖。在深入实地考察中发现，该公司的耐火材料是目前国内耐火材料行业综合实力最强、产品品种最齐全、最具活力的企业，先后在冶金行业的高炉、电炉、转炉、有色金属冶炼、石化、电力、建材行业炉窑等耐火材料的开发上取得了突破性进展。主导产品钢包底吹氩透气砖被定为国家级产品，列入国家级重点火炬计划，2000年被国家科技部列为科技型企业技术创新基金支持项目，国内市场占有率达60%以上。其所生产的20多个系列、200多个品种的产品已经在宝钢、首钢、武钢等国内大中型企业得到广泛应用，并远销到美国独联体国家、东南亚、非洲、中东等国家和地区。公司致力于建成一个跨地区、跨国界的高科技耐火材料集团，进入世界耐火材料行业前十名，2020年争取进入世界前三名。从这一系列情况分析，该企业的产品——濮耐耐火砖——是名副其实的品牌产品。正因为此，我心中有了这个底，便有了持此股的信心。当然，此股是否能逐步变成牛股还得要市场验证，但我的选股经验指导我如此。我将品牌产品始终作为选股的心里底数之一，事实证明这是有效的选股术之一。

四、经营业绩

无论是白马股还是黑马股，也无论是ST股还是蓝筹股，只要进入牛股选择的范畴，均必须具有业绩增长的条件；不管是牛市中的牛股还是熊市中的牛股，二者均具有业绩增长基础。在精选牛股时，也许不同的机构、不同的投资者在各种标准上各有侧重，但是将经营业绩作为精选的重要标准是相同的。笔者在《股道》一书中关于"上海股市十大牛股解析"的章节中，着重分析了从2005年6月至2007年10月牛市期间升幅达4 646%～1 795%的十大牛股，基本上其2005年、2006年、2007年三年的每股收益持续增长率均出现翻番的上升。例如，苏宁环球(000718)为0.04元、0.18元、0.44元，焦作万方(000612)为－0.25元、0.57元、1.42元，中国船舶(600150)为0.56元、1.02元、5.53元，广船国际(600685)为0.20元、0.59元、1.90元，泸州老窖(000568)为0.05元、0.39元、0.887元，等等。这些业绩发生巨大变化的公司大都可分为三个类型：第一种是原先亏损股或是ST股，在经过重大资产重组后业绩出现了巨幅上升。如焦作万方2005年每股亏损0.25元，在经过中国铝业重大资产注入后，成为其第一大股东。在行业复苏下，2006年一下变成每股收益0.57元，所以其股价从3.83元持续上升至140.39元，升幅达366.55%。第二种是行业出现拐点，业绩出现持续性爆发式的增长。如中国船舶2005年每股收益为0.56元,2006年为1.02元,2007年达到5.53元。这种巨幅增长的业绩必然产生其股价的持续性上升,从9.38元大幅上升至330.57元,升幅高达3 524.2%。广船国际与中国船舶十分相似,同属行业出现复苏拐点后的业绩大幅增长。第三种是通胀预期下产生保值效应及业绩的大幅增长。如中金黄金2005年每股收益为0.24元,2006年同比增幅达83.3%(为0.53元),2007年又持续增长73.5%(为0.92元)。在这种大幅增长下,再加上黄金在通胀下的保值预期,从而使其股价从6.10元大幅升至205.02元,升幅达2 197%。可见股价的大幅上升决定价值的发现,而价值的巨幅提升又推升其价格的暴涨。牛股之所以牛性十足,是因为其具备了底气十足的业绩增长的基础。

在选择牛股之时,其实其股价的牛性尚未在市场中表现出来。一般而言,选择牛股往往在其股价走势上已表现出一定强势,之后追涨买入。然而真正的高手却是在股价尚未出现牛性时便开始买入。这就需要领先一步去发现业绩增长的拐点,去发现业绩增长的潜在触发点,去发现业绩增长的持续性热点。只有你心中有业绩这个底,你才能坚持持股不受短期股价波动影响,对所持个股充满信心。此所谓手中有股、心中无股。2006年我曾经将扬农化工(600486)作为重点持股对象,当时其股价在9~10元,我就不断建仓。当时在F10资料一栏中列入的十大股东尚未出现基金身影,但我却果断加入。其原因就在于该股2005年之前每股收益均保持20%的增长率,但进入2006年时,业绩增长不仅持续,而且明显提速。在2006年半年报中已显示增速加快,这就使我有了建仓的信心。当然这其中还有亲自去实地与董事长交流、亲自去考察车间产品均符合我基本面持股的要求,再加上该股从上市初的19.43元持续下跌三年之久,跌幅已达72%,此后又在6.5~7.5元横盘了一年之久,从技术上已符合叶氏选股的方法。于是我不断增仓,成为该股的第四大股东。果然2007年该股收益达0.94元,2008年更达到1.649元。正是该股经营业绩大幅增长才使我心中有底、持股不慌。近两年笔者遵循这一思路去选择牛股,曾先后列入多家上市公司的十大股东之列,当然长期投资不等于长期持股,当公司经营业绩出现变化时,我也会及时退出股东行列,另觅牛股。

对于公司的经营业绩,必须有一个客观的分析。最理想的当然是业绩出现拐点时加入。一般而言,周期性行业特别会产生周期性的业绩变化。比如2005年,当大盘还处于探底时,造船业率先开始复苏,波罗的海航运指数首先开始强劲上升,广船国际的造船合同大幅增加,该股2004年前每股收益均在0.07元之下,进入2005年后一下升至0.20元,此后两年翻番增长至0.59元、1.90元,这表明经营业绩往往先于大盘、先于股价出现反映。另外是优质资产注入使业绩大幅增长。如中国船舶2006年通过无偿划转使其正式成为沪东重机大股东。

随之通过定向增发扩大产能,大大提高造船能力,使其当年每股收益跃上 1.019 元,同比增 81%。2007 年更是大幅上升至 5.53 元,同比上升 442.7%。正是这种行业复苏、资产流入、业绩巨变才使此股牛气十足,从 9.38 元劲升至 330.57 元。显然业绩是股价之底,业绩大幅增长是股价劲升的底气,此所谓价值决定价格。

值得一提的是,对公司业绩的分析还必须关注两大因素。一是股权激励,由于股权激励制度有利于调动董事会及企业骨干力量的积极性,从而促进企业的业绩上升;另外在利益驱动下,企业确定了利益兑现的目标,使投资者有一个分析该企业成长性的预期,所以建立股权激励制度的企业更具业绩增长的动力。二是在分析企业业绩时往往有些企业在前三季度业绩较差、增长乏力,但第四季度却出现明显增长,这就会使投资人产生分析失误。其实这类企业有其经营的特殊性,往往在前三季度难以收到应收账款,只有等到第四季度方开始结账汇总。如天源迪科(300047)主营电信行业,2013 年前三季度每股收益分别是 0.01 元、0.03 元、0.05 元,至年底却一下上升至 0.39 元。2014 年同样如此,前两季度分别为 0.01 元、0.01 元,但这并不意味该股业绩缺乏成长性。

心中有底,持股不慌。这心中之底最重要的底气便是经营业绩,一切题材、董事会成员、行业景气、产品品牌等均必须由经营业绩中去得到体现,业绩是企业的价值所在,只有具备牛股价值,才会产生牛股的价格。

14. 2013年主流热点之一：信息消费

2013年的中国股市是创业板替代主板展示中国的经济特色,主流热点替代大盘体现个股的精彩纷呈,升级版的中国经济产生升级版的中国股市,因此作为中国股市的投资人必须要以升级版的投资思路去制订投资策略,方能在升级版的股市中捕获机遇。

升级版的中国股市集中体现在创业板中,因为创业板是新兴产业的资产优化和融资平台,是中国经济结构调整和产业转型的试验田和前哨阵地。股市作为市场经济的最高形式,必然会提前反映主流资金的投资意向,必然会反映新兴产业的业绩增长和发展前景。2013年上半年创业板独步全球的强劲走势,以及创业板、医药、环保、新能源、电信、电子商务、文化传媒等板块的牛气横溢,便是最生动的佐证。而2013年下半年除了上述板块强势依旧外,信息消费将可能更胜一筹。

在2013年上半年的中国经济发展中,最具特色的是战略性新兴产业的发展。而新兴产业中上涨势头最强、发展速度最快的当属以文化传媒、电子信息和通信设备所代表的TMT行业。而2013年下半年不仅会延续增速,而且会在广度与深度上产生一轮新的飞跃。因为信息消费具有得天独厚的优势：

(1)电子信息属于环境友好型和高附加值的产业,符合当今世界经济发展的趋向,是一种绿色产业和新兴产业,已具有方兴未艾的动力和潜力。

(2)统计显示,我国电信行业的市场规模、普及率、资费及投资要素均位居全球前列,这表明我国的电信业已具备一定的国际竞争力和吸引力,已具有一定的市场营销经验和一定的产能实力。

(3)我国提出的第三代移动通讯标准TD-SCDMA是以我国知识产权为主,并被国际广泛接受和认可的无线通信国际标准,是我国电信史上的重要里程碑,对建设创新型国家具有深远的意义。

(4)移动通讯产业不仅涉及国家战略安全,而且将带动通信设备、计算机及电子设备制造、信息传输、软件业、广播电视电影音像业的产业结构优化升级。

(5)信息消费具有高杠杆、见效快、符合时代潮流的特征。2012年我国信息消费市场规模已达1.7万亿元,带动相关行业新增产出9 300亿元,智能管道、宽带中国、光网城市、智慧城市、智慧交通、数字城管、智慧医疗等均得到有力驱动。在国务院确定年内发放4G牌照的推动下,中国移动、中国电信、中国联通正加大投资力度,加快4G基站建设,预计将达3 000亿元通信网络的投资高峰正在掀起。

(6)国务院制定电信消费规模发展目标,2015年将达3.2万亿元,年均增长率达20%。数据显示目前我国大中城市家庭智能手机、平板电脑、智能电视的拥有率已达80%,因此在智能终端普及率大幅提高之下,以数字化、智能化、网络化为主体的家庭电信消费将掀起高潮,并将有力地促进动漫游戏、数字音乐、网络视频的消费需求。

(7)国务院最近提出将信息消费作为我国经济未来投资消费的新趋势,商务部发言人沈丹阳表示,信息消费将成为下阶段国内消费增长的重点,将能够带动相关消费上万亿元,为此国务院将专门研究激励和促进信息消费增长的政策,相关具体措施已在制定之中。可见促进信息消费将是我国经济转型的伟大尝试,是中国经济升级版的重要内容。

(8)随着4G通信网络建设的加快,宽带高速公路必将加速,同时信息技术的更新与发展更是迫在眉睫。尤其是北斗导航、大数据、云计算以及软件产业等都将提升至国家战略地位。因此,信息消费必将成为我国经济转型和结构调整的新引擎。

综合以上种种优势条件,信息消费必将在股市中得到强有力的反映。从2013年上半年股市行情看,电子信息和通讯类股票的板块指数明显强于大盘指数,并领先其他板块。手机支付、移动票务、互联网金融、大数据、电商携手北斗导航、手游概念等,热点频频。国家工信部发言人指出:将通过四方面措施在今后三年实现信息消费年均20%的增长目标。沪深股市中信息消费类个股已有不少呈现牛股风采。在今年涨幅前列的个股中,电子信息类个股占比居前。除此之外,还有许多目前被低估的个股有待发掘。在行业景气度不断提升的背景下,在相关政策持续有力的支持下,信息类板块个股已成为各大基金和机构的重仓股和超配股。种种迹象显示,目前不少此类个股的K线图上已呈现底部放量、指标转强、底部反复构筑的蓄势阶段。一旦大盘企稳,此类个股必将产生不鸣则已、一鸣升天的强劲升势。为此必须以未来的思路潜心去寻找具有未来价值的股票,在信息消费类个股中发现2013年下半年的大牛股。

15. 2013年主流热点之二:大数据

笔者曾在2013年7月19日及7月26日连续发表题为《认识大数据,方为大赢家》、《把握大数据,就是把握未来》的专栏文章,通过多方面研究分析及二十余年股市生涯练就的第六感觉得出了中国股市真正的热点。中国股市可以像乔布斯撬动地球的一个支点那样改变长期熊市的,便是大数据。大数据将是中国股市的未来,也是中国经济的未来,同时是灾难深重的中国股民走出水深火热困境的一个难得的机遇,是中国投资者当前投资股市的一条难得的致富之路。

也许投资医药、环保、新能源都属于一个不错的选择,笔者也曾在年初专题分析中将此三大主题作为2013年的主流热点,但是如今与大数据相比无疑相形见绌了。因为大数据在发展的广度和深度上是当前任何热点、任何产业都难以匹配的。这是一个世界性的发展趋势,是全球经济的新引擎,是一场国际性的以"大数据"为核心驱动的信息革命,并以史无前例的速度颠覆人们探索世界的方法,正在掀起一场全方位的社会、经济、学术、科研、国防、军事等领域的全球性变革。如果不关注大数据,那便是失去商机;如果不精选大数据股票,那便是失去最大的机遇,便是一个缺乏智慧的股民。

当我们还在为玩微信自豪时,中国电信与网易联合推出了"易信"。当我们还未对"易信"熟悉时,阿里巴巴旗下的移动社交通讯工具"来往"又开始浮出水面。当我们为国内语音识别上领先的服务提供商科大讯飞(002230)的牛股风采倍感惊叹时,以电信业务见长的东方国信(300166)更是屡创新高。当我们为生产移动终端无线产品的信维通信(300136)8月21日的涨停而惊喜时,从事电信行业的天源迪科(300047)又连续两个涨停脱颖而出。在近阶段的涨幅榜中,大数据概念股几乎独领风骚。从7月以来,大数据概念的个股风生水起、百花争艳,几乎成了创业板强势的主角,因为大数据属于这个超速发展的信息时代。

而在大数据强势的背后,更是利好的政策与信息频频出台和发布。据工信部统计数据显示,2013年1～7月我国移动互联网用户快速增长净增加5 585.2万户,同比增12.8%,用户总规模已达8.2亿户,与此相应的是互联网业务收入同比增长29.6%,达1 888.5亿元。

8月1日国务院《关于印发"宽带中国"战略及实施方案的通知》中明确指出,宽带网络是新时期我国经济社会的战略性公共基础设施,发展宽带网络对拉动有效投资和促进信息消费、推进发展方式转变和小康社会建设具有重要的支撑作用。

随之国务院又正式对外印发《关于促进信息消费、扩大内需的若干意见》,文中提到2015年我国信息消费规模将会超3.2万亿元,并将加快信息基础设施,成为五项任务之首,并表示2013年内发放第四代移动通信(4G)牌照,全面推进三网融合,专家认为资本市场上"信息中国"将成为主流热点。

8月21日发改委下发《关于开展国家下一代互联网示范城市建设工作的通知》,决定在目前已具备一定基础条件的22个城市中先行支持一批具有典型带动作用的示范城市。

8月20日工信部有关官员指出,本届政府在今年将推进三网合一试点范围扩大到全国。据工信部报道,将在京、沪、穗三个互联网骨干直联点外,增设3~4个国家行业骨干互联点。

所有这些与大数据相关的上市公司,云计算类的华东电脑、卫士通、浪潮信息等,软件类的中国软件、久其软件等,更有数据处理、智能软件、信息安全、IP咨询等上市公司均有了强有力的政策支持。尤其是智慧城市的建设更使大数据成为智慧引擎。在这个数据驱动世界、软件定义世界、自动化接管世界的时代,大数据已成为科学研究的第四大支柱,是电子商务赖以生存的命脉。工信部电子科技情报研究所所长指出:新兴市场将成为全球电子信息产业发展的新引擎,而中国有望在3~5年成为全球第一所电子产品市场,并超过美国。

在大数据之下,智能家居概念又成了现代IT产业、信息产业及现代建筑业的结晶。微软创始人比尔·盖茨已抢先耗资6 000万美元、花7年时间建造世界著名的智能家庭,可以自由调节室温、灯光、音响、电视等。智能家居开始成为新一轮经济增长的热点。

在智能家居发展的同时,电子发票已开始成为电子商务中全新的交易模式,国家已将目前23个电子商务示范城扩大至50个左右。

在大数据蓬勃推动之下,信息安全成了又一个网络热点,伴随着移动互联网发展及"棱镜门事件",信息安全创新技术及产业化迅速向金融、云计算领域、大数据、信息系统领域、工业控制领域、专项重点支持领域这四大领域发展。

显然大数据已成为中国股市的灵魂和脉络。如果说1999~2000年亚洲金融危机时"中国股市"的"网络"概念将上证指数脱离1 000点的四重底走上升途的话,那么2013年的大数据时代、全方位的数据概念也将有望带领中国股市摆脱六年熊市,走出低谷,进入升途。

16. 把握大数据就是把握未来

股谚云：买股票就是买未来。所谓新概念、新题材、新热点，所谓成长股、强势股、重组股，都因为具有未来的因素。未来意味着经济的趋向、行业的前景和企业的潜力，未来意味着价值的挖掘。当前中国的经济正面临转型，产业结构正面临调整，传统产业与新兴产业的碰撞、国有企业与中小企业的角逐，在资本市场上已有所表现。创业板的牛气与主板市场的熊气，环保、医药、新能源、电信电子等板块的强势，银行、石油、煤炭、钢铁、有色等板块的弱势已昭然若揭。这便是2013年中国股市的特色，是资本对把握未来的变革和未来的转型而为市场和投资者提供的一条把握未来的新思路。

未来的经济发展趋向在哪里？未来的行业前景属于谁？未来的牛股在哪里？《大数据》的作者、信息管理技术专家涂子沛先生明确指出，大数据将是下一个社会发展阶段的石油和金矿。作为全球经济引擎的美国已十分明确地表明，未来的经济发展趋向在于大数据。奥巴马政府已制定了《大数据研究和发展计划》，文中提出将利用大数据技术在多个领域实现突破，包括科研、教育、环境保护、工程技术、国土安全、生物医药等，具体研发计划将波及美国国家科学基金会、国家卫生研究院、国防部、能源部、国防部高级研究局、地质勘探局这六个联邦部门和机构，从国家战略层面形成了全体动员的大格局，并将设立首席数据官。全球最先提出大数据概念的著名咨询机构麦卡锡提出，美国需要150万精通数据的经理人员，以及14万～19万名深度数据分析方面的专家，为此美国大学已专门开设了研究大数据技术的课程，培养数据科学家，美国正紧紧抓住这个人类科技领域最新的仪表盘，以保持全球领先地位。

大数据是一场改变全球经济、改变世界生活的革命。因为除了上帝，任何人都必须用数据说话，数据就是分析，数据就是决策，数据就是服务，数据就是机遇，数据就是价值。因为人类社会已经进入了一个大数据的时代，互联网、云计算、移动互联网、东联网、手机、平板电脑、PC以及遍布全球四面八方各种各样的传感器，无一不是大数据的来源，无一不是大数据的承载方式。全球已有46亿部全球移动电话和多达20余亿人对互联网的访问。社交网络的兴起、各种内容的信息交流，音频、文本、视频、图片，以及用户变动的位置、用户的各种生活信息等，纷繁多彩的数据正以超常的速度变大、变快，互联网的数据正以每年50%的速率推进，每两年便翻番。2013年大数据的市场规模为51亿美元，到2017年将达530亿美元。大数据技术将触及任何一个领域，政治、科学、广告、体育、公共卫生等，大量学科都将成为数据密集型学科。大数据将成为人类的仪表盘，一个帮助人们对付贫困、犯罪和污染的智慧工具。马云指出：假如我们有了一个数据预报台，就像企业装上了一个GPS(导航)和雷达，企业的出海将会更有把握。

目前全球各国正在对进入数据时代进行战略定位和研究规划，全球互联网巨头已意识到大数据的重大意义，EMC、惠普、IBM、微软等IT巨头正纷纷通过收购"大数据"相关厂商来实现技术整合。商业世界已开始与大数据的信息科技携手联合，在金融交易、医疗卫生、电影广告、商品营销等方面，大数据已为商家制造出巨大的正能量。数据的价值就在于将正确的信息在正确的时间交付到正确的人手中。未来将属于那些能够驾驭所拥有数据的公司，它们具有未来的竞争优势。那些专注于数据挖掘和数据服务的公司将成为电子商务乃至互联网第三方服务业中的新兴力量。在大数据的世界中，最灵活和最成功的企业必将是最善用大机遇的公司。因为大数据通过挖掘千万用户的行为习惯、喜好，在纷繁的数据中找到符合用户兴趣的产品和服务，从而进行调整和优化，使企业更准确地找到适销产品，从提高销售率中不断增长利润。这就是大数据对商家的价值。

大数据将改变世界，也已经在改变世界。因为大数据是人类历史上可以预测人类短期行为的技术，未来的不确定性是人类产生恐惧的根源之一。而大数据便是解决未来预测问题的曙光。

2013年是大数据时代的元年，所有国际电信企业都已将业务触角延伸至大数据产业，无论是社交平台的逐鹿、电商价格的大战还是门户网站的竞争，都有其影子。大数据的步伐正在快速扩展，已开始形成一种势不可挡的潮流，而这些也都开始在资本市场上有所反映。全球复杂网络研究专家巴拉巴西教授指出，虽然大数据领域的商业形态发展也会有一定的滞后性，但资本市场早就开始聚焦于具备数据汇聚以及挖掘分析能力的公司，并开始投资大数据挖掘的早期项目。

沪深股市中涉及大数据的上市公司，有以拓尔思为代表的关于数据处理分析的公司，有以科大讯飞为代表的语音识别公司，有以海康威视为代表的视频识别公司，还有商业智能软件类、数据中心基建类、IT咨询类为代表的信息类等公司，更有许多具有大数据潜在价值的公司等待被发现、被发掘。不少公司目前尚处于价值和价格的底部，如果我们能及时把握机遇，那么无疑是拿到了"芝麻开门"的钥匙。当前具有未来黄金和石油一样的价值正在被人类逐步认识，大数据势不可挡的发展趋势正在被世界各国所认同。因此，精选大数据公司就是把握未来的投资方向，就是挖掘未来的金矿与油田，就是牵住了未来大牛股的鼻子。具有阳光般发展前景的大数据公司必将成为当今股市骑牛驱熊的引领者和旗手。

17. 2013年主流热点之三:医药

中国股市二十余年的历史轨迹显示,市场走势与国民经济GDP的关系似乎并不紧密,有时往往出现负相关的现象,但是市场的主流热点却与国民经济具有较强的关联性。当国民经济处于上升周期时,"煤飞色舞"无疑成了当之无愧的主流热点;当国民经济处于下降周期时,酒类板块便成了避风港;而当国民经济企稳时,金融地产便自然地登上了主流热点的宝座。2013年是中国经济的复苏之年,既不可能超预期增长,也不可能超预期下跌,这种复苏是在经济结构转型的前提之下。2013年的投资主题是美丽中国、城镇化、环保节能、民生福利,因此医药必将成为2013年中国股市的主流热点之一。

据国泰君安研究报告称:医药行业未来五年超预期的因素在于医疗城镇化。从全球主要国家城镇化进程的资料分析,医疗城镇化将对医药消费带来超预期增长。从我国城镇化进程分析,首先是在供给方面。因新农合转城镇职工和转城镇居民将使报销比例大幅上升,初步估算将产生4.5万亿超额增量。其次是在需求方面,随着医疗消费升级,这将带来6.4万亿的超额增量。具体而言有三个方面:(1)大病保险升级,将末期肾病、肿瘤、儿童白血病等20余种重大疾病纳入医保范畴,医药费8万元以上报销面扩大,将使肿瘤、心血管、肾病等大病领域的医疗消费出现大幅增长。(2)县医院,在未来十年将在城镇化进程中迎来扩建、新建等高峰,而大病险及新农合所拉动的医药费将在县医院集中释放,尤其是医疗器械、诊断试剂、中药配方颗粒等消费将爆发性增长。(3)新基本药物,从原有的307种扩大到500余种,其中中药独家品种增强议价能力,医药消费必将随品种扩大而大幅提升。

医药行业之所以是2013年中股市的主流热点之一,这是因为医药行业在城镇化的方针下,在改善民生的宗旨下,已逐步进入刚需时代。中国人口的老龄化、全球发病率的上升、百姓收入水准的提高以及国家福利对增加民众医保投入的提高,这四大因素有力地推动了医药业的大幅增长,在逐步扩大的刚性需求下,医药业的质量与数量均有一个飞跃的发展。而集中度的提升更成为医药发展的动力。据有关部门的研究资料分析,我国的医药业自2012年起将进入黄金成长期,伴随着"内生性需求和外延性扩展"的双轮驱动而进入一个高速发展时期。

以大智慧的医药板块走势分析,2010年7月医药业指数从2 693点开始上升,在国务院医改政策推动下强势上升至2010年11月的4 600.5点。此后开始逐波回落,基本呈现反弹创新底再反弹再创新底的态势。由2011年1月的3 565点、6月的3 460点、10月的3 180点至2012年1月的2 743点,2011年全年对于医药板块是调整回归年。进入2012年后,医药业指数稍有回升,但始终围绕3 360点一线窄幅波动,呈筑底企稳之年。至2012年12月指数再次回落至2 892点,与2010年7月的2 693点形成双底支撑。进入2013年,医药板块与环保板块率先启动,并强势上行攀升至7 353点,突破了2012年全年盘整的平台,日K线已构成一个较完美的W形态,指数已站在年线之上。从叶氏技术分析出发,医药板块的整体走势已呈现初生牛犊的态势。尤其是周K线与月K线均已呈现较为漂亮的牛市走势,趋向指标及均线更是呈现牛市排列,一条明显的中长期上升通道已经形成。中国股市的一个重要特点是年初的热点将成为贯穿全年的主流热点,因此医药板块在2013年初已初露头角,这也将成为贯穿全年的主线。

2013年中国股市的经济大背景是中性偏上,是一种缓慢性复苏,所以主流投资的风险偏好相对不强,大盘的走势尽管好于2012年,但并未进入牛市,所以稳中求进、攻守兼备将仍是2013年主流资金的基本思路。而医药板块不仅具有防御性强的优势,而且在经历了两年多的调整回归后,目前已低于历史均值。从2013年医药业成长性分析,平均市盈率将可能在20倍左右,估值优势已充分体现,整体的投资机会已经来临。更主要的是,国务院医改政策逐步深化,《关于生物产业发展规划》的出台,对生物制药、化学制药、中药及医疗器械等细分领域均提出了详细的发展目标。在医疗城镇化的进程下,大病保险、县医院的扩建、新基药的扩大,将对医药业产生巨大的超额增量,而2013年更是各省市药品指标的大年。特别是非基本药物的指标,使医药业更增添强劲的需求。

当然,在医药板块中有不少细分行业在成长性、产品的市场占有率、营业收入、利润率等方面各有不同。根据QFII的投资思路和机构的投资策略,一般更注重于选择细分行业的龙头企业,具有品牌优势和品种优势并在国内外市场具有一定的占有率和一定的定价权的公司,以及在企业发展上具有持续增长潜质的公司。这样的医药投资对象不仅适合国家经济的大背景,也具备了政策支持的优势,更属于景气度回升的阳光行业,再加上具备成长性良好的潜质,天时、地利、人和三者皆备,对医药业的投资必然会产生良好的收益。

18. 2013年主流热点之四：环保节能

早在2009年初，瑞士达沃斯世界经济论坛上曾有人预言：如果再不加以整治，那么人类历史上突发性环境危机对经济和社会体系的最大摧毁很可能会在不久的将来出现在中国。据中科院测算，目前由环境污染和生态破坏所造成的损失已占到GDP总值的15%，这表明环境污染正以超过GDP增速一倍的速率吞噬着经济发展成果。全国荒漠化土地已达267.4万多平方公里，并以每年1万平方公里的速度扩展。全国七大江河水系中，水质完全没有使用价值的已达40%，全国三分之一的城市人口呼吸着严重污染的空气。有三分之一国土被酸雨侵蚀，经济发达的浙江省酸雨覆盖率已达100%，高耗能、高污染的高增速经济已到了严重威胁人民生活、生存的地步。

2013年1月14日，北京发布了历史上首个"霾"橙色预警，连续三天空气质量为六级污染，全国33个城市部分检测站的检测数据超过300，达到严重污染的程度。显然环境污染已倒逼中国政府和人民必须花大力气，将节能环保放在重要位置。这就像当年的英国雾都伦敦、公害严重的日本东京及被光化学严重污染的美国洛杉矶。世界各国经济发展的历史表明，工业化进程中必然会出现一段环境污染的高峰阶段，此后随着产业结构转型及百姓生活质量提高，污染水平会逐步降低，与GDP增长开始背离。而2013年便是环境污染与GDP增速产生转折性变化的一年，是将环保节能视为关乎国计民生、关乎民族存亡的一年。

国家发改委指出：在应对国际金融危机和全球气候变化的挑战中，世界主要经济体都把实施绿色新政和发展绿色经济作为刺激经济增长和经济转型的重要内容，而绿色经济的主要产业便是环保节能。可见无论从全球经济的发展还是中国经济的现状来看，环保节能都列为十分重要的产业。我国"十二五"规划中已明确了节能产业、资源循环利用产业和环保产业的重点领域为高效照明产品、节能汽车等节能产品，以及以合同能源管理为主要模式的节能服务业、先进污水处理、垃圾处理、大气污染控制、危险废物与土地污染治理、监测设备等环保技术和装备，这就为环保节能产业指明了发展方向。

近日国家环保深入推进实施《重点区域大气污染防治"十二五"规划》，采取综合治理PM2.5，确保2015年重点区域空气中PM2.5浓度平均下降5%，京、津、冀、珠三角、长三角区域平均浓度下降6%。从最新颁布的《环境空气细颗粒物污染防治技术政策》草案看，这一政策为我国首次出台防治PM2.5的一项科学、系统、权威的举措，全面提出了全面防治PM2.5的总体思路。既包括了工业污染源治理、移动污染源治理、农业污染防治，也包括了其他污染源治理、污染预警及污染应急措施,并将节能与环保紧密结合,将能源利用作为防治细颗粒物污染的重点领域,改变多煤、少油、贫气的能源结构,大力发展清洁能源和可再生能源,限制高污染燃料的使用。与此相应的是《工业和信息化部关于金属工业节能减排指导意见》的发布。在这一文件中,明确了我国有色金属行业到2015年底每实现万元工业增加值能耗比2010年降18%、节煤750万吨、二氧化硫排放减少10%、污染物排放总量和排放浓度全面达到国家有关标准、全国有色金属冶炼主要产品综合能耗指标达到世界先进水平等目标。所有这些均表明,从2013年开始,环保节能已成为我国经济发展的重中之重,成为建设美丽城市、城镇化、改善民生的核心内容。

按照我国关于环保节能的一系列方针、政策,经初步测算,到2015年我国技术可行经济合理的节能潜力将超过4亿吨标准煤,可带动上万亿元投资、节能服务业,总产值可突破3 000亿元。废物循环利用市场更是空间巨大,城镇污水垃圾、脱硫脱硝设施的投资将超过8 000亿元,环境服务总产值将达5 000亿元,节能环保产业总产值将达4.5万亿元,占国家GDP总值的比重将达2%左右,平均年增长达15%以上。除此以外,《火电厂大气污染物排放标准》也相继出台。随着除尘脱硫标准大幅提高,70%~80%的除尘设备和脱硫设备需改造,而且在新标准中将氮氧化物首次列入约束指标。这就使未来两年半迎来超800亿元的后端脱硝市场,同时将培育出一批具有国际竞争力的环保节能大型企业集团。正如李克强总理所表示的空气污染环保节能必须有所作为。

从大智慧板块指数分析,节能环保指数从2012年12月4日2 874点止跌企稳后一路上升,目前已攀升至4 394.3点,10日、20日已上穿半年线和年线,呈现强劲升势,这种态势为2010年11月以来首次出现。可见环保节能板块正呈现方兴未艾的蓬勃生机。

当前,全球经济的绿色产业趋向,中国环境污染的倒逼现状,中国经济结构转型的客观规律,中国政府在城镇化建设、改善生存环境、改善民生福利、建设美丽城市上的加大投入,以及随着民众的生活质量提升对环境质量尤其是空气净化、水处理的需求出现大幅提升,这些均使环保节能成为国家经济和民众生活的核心内容,成为关乎民族生存、国家盛衰的大事,所以从2013年开始环保节能必将成为资本市场的主流热点。

19. 龙年群星谱

如果说2012年在汉语盘点中,最具概括力的一个汉字是"梦"字,例如,奥运梦、飞天梦、诺贝尔梦、GDP赶超英法梦等已实现之梦,以及房价调控梦、工资调控梦、医疗改革梦、食品安全梦等未实现之梦,那么2012年股市最具寓意的一个汉字则是"谜":领先世界的GDP增速与熊冠全球的中国股市之谜;2008年全球性股灾之后,全球股市进入复苏与中国股市连续五年深陷灾情难以自拔之谜;从上证指数6 124点下跌进入5 000点开始探寻底部,从铁底、钢底、黄金底、钻石底乃至建国底,专家学者的预测底与市场实际走势底之谜;股权分置改革之功与大小非解禁乱象之过的功过之谜。2012年的中国股市已成为世界级的斯芬克斯之谜。20年前,邓小平在南方讲话中为中国股市破解了姓"社"还是姓"资"之谜,如今亿万股民盼望中央领导破解当今中国股市的牛熊之谜。

2012年中国股市据《扬子晚报》报道,截至11月底已有43万元亿市值蒸发,96%账户不参与交易,九成股民亏损,人均亏损7.68万元,全年K线走势以十字星收盘,已无疑成为全球股市的灾星。在这个大灾星桂冠之下,沪深股市群星闪耀、风采斐然。

(1)牛星——华数传媒(000156),全年升幅为339.5%,重组成功,停牌六年后由*ST嘉瑞变为华数传媒,股价由停牌前2006年4月的1.26元升至2012年10月复牌后的14.42元,总升幅达1 053%(全年十大牛股中多数为重组成功类股)。

(2)熊星——大立科技(002214),全年跌幅为68.4%,重组失败,由停牌前37.9元至复牌后一路下跌,最低探至11.98元(全年十大熊股中多数为重组失败类股)。

(3)创新之星——中集集团(000039),2012年12月20日,国内首单"B转H"股成功登陆港交所,首日较B股转股前9.7港元上涨近30%,以11.22港元报收。

(4)自保之星——闽灿坤B(200512),自7月23日以来连续8个交易日跌停,连续低于1元面值,面临退市,公司于8月2日宣布停牌,12月26日公司推出对B股全体股东按6:1缩股方案,且全年实现盈利,从而维持了上市地位,可谓绝处逢生。

(5)瘦身之星——浙江世宝(002703),由H股回归A股,原计划发行6 500万股,以7.8元发行价融资5.1亿元,最后迫于市场低迷,发行数缩小为1 500万股,发行价为2.58元,融资额为3 870万元,创下15年来融资最低、发行价最低、发行规模最小的纪录,同时也以0.135%最低中签率和上市首日大涨626.7%刷新了自2000年以来的新股纪录。

(6)变脸之星——南大光电(300346)、珈伟股份(300317),2012年7月30日以66元发行价发行1 257万股,募资额为7.82亿元,8月7日上市当日公司即发布临时停牌,公告称三季度公司业绩初步估计同比下滑40%左右。与南大光电不分伯仲的珈伟股份于5月11日在深交所上市,发行价为11元,上市仅两个月就发布上半年业绩预告,称同比下降94.12%~95.85%,此后全年预测称同比下降91.27%~82.55%,股价也随之跌至7.32元。

(7)坑爹之星——中钢吉炭(000928),公司三季度每股收益为-0.362 1元,并预告全年业绩预计利润为-106 479 379.86元,累计净利润为-15 000万元,同比下降9 420.24%,股价从12.35元跌至最低6.25元。

(8)惊魂之星——上海医药(601607),5月23日,有媒体报道《上海医药因涉财务造假遭证监会联交所调查》的文章,随之短短两天以160余条新闻成为公众关注焦点,公司A+H股双双狂泻,市值一下蒸发达40亿元。此后公司连续发布澄清公告,并以资金增持股票表示信心,股价方止跌企稳。

(9)绩效之星——欧菲光(002456),在全球整体经济放缓背景下,该公司所经营的电子元器件获多家客户优秀供应商奖项,2012年全年业绩预计2.9亿~3亿元,同比增长1 300%~1 349%,净利润同比增长1 518%~1 566%,其股价全年升幅达116%。

(10)涨停之星——ST宝龙(600988),公司于2012年1月4日首日交易后停牌进行资产重组,使其从一个连续亏损濒临退市的公司变为黄金类矿业公司,3月20日复牌出现25个涨停,股价从8.44元飙升至18.43元,最高升至21.60元,升幅达156%。

(11)震荡之星——海润光伏(600401),公司于2009年3月停牌,于2012年2月重牌,由原*ST申龙更名为海润光伏,股价从2.78元一下上升至13.50元,升幅达385.6%,震幅达327.3%,此后持续回落至4.40元,年累计换手率高达1 071.2%。

(12)毒发之星——酒鬼酒(000799),2012年11月19日有媒体报道《酒鬼酒塑化剂超标高达260%,毒性为三聚氰胺20倍》,公司股价从47.93元直落至27.09元,四个交易日50多亿元市值被蒸发。

(13)护盘之星——内蒙君正(601216),公司重要股东于年内5月24日起共计增持24 815万股,增持金额达20.74亿元,位居四年内上市公司重要股东增持榜首。

(14)最凄冷板块之星——中石油(601857)、中国银行(601988)等蓝筹板块,中石油全年换手率仅2.11%,日均换手率为0.01%,全年振幅仅23.6%,股价从年初开盘9.79元至12月27日8.92元收盘,全年跌幅为0.89%;中国银行全年换手率为2.93%,日均换手率为0.01%,振幅仅17.8%,蓝筹板块整体属于遭人冷落的鸡肋板块。

(15)黑天鹅板块之星——酒、药、食品。茅台、酒鬼酒的塑化剂事件,古越龙山致癌门事件,张裕A农药残留事件,健康元的地沟油事件,古井贡的酒精勾兑事件,双汇的火腿肠蛆虫事件,汤臣倍健的螺旋藻铅超标事件,通化金马的毒胶囊事件,事事触目惊心,件件魂飞魄散。

2012年的群星之谱真可谓令人眼花缭乱、心惊肉跳。在这些群星辉耀下,一些追星族可能成了杂技明星,然而更多的人则成了远离股市的流星。

20. 中国创业板何以独步天下

自2013年开始,中国创业板从2008年全球金融危机的阴影中拔地而起,率先从连续六年的股灾中脱颖而出,摆脱了A股与B股的羁绊,摆脱了大盘蓝筹股的束缚,摆脱了传统产业和传统思维的困扰,摆脱了上证指数和深成指的压抑,从年初的708.77点升至7月4日的1 012.03点,升幅达42.78%。而同期上证指数却从2 289.5点跌至1 974.1点,跌幅达13.77%,深成指从9 204.1点跌至7 597.26点,跌幅达17.45%。纵观同一时期的全球各国股市,美国道琼斯指数升幅为15.1%,纳斯达克指数升幅为2.22%,英国富时100指数升幅为4.46%,法国CAC40指数升幅为2.22%,俄罗斯RTS指数大跌18%,亚洲的日经指数升幅为30%,印度、菲律宾、韩国的升幅分别为0.4%、23.5%和10.3%,显然中国创业板的强势可谓金蛇起舞、傲视群雄。

中国创业板何以能"风景这边独好",这绝非是平地响雷、空穴来风,更绝非是投机取巧、恶意炒作。对于创业板的强势,应站在新的高度,以一种新的视野、新的思维和新的心态去面对、去思考才能正确理解。从目前中国股市的主流资金分析,不少证券投资基金、保险基金自2013年以来对创业板的热情可谓有增无减。据统计,2012年三季度时,基金重仓持有创业板的市值为127.8亿元,四季度为152.17亿元,增加19%。进入2013年首季猛增至246.32亿元,增幅高达61.87%。不少创业板个股中,基金几乎扎堆而入,如长信科技(300088)竟有47家基金重仓持有,蓝色光标(300058)有34家基金持有,富瑞特装(300228)有28家基金持有,红日药业(300026)有22家基金持有。素以崇尚价值投资为本的社保基金同样青睐创业板。从资料查阅中可以看到,不少社保基金在2012年第三和第四季度就投入创业板,至今创业板个股的股价升幅已达70%~80%以上。有的甚至翻番,却依然被看好,如华谊兄弟(300027),2012年底社保基金持股792.66万股,至2013年一季度依然持股未变,而该股股价已从2012年底的14.26元升至2013年6月3日的32.77元。又如乐视网(300104),社保基金在2012年6月持有该股379.97万股,至9月增至588.8万股,至年底又增至680.19万股,进入2013年首季依然持有680.19万股。而该股股价已从2012年6月底的22.24元升至2013年6月的63.02元。更有一些基金对创业板个股情有独钟,在频频买入之下几乎已突破了5%的举牌线,如东方财富(300059),华商盛世成长基金持续买入3 381.1149万股,占该股总股本5.03%。另一个是银河基金对飞利信(300287)持续买入698万股,占该股总股本5.539%。可见机构的投资理念和投资策略也开始向创业板倾斜,而这种资金动向恰恰证明创业板的强势必有其强大的内在因素。

从目前可统计的 355 只创业板个股分析,2013 年开始至 7 月 1 日,在半年时间内有 7 个股票升幅在 200% 以上,有 320 个股票升幅在 10% 以上,更多的是升幅在 70%~90% 以上的个股。以升幅居前的创业板个股分析,首先,这批强势股顺应了当前中国经济发展的潮流,顺应了当前中国经济结构调整、经济转型的需要,顺应了中国经济城镇化改革、建设美丽中国的需要,更顺应了中国社会消费的需求。所以这些企业有政策支持,其产品有市场需求,如掌趣科技、乐视网、华谊兄弟、中青宝等个股,是顺应了中国文化传媒的改革方向,顺应了大电影发展和手机游戏的爆发性增长的热潮,其经营业绩保持着 30% 的增长率。又如东方财富、大智慧、同花顺、内蒙君正(601216)等个股近期强势上行,正是受马云掀起的互联网金融改革之风的推动,使支付宝、余额宝、活期宝等新金融产品成为炙手可热的对象,这也是对传统金融的一种挑战。又如泰格医药(300347)、和佳股份(300273),此二股是城镇化医疗改革的受益者,是处于快速增长期的新兴行业。可见这批涨幅居前的创业板个股不仅具有朝阳的行业背景和政策扶持,更重要的是有持续性业绩增长的保证,这是创业板受主流资金重点关注的关键因素。

其次,当前中国经济正处于弱复苏阶段,煤、钢、房地产、机械等周期性行业难有强的表现,金融保险类又处于微调之中,蓝筹股难有良好的业绩增长。从买股票就是买未来的角度出发,创业板更让投资者看到良好的未来。

再次,从当前货币政策分析,2008 年的那种四万亿式的刺激性救市已很难出现,大量的货币投放已使中国经济产生扭曲,因此稳健的货币政策将会持续,在此背景下,紧缩的货币难以调动大资金进入 A 股,大盘蓝筹股和权重股的由弱转强难以得到资金的支持。因此,创业板的小盘股便成了热钱的目标。

值得强调的是,中国创业板的独领风骚是中国股市的结构调整和资本转型,是中国资本市场的升级版,是中国经济在中国股市的浓缩和体现,是中国新经济下的必然产物。这种方兴未艾的势头将会此起彼伏、逐浪上升,成为中国股市一道全新的风景线。

21. 创业板牛市能走多远？

创业板指数自2012年12月4日585.44点止跌企稳之后，以叶氏技术分析系列分析，于2012年12月17日5日均线和8日均线双双与21日均线形成金叉，从而迈出了牛市的第一步。并于2013年1月11日5日均线、10日均线、21日均线共同突破89日均线，正式确认牛市的开始，当时的点位是760.55点。2013年2月8日当上证指数摸高至2 444.8点后开始回落调整，而创业板指数便开始分道扬镳，依然沿着上升趋势震荡攀升。与此同时，对创业板的质疑声也开始持续走高，如"到顶了"、"该回调了"、"泡沫要破了"。伴随着创业板强势上升，最老生常谈的便是"狼来了"。从一头狼的吆喝到101头狼的狼群警报，似乎在创业板指数构筑至1 423.96点时出现的一根中阴线便是死亡之碑。难道创业板的行情真的终结了吗？也许在狼来了的不绝之声中，创业板的走势依然能健康上升。而当"狼来了"的声音变成"羊来了"的声音时，创业板的走势或许真到了见顶之时。

对于创业板走势的评论分析，最精辟、最具远见卓识的莫过于李志林博士。他将创业板的走牛和大盘股的熊态定义为中国股市的升级版与中国经济升级版相对称、相呼应，这是十分贴切的。2013年的中国经济进入了关键性的攻坚阶段，在稳增长、调结构、促改革、惠民生的主线下，GDP不再成为根本目标，而新能源、新产业、新消费成为中国经济发展的主体。在这样一个大背景下，银行、保险、券商必然面临压力和挑战，有色、钢铁、煤炭、房地产、酒类等行业必然面临市场需求与政策调控的压力和挑战。这一大范围内的股票必然面临洗牌和调整。而这一大批股票又属于权重股范畴，因此上证指数、300指数、深成指等的滞涨也成为必然的结果。相反，新能源、新环保、新医药、新电子消费、新的物流等一大批符合新经济趋势的股票，大都集中在企业板和中小板上，在结构转型的推动促进和政策的支持扶助之下充满蓬勃生机并显示强劲活力。例如，互联网、金融、大数据下的数据采集处理、视频监控、基地建设、云计算、物联网、电子发票、互联网彩票、宽带中国的战略下，电信电缆、3G的推进、4G的发展、5G的试点，智慧城市下的智能交通、智能电网、智能家电、智能家饰，新传媒文化下的影视出版、手游、导航等，新能源下的页岩气、锂电池、清洁能源、污水、污气处理，等等。更有上海自贸区、小贷金融改革的热点产生。所有这些伴随着中国经济结构转型的推进，必然会此起彼伏地受到资金的追捧和关注。

可见创业板指数的强势与权重蓝筹股的弱势是中国经济结构调整、产业转型的重大联动，是中国经济升级版的必然产物，是中国经济发展大趋势下形成的股市发展趋势。这种趋势必然与中国经济相呼应、相对称,这是不可逆转的,是十分正常的,是客观真实的。正是这种剪刀差构成了当今中国股市的升级版,将这种剪刀差视为投机、泡沫,这无疑扮演了2013年的《刻舟求剑》寓言中的角色。

从深一步分析,在稳健的货币政策下,2013年中国股市的增量资金并不宽裕,而存量资金又捉襟见肘。以2 000亿~3 000亿元的日成交金额是难以推动具有15.53万亿元总市值的大盘的。相反创业板的流通市值以10月9日计算仅7 855亿元,即使加上中小板2.4万亿元流通市值也只有3.1万亿元,约是权重股总市值的1/5,所以市场资金可以游刃有余地发挥作用。这不仅是当前主流资金的投资策略,也是市场总体资金逐利的本性使然。

以目前创业板的市盈率分析,尽管已高出大盘平均市盈率的一倍之上,有的个股在股价上已翻了十倍以上,可是市盈率有动态与静态之分。以今年的业绩与去年的业绩相比就有较大的差异。投资股票是投资未来,何以自贸区热点产生后,外高桥一举十几个涨停,在短短18天中,从13.47元直升至64.16元,但证监会依然称其投资,这是投资者对未来的憧憬。客观而言,尽管创业板中最高市盈率个股美亚柏科(300188)已达8 570倍,但市盈率在30倍左右的个股依然不少。在海外成熟股市中,成长股市盈率偏高是十分正常的。对于一些行业景气度较高、持续成长性较好的中小企业,市盈率的偏高意味着成长的预期良好。在创业板中,今年业绩大幅增长的个股,在年报刊登后市盈率会一下降低许多,因此以权重股的市盈率标准判断创业板的泡沫、投机是行不通的。

创业板的牛市空间究竟能走多远,首先决定于中国经济升级版能走多高,中国经济的产业转型和结构调整能推进多大的深度与宽度;其次决定于中国货币政策的宽松度,是否能提供给股市充裕的增量资金,包括养老基金的入市;最后决定于中国股市的制度改革,IPO能否以新的体制推出,优先股能否有效展开。如果这三大因素能顺利推进,那么创业板在巨大正能量的推动下必将继续稳步攀升,产生一段史无前例的长牛行情。而当前创业板大势已定,趋势的形成绝非一时能够改变的,因此震荡向上依然是创业板的主旋律。

22. 牛熊混合市之股术

一、选与熬

本轮行情自 2014 年 6 月 20 日上证指数 2 010.53 点起至 2015 年 3 月 17 日 3 504.12 点止,在这 39 个交易周中,上证指数升幅已达 74.2%。在个股升幅中兰石重装、中科曙光、京天利、中文在线升幅在 600% 以上,而升幅在 300% 以上的个股达 31 只,升幅在 100% 以上的为 729 只,升幅在 50%～99% 的个股为 1 141只。在 2 649 只个股中依然有 27 只个股升幅为负,而升幅小于上证指数的个股达 1 442 只,占沪深个股总数的 54.4%,显然身处牛市并不等于你尽享牛市的红利,即使你骑上牛股也不一定尽享牛股的升幅。这其中就有一个股术的问题,而股术既包括选股之术,更包括持股之术和卖股之术。

为什么选不上牛股呢?为什么选上了牛股却出现牛股的升幅与盈利的升幅不一致呢?为什么身处大牛市中仍往往难以获得大盈利呢?其原因首先是不知道牛股的成因,选择牛股的水准不高,此所谓缺乏选股之术。在不同的市场中就会产生不同的牛股,所有牛股都具有共性和个性。在当前牛熊混合市中,首先因为经济较为低迷,所以选股时要特别留意企业的经营业绩,选择一些具有成长性或具有持续盈利能力或是企业的行业背景和经营背景出现景气的拐点。这业绩的增长是牛股的根本,任何重组兼并改革均是为了企业经营业绩的改善,均是为了企业盈利能力的提高。所以这是牛股的第一要素。其次是由于牛熊混合市在资金流动方面特别充裕,融资融券所带来的杠杆操作使资金的运作能力空前增强。所以选择牛股时必须注意是否有大资金加入,从量能变化上发现资金流入与流出的比例,关注主流资金的机构品质是长线还是短线,在股东持股中是增持还是减持,再分析一下成本与股价的差距,了解机构的持股成本。如果股价与机构持股成本差距在 10% 上下,那么便可以放心买入,同时也可以从中预计此牛股的牛劲有多大,这是牛股的第二大要素。再次是题材,大牛股必须具备题材,而且必须具备当前市场的主流题材。在牛熊混合市中,题材层出不穷,如环保、通信、军工、医疗、机器人、信息安全、城镇化、土地流转、电力改革、一带一路等。但是最重要的题材是国资国企改革,是互联网产业和工业 4.0,这是国家引领中国经济走出低迷的根本所在。因此,牛股必将从这类题材中产生,因为只有具备了这样的题材才能吸引更多的资金加以追捧。这便是牛熊混合市中大牛股所要具备的必要条件。当然牛股的选择最好辅以技术分析,在技术选股方面,笔者曾在

《股道》与《股经》两本书中专门对牛股的精选作了十分详尽的讲述,特别是从技术分析入手,对按寻、等、捕、骑、放、收六大步骤进行牛股操作作了细致的阐述,读者可自行参考阅读,在这里不再赘述了。牛市中的牛股并不是一选就中,或是生来就具有十足牛气的。有些牛股初看并无特征,甚至股性较差,股价走势疲软无力,但牛股的品质是切实具有的,这就需要有一个养的过程。古代伯乐相马中就有一则故事说的是,伯乐受楚王之命去各地寻访千里马,在历经千辛万苦后依然未发现宝马踪迹。艰难中偶然发现一匹拉盐车的马,虽然看上去又瘦又乏,但昂首瞪眼、引颈嘶鸣,气质不凡,于是买下后精心调养。楚王初见此马将信将疑,半月后此马神骏非凡,楚王骑上后,但见马蹄生风、疾驰如飞,于是赞叹伯乐不仅善相马,也善养马。可见牛股的发力往往也需要一个过程,这个过程往往很令人烦忧,很令人悔怨焦虑,这就得熬。有些投资人明明已经选上了牛股,却仅仅赚了点小钱就放弃了,缺乏对牛股的定力。尤其是骑牛找牛、不停折腾,结果造成买了就跌、卖了就涨、后悔不迭的结局。其实在牛熊混合市中任何股票都有轮涨的机会,关键就看自己能否熬得住。熬得住则赢,熬不住则不是套就是亏。熬是股术的重要内容之一。

以百联股份(600827)为例,据公开资料显示,该股是上海国资国企改革的对象之一,该股总股本为17.225亿股,实际流通A股为15.4278亿股,控股股东百联集团占总股本的43.5%,另外上海友谊复星(控股)有限公司占总股本的5.74%,也就是说,友谊实际流通股本为8.74亿股。2014年3月下旬其股价为8.8～9.6元,其2014年第一季度每股收益为0.24元,从2010年至2013年每股收益持续保持在0.60～0.85元之间,应该说业绩相对稳定。在上海国企改革提速的背景下,公司试水O2O模式,通过股权激励激发活力,具有良好的发展前景。于是在此价位开始陆续建仓。此后仅一个月时间便上升至13.64元,可是刚刚沉浸在捕获牛股的喜悦中,却不料牛劲忽然泄气,股价冲高不久便持续回落。考虑到该股良好的发展预期,所以依然在煎熬中越跌越补,至2014年7月下旬最低跌至10.48元,而持仓成本却因为不断补仓提高至11.5元之上,究竟是在悔恨中割肉还是坚守该股?于是在犹豫中被套、在悔恨中忍受煎熬。而此时消息面却暖风劲吹。如国泰君安研报称,百联集团资产整合力度加大,又报道了集团旗下电商平台、百联E城资产注入可有性较大,与友谊股份向全渠道转型的协同效应显著。尤其是媒体报道了上海市委7月24日调研了百联集团,使百联的改革转型释放出更为明确的信号。同时在百联半年度工作会议上,集团总裁叶永明称,年内全面落实商务电子化项目的目标,于是百联将可能与阿里巴巴或腾讯、百度合作的小道消息也风生水起。然而,百联的改革似乎始终处于雷声大、雨点小的局面,股价也始终处于箱体波动之中。2014年8月6日友谊股份正式更名为百联股份的公告发布,市场重燃希望,股价开始反弹,在一周时间摸高至12.90元。然而好景不长,股价在横盘8周后又从13元持续下跌至11.4元。随着百联发布未来三年没有将百联E城注入上市公司的考虑的公告见诸媒体后,曾在长达三年时间中对资产注入及股权激励的期待——落空的担忧重返投资者的心里。就在这种利多消息与利空消息的不断冲撞中,百联股份的股价波澜不惊,始终在11.5~12.5元之间徘徊,而整整7个多月的持股不涨让不少投资人忍受不了煎熬的痛苦,眼看着其他个股如雨后春笋般随牛市起步而纷纷上扬,而百联股份却似乎成了被牛市遗忘的角落,于是有一些投资者耐不住长时间煎熬,开始出现纷纷减仓的情况。

二、忍与换

百联股份(600827)从2014年3月下旬建仓开始,平均建仓成本为11元左右,在5月初股价达到13.67元时不抛,在7月下旬股价跌至10.38元时也不割。而此时从3月下旬至11月中旬令人煎熬的时间长达30余个交易周。在这段时间中,上证指数却已从2 035.24点升至2 454.42点,升幅达20.59%。不少个股已升幅超50%了,而百联股份的股价却始终在12.5元左右徘徊。这种时间成本的考验够令人焦虑不安的。但令人更难受的是,何时重组、何时停牌、与何战略投资者混合,均为未知数。该股国企改革的动态始终未见真章,各种传闻真假难辨,此种煎熬的滋味真可谓如鲠在喉、如芒刺背。可叹的是,就在不少投资者熬不住时,2014年11月12日日K线突然一根长阳,以涨停板报收,股价一下突破了13元的长期压力线,如春笋般从密集成交区脱颖而出。此后的走势像阶梯般节节而上,在两个月不到的时间里升至18.88元,升幅达50%以上。那些始终在煎熬中持股不动的投资者终于享受到了丰厚的回报,而部分在忍受了长达近八个月的横盘后熬不住卖出的投资者可谓功亏一篑,失去了临门一脚的绝佳机会。当然在18.88元之后,如果依然熬下去,"咬定青山不放松,任尔东西南北风",那么又将可能进一步获得百联股份因筹划重大事项而停牌后的利好效应。可见在牛熊混合市中,牛股同样需要具备一定的熬功。

在牛熊混合市中,牛股的牛性强弱还需要由市场来检验。在牛股尚未正式表现出牛性之前,牛股的品质只是仅仅停留在预判阶段,还未得到市场的认可,所以你所持有的牛股只是你自己的分析,并不能作为依据。因而在牛股尚未劲升时,你必须要有充分的思想准备,经受住时间的煎熬,必须要有一个"忍"字。因为牛股确认前,各种形成牛气的能量如热点、业绩、题材、资金等因素,尚是不确定因素,还必须通过市场和时间来加以检验。尤其是一些寄希望于通过重组使垃圾股变千金的ST股票,这类股票虽然因业绩濒临亏损边缘,其股价相对较低,但出于对资产重组、保壳、借壳的预期,使人常会产生一种不鸣则已、一鸣惊人,以及不飞则已、一飞升天的联想。那种经历停牌后复牌的公司,近十个涨停板甚至二十几个涨停板的公司,其巨大的财富效应令人常常会不惜一切地从ST个股中寻找大黑马。但是任何牛股永远都是风险与机遇对等的,想要获得最大的机遇,就要做好忍受最大风险的准备。这种忍受往往远远超出一般人预计的难度,这便是一种"忍"术。从字义上解释,"忍"字是在"心口"上放着一把刀,锋利的刀刃在心口上随时有割心、刺心般的痛楚,随时随地有受到伤害的压力,所以"忍"是在艰难困苦中最令人痛苦的折磨。而一些牛股的把握便需要一个"忍"字,千万别以为牛市赚钱容易,天下没有免费的午餐,天上掉馅饼的事是罕见的。因此无论是牛市、熊市还是牛熊混合市,都必须要有一个艰苦的心理准备,捕大牛者必先具有"忍"功。

例如,ST钢构(600072)的选择和持有。2014年资本市场最重要的主流热点是军工题材,日本右翼势力的猖獗造成了对我国钓鱼岛的领土争端,菲律宾和越南的挑衅造成南海局势的紧张。我国广阔的海岸线极需加强军事建设和军备提高,航母、潜艇以及一系列舰船需要加大建设步伐,这就造成了军工题材的火爆,尤其是加快了军船工业的资产证券化步伐。而*ST钢构是中国船舶工业集团控股之下的三家上市公司之一,在股本上该股总股本为4.78亿股,而中国船舶则为13.78亿股,广船国际为10.3亿股。从2014年7月初股价看,钢构为8.20元左右,广船2014年4月停牌前为17.5元,复牌后直上48元,中国船舶7月初股价为22.8元。无论在股本和股价上,钢构均占一定的优势。如果*ST钢构2014年能扭亏为盈、摘掉ST帽子,那么这一股票必定直追广船和中国船舶,而大股东中国船舶工业集团也已表示对该上市公司的重视。于是开始陆续建仓,果然在军工题材催热下,以及整个股市由熊转牛的开始,该股股价一路上升,至10月已达14.63元,升幅达50%左右。然而,随着军工题材的回落,钢构股价也开始回落,一个月时间便跌至11.41元。但是坚信军工题材依然是主流热点,国企改革及军工资产的证券化是大势所趋,这使投资人坚持长线持有的理念并进行越跌越补仓的操作。尤其是2014年10月17日,公司公告董事长周辉和总经理盛纪纲双双辞职,这一消息从侧面反映该公司正在为重大资产重组铺路,这无疑坚定了持股的信心,股价也开始从11.4元反弹至13.7元。然而,随着时间的推移、年报的临近,*ST钢构能否扭亏为盈成了投资者忧虑的焦点。如果当年不能扭亏,将面临退市的风险,一旦退市,股价将高台跳水、损失巨大。2014年12月17日,*ST钢构公布了一则风险提示性公告,具体内容中重提2012年和2013年的亏损以及2014年前三季度亏损7 756万元的情况,同时也公布了出售资产进展情况的公告。公司表示将推进转让上海瑞容企业发展有限公司100%股权事宜,并将继续努力实现当年扭亏为盈的目标。看来*ST钢构在2014年能否扭亏,关键就看资产出让的进展情况。而此时不少投资人从相关各方了解到,*ST

钢构的资产转让可能在松江产权交易中心处卡壳，一些中小股东纷纷打电话去公司询问又屡屡遭遇忙音，眼看着股价不断下跌，令不少投资者焦虑难忍。眼看着 12 月底已步步逼近，而 *ST 钢构的资产出售问题却依然不明朗，上千万的资产投入更使人感到财产遭受风险的压力。此时对时间要忍、对消息要忍、对公司要忍、对市场对股价更要忍。那种钝刀割肉式的下跌真可谓"怎一个'忍'字了得"。

2014 年 12 月 17 日，*ST 钢构发布出售资产进展情况公告，这是 *ST 钢构的数亿股东最为关心的事。因为资产出售成功与否将直接关系到 *ST 钢构能否保壳或是会否被上交所作出退市处理。然而公告的内容却令人失望，公告中写明：在办理公司对瑞宿发展出资的土地、厂房过户登记手续过程中，公司经过与松江区有关方面积极沟通，松江区房产交易中心于 2014 年 11 月 24 日受理了公司办理土地过户的申请，并出具了收件收据。但截至 2014 年 12 月 15 日 17:00 点公司尚未收到有关部门关于土地过户意见的回复。按上海市有关规定，受理过户申请 20 天内过户手续应办理完毕。据此公司认为，本次土地过户手续办理存在不确定性。公告还称，目前公司仍在积极与政府有关部门进行沟通，并将继续努力实现当年扭亏目标。此公告内容似乎已明确资产过户手续出现阻碍，且问题出在松江区而非出在公司。也就是说，能否实现扭亏摘帽、能否避免退市风险发生的关键因素在松江区。钢构公司虽然继续努力，但已十分无奈。这一公告让 6 亿多流通股股东寝食难安。尤其是那些位列十大股东之列的大股东，眼看着股价已失去支撑，当天以跌停报收，12 元整数关眼看难保，于是情急之下我们组织了相关股东，决定到松江区政府反映。我们起草了《告知书——关于 ST 钢构产权过户事宜》，指出：如果 ST 钢构退市将直接关系到 68 181 户股民的利益，以 ST 钢构 4.78 亿总股本计算，每下跌 1 元就是 4.78 亿元的市值蒸发，其巨大损失是难以估计的。并将此告知书分别送往松江区各政府相关部门，在此基础上又集体去松江区政府所在地上访。这些活动都是在 ST 钢构股价不断下跌中进行的，这种忍受的痛楚是难以想象的。在我二十余年股市生涯中，我从未与 ST 股打过交道，可是 2014 年竟然巨额投资了 ST 钢构，而且还以持股 175 万股成为该公司的第六大流通股东。自己在痛苦的忍耐中一开始感到自己真有点魔怔了，但是又仔细一想，这种忍痛正是对心态的一种磨炼。既然自己经过反复调研分析选择了该公司作为中长期投资的标的，那么就应该不仅考虑到投资机遇，也应考虑到投资风险。我面对着 ST 钢构股价从 12 月 17 日的 12.11 元不断下跌至 12 月 24 日的 10.25 元，此期间一方面忍着痛与钢构公司证券部董秘加强沟通，另一方面又忍着痛关注松江区方面的消息。而对不断下跌的股价，又必须每天忍痛去直面现实。在这种忍痛折磨中，我终于领悟到股道的精髓，这就是永远必须敬畏这个市场，永远必须敬畏这个社会和世界。唯一能调节的不是去寄望于市场,不是寄望于社会和世界,而是自己。你不可能改变市场,你只能改变自己,只有自己去适应市场,只有自己去调节自己,唯有如此,才能直面现实、平和内心。也就是这一心态的升华,这一忍痛的代价,使自己的心平静下来,使自己有一种以前从未有过的"手中有股、心中无股"的境界。奇怪的是,当自己心态上升时,ST钢构的股价也随之上升,并创出了2014年10月10日14.63元的新高,达到14.86元。当然,此后如果希望参与ST钢构的重组,如果市场传闻关于南北船合并,如果中船集团资产证券化提速,那么钢构必定具有较大的上升空间。但这必须还要继续忍下去,有可能还要经历相当一段时间的痛苦的忍耐才能真正享受牛股的盛宴。可见牛熊混合市中持股同样需要有一种忍的内功,这种忍功其价值不仅仅是经得住股价的波动,更重要的是提升了你的心态,这对于你以后的股市生涯将具有极大的心理价值。

在牛熊混合市中,由于资金的风向在不断变换之中,使热点个股与热点板块也此起彼伏,在这种情况下"月亮走我也走"成了一种对市场必要的适应。当然这种变换不是随心所欲,不是随波逐流,而是按照一定的底线进行慎重的思考方能做出决定。众所周知,一个牛股的形成需要一个较长的时间过程,在这期间此牛股一般将经历以下几个风险:(1)企业风险。企业的经营是否景气,企业的管理机制、人事变动是否为企业增加正能量,企业的主营产品是否符合国家产业发展方向,是否能受到国家政策的支持。(2)股市风险。大盘走势是强是弱、趋势的发展是震荡向上还是随波而下。(3)机构对该股的持有是增加还是减少,大股东是增持还是减持,即在大资金运作方面是否稳定。(4)企业是否有创新题材或重大资产重组事项。如果其中有较大影响牛股走势的负面因素产生且影响力较大的,那就必须当机立断进行撤换,这是换的第一要义。当该股持续下跌幅度超过10%~15%时,一般应止损为好,以巩固收益为主。如果该股牛质未变,也可以再度买回,但及时止损不失为一种稳健的做法。当选择中发现另一只更好的牛股,且新目标信息可靠、上升空间更大、牛股之势更强,那么可以果断进行换股。股票不讲究义气,也不能只凭义气,股票是金融商品,是以赚钱效应决定品质,所以该出手时就应大胆出手。比如笔者曾在2014年7月左右买入过天龙光电(300029),但经过深入企业进行调研之后,发现这个连续亏损两年的公司在扭亏为盈的道路上依然十分艰难,三季报又显示每股亏损为-0.312元。虽然公司正积极寻找合作伙伴,签订战略合作协议,并寻求股权转让对象,以达到回收一部分利润、解决本年度扭亏为盈的问题,但考虑公司种种不确定因素较多,仍决定卖出换股,以寻找下一个牛股标的。

三、定

在牛熊混合市中对股票的"换"是一种重新选择的决断,这与常人的频频换股有着本质的区别。一般人往往随消息所动,往往听到一个消息便以为获得了一个意外机遇,就迫不及待地将手中股票抛掉,换上一个新股。然而,对于这个新股空间究竟有多少、是否具有投资价值或投机价值、原先被抛的老股是否比新股差很多,并不了解。结果往往新买进的股一买就跌、已抛掉的股一卖就涨,乃至唉声连连、后悔不迭。其实换股的过程是一个研究分析的过程,也是一个调研探究的过程。2014年7月笔者曾专门前往河南濮阳去调研濮耐股份(002225),从该股K线走势分析,自2011年4月最高价19.45元回落以来,已持续两年多下跌至6元左右,已持续了长时间的价值回归。从该企业经营业绩分析,2014年半年报显示每股收益0.11元,同比增长37%。公司主营是耐火材料,且具有清洁治污的概念。但经过调研发现,这家公司前十大股东全为个人。在公司扩张中由于资金不足,有增资扩股需求。在收购磷镁矿中,采矿证办理尚存在问题,所购买的两家矿产资源均存在风险。当然公司主业明确,销售收入目标为2015年进入世界前十名,董事长也是个专家。公司的优点与缺点在进行综合比较后,感到由于钢铁行业在经济回落中景气度不高,从而影响公司的业绩增长,所以持股一段时间后,盈利10%左右就决定换股。可见无论是决定调换抛出还是决定买入,均需要经过反复研究、慎重抉择。

在牛熊混合市中,热点频出、此起彼伏、黑马成群、四处奔腾,各种媒体、各种专家、各种信息都有大量的推荐。尤其是市场牛气强盛、赚钱效应发酵之下,大叔大妈全成了股神,从而使不少投资人心态不稳。在诱惑、刺激、蔑视、讽刺、嘲笑、鼓动之下,往往会出现盲人骑瞎马的情况,越急越会忙中出错,此时就格外需要定力。所谓定力,就是指选择、决策、操作以及心态上的定力。首先,在选择上必须优中选优、精中选精,起初时可以先从各热点板块中选择20只左右,然后不断筛选确定8~10只个股,然后再根据自己的心理承受能力、资金实力和操作能力来进行优选。一般而言,200万元以下建议4~5只个股就足够了。只有品种越精,才越能真正熟悉手中个股,才越能了解它的企业属性和市场属性,就像优生优育使你有更多精力抚育孩子一样,只有手中个股少而精,你才能对该股了如指掌、如数家珍。如果你的资产在500万~1 000万元左右,一般建议最好5~8只。而1 000万元以上一般而言10只左右足矣。之所以坚持少而精的原则,一方面可以逼迫自己在精选个股上多下功夫,另一方面也可以加强对个股的熟悉度,了解该股的业绩变化、经营变化、股权变化、机制变化,乃至主流机构对该股的持股变化以及十大股东和持股变化,以便随时可以作出仓位的轻重或者持有和清仓的抉择。其次,是决策。决策的"定"体现在选时与选仓,也就是说什么时候进场、什么时候买所选个股。这里的选时既有大势,即市场强弱、回调、反弹、盘整、震荡等时机,又指个股走势中的启动、盘整、回调、止跌、震荡等时机,更主要的是确定什么时机建仓完毕。这便是选时的定力。而建仓的多少同样要根据大盘走势与个股走势的实际情况决定仓位的轻重。总体而言,总仓位的轻重看趋势,个股的仓位看质地。所以一方面需要决定总仓位的比例,另一方面也要决定所选个股中的仓位比例。这一决策对于投资的盈亏起着重大的作用,恰如战争中的运兵之术,是游击战还是运动战,是小部队出击还是大兵团作战,是以点带面各个击破还是伤敌十指不如断敌一指。一般而言,对经过深入调研、精心分析后方确认的具有相当潜力的个股可以重仓持有,此所谓集中兵力、重点突破,以便借此锁定自己的主要获利部分。这个决策需要相当的定力,患得患失、犹犹豫豫是难以成为一个优秀决策者的,也难以产生一个最佳的决策方案。再次,便是操作。一般而言,在混合牛市尤其是大牛市中,短线是难有大收获的,因为即使是高手也难以确定什么是高点去卖、什么是低点去买。所谓高抛低吸纯属是一种和稀泥、捣糨糊的敷衍了事。有定力的操作就是既不轻易买,也不轻易卖。在牛熊混合市中涨幅领先的十大牛股升幅均在 500% 以上,但是很少有人能持股到最后,绝大多数往往获利 10%~30% 就心里开始惴惴不安了,一有震荡马上就会采取落袋为安的操作。能够获利 100% 以上者,往往内心始终处于高处不胜寒的担忧中,这种担忧害怕既是一种缺乏定力的表现,更是一种缺乏自信的表现,而缺乏自信的主要原因在于对个股的缺乏了解。只有真正了解该股的质地,才能放心持有。如果仅听专家一面之词,仅看小道消息,以"博"的心理去买股,那么自然缺乏定力了。可见定力是股市胜负的关键心理因素。笔者在《股道》一书中专门有"定力"一章,详细论述了定力对投资者的重要性。因为定力是心态的核心因素,置身于错综复杂的社会,置身于潮涨潮落的股市,置身于信息遍飞的时代,置身于物欲横流的人情世故中,没有定力何来清醒,没有清醒何来决策,没有正确的决策何来机遇的捕获。定力不仅体现在处变不惊、临危不惧,不仅体现在明辨虚实、专注本质,更体现在锲而不舍、淡泊达观,定力是一种素质、一种成熟、一种经历,定力是意志、毅力、自信、胆魄、胸襟、气度的综合。佛家认为定力来自于坚、诚、恒之心,定力不是天生的,而需要后天的不懈努力、自我修为。古人云:定力之理、尽人皆知。然而知之非艰、行之维艰。显然,定力便是心力,只有坚持心的磨炼,方能提升自己的股术。股神巴菲特之所以在 60 岁之后方有 80% 的财富升值,其中的原因也许正是 60 岁之后其定力升华到一个新的境界的结果吧。

23. 上海国资国企改革正步步紧逼

十八届三中全会之后，上海于 2013 年 12 月 17 日首先在全国推出国资改革方案——"上海国资国企改革 20 条"。2013 年 12 月 20 日《第一财经日报》报道上海市属四家企业集团有望第一批划转给上海国有资本管理有限公司，同时四家企业集团旗下的七家上市公司的股权出资人也很可能由此变更为上海国资管理公司。上海将会成立相关的决策咨询和指导委员会，并由一名副市长总体负责，全面领导这家持股平台的股权运作，并详细列出了四家企业集团（上海汽车、上海港务、上海交运及上海纺织）及其所涉及的七家上市公司（上汽集团、华域汽车、上柴股份、上港集团、交运股份、龙头股份及申达股份）。文章称股权划转后，这些上市公司国有出资人将变为"平台公司"，出资人将变为"经营者"实现"所有权与经营权"相分离的关键一役。

此后 2013 年底上海举办上海国资改革高峰论坛。随即 2014 年元月国内城投控股引入国内 PE 巨头弘毅投资，以 18 亿元划出 10% 的股权。紧接着浦发银行副行长刘信义调任国盛集团总裁，2014 年 2 月原市政府副秘书长徐逸波调任为国资委主任。

就在上海步步推进之时，珠海、广州、深圳、重庆、天津等地也开始探索国资投资运营平台的建设，而全国两会又将在 2014 年 3 月初召开。上海是否能始终在国资国企改革中成为全国的标杆，将成为全国瞩目的大事。上海市委书记韩正已在公开场合疾呼："上海已到了没有改革创新就不能前进的阶段。"

上海作为仅次于央企的第二大国资系统，拥有 65 家上市公司。2013 年底统计显示上海市地方国有企业资产总值达 11.17 万亿元，国有权益达 1.53 万亿元，其中第一大股东控股 50% 以上的有 20 家，市值超百亿元的有 52 家，在资产总额、营业收入、净利润上分别占全国地方省市国有企业的 1/10、1/8 和 1/5。上海的国资国企改革将推动全国近四万亿的竞争性行业市值，将为全国的经济增添巨大的正能量，可谓牵一发而动全身。所以十八届三中全会的决定将上海的国资国企改革列在地方国企及央企的改革之先。

客观而言，上海自 1993～1999 年实行整体转制后，2003 年即成立了上海国资委，2008 年发布《关于进一步推进国资国企改革发展的若干意见》。此后上海医药、中国铅笔、远洋渔业、上海电气等相继完成了国资的初步整合，锦江国际集团、百联集团、上海汽车集团、上海交运集团、上海城建集团、上海建工集团等均告初步成功，上海国资初步达到了 35.74% 的证券化率。紧接着从 2013 年 6 月起又对国资集团的百联、上实、电气、久事、华谊、纺织等主要集团的领导班子进行调整,从而为上海国资改革整合铺平了道路。可以说自改革开放以来,上海国资在改革的每一阶段均起到了引领的先导作用,而目前的国企改革是深化、是关键、是转型。正如"上海国资国企改革20条"中指出,将聚焦新能源汽车、生物医药、新一代信息技术、高端装备、节能环保等战略新兴产业,这是划时代的国企改革的新要求,不仅具有重要性,更具有紧迫性。正因为此,上海国企板块便成了资本市场的热点,并必将成为2014年中国股市最持久、最具潜在价值的热点。

上海国企板块2014年伊始初露头角,除了兰生的重组、梅林的股权激励、城投的战略重组、大飞乐的整合转型、金桥的停牌等,整个上海板块形成了一个鲜明响亮的国企改革概念,成为马年股市一道亮丽的风景线。这是因为上海国企改革具备了五大优势:第一,政策支持,是全国国资国企改革的领头羊;第二,热点持久,受经济、资金、政策、IPO等因素影响较少,将贯穿全年;第三,上市地集中,便于考察了解;第四,价格较低,不少上海国企的股价目前仅5～7元左右,绝大多数在10元上下,便于价值发掘;第五,最具有价值发现的是上海国资国企改革完全不同于一般的ST重组,上海旨在打造远东经济中心和国际金融中心,所以国企改革将立足高远,更重内在,这对于竞争类企业势必更集中于提升企业的市场竞争力、提升品牌效应、提升市场占有率、提升持续增长的盈利能力。因此,一旦企业完成改革,其价值将产生飞跃,其股价将随之匹配。由于目前还没有实际典型,尤其是具有世界影响力的公司进入国企改革并成功转型,所以市场尚未突出表现。虽然已有一些上海国企上市公司显示强势,但尚未出现一马领先、万马奔腾之势,不过完全可以相信,上海国企改革概念中必将涌现出一批真正的牛股。

2014年的股市,上海国资国企改革必将成为最牛的板块和最持久的热点。因为国资国企改革是贯穿全年的经济核心,是改革发展的重中之重,这不仅仅是在上海,在全国各地也是如此,所以在股市中将会出现各地区国资国企概念股百花争艳的局面,而上海国企板块随着改革的深入,除了成熟一个成功一个的典型个股行情外,还会产生联动效应。无论是停牌还是复牌都会带动整个上海国企板块,产生此起彼伏、追波逐浪的行情。这种概念的崛起、板块的联动,不仅具有时代气息,更具有切实的操作价值和潜力巨大的升值空间。对于中国股市来说这是难得的历史机遇,而对于投资人来说更是百年难得的良机。

24. 对上海国资国企改革的几点解读

进入2014年以来,沪、深股市最持久、最强势的热点莫过于国资国企改革。尤其是上海股市在中国国资国企改革民企先于央企、上海国企先于民企的方针指导下,得天时、地利、人和之先,使国资国企改革始终稳步地领先全国,从而成为沪市最吸引眼球、最具有人气的热点。

资本市场对于上海国资国企改革而言是资产优化配置及直接融资的最佳选择,而对于投资者而言,挑选国资国企改革中最具竞争力、最具影响力的个股,从而获得最大的升值空间,更是2014年最佳的投资选择。因此,正确解读国资国企改革的精神是十分重要的。

一、关于竞争类企业、功能类企业与公共服务类企业问题

根据"上海国资国企改革20条"的规定,竞争类企业是以市场为导向、以企业经济效益最大化为主要目标、兼顾社会效益、努力成为国际国内行业中最具活力和影响力的企业;功能类企业是以完成战略任务或政府重大专项任务为主要目标,兼顾经济效益;公共服务类企业是以确保城市正常运行和稳定、实现社会效益为主要目标、引入社会评价。这三类企业的划分主要以不同目标为标准,为此有分析机构将上海国企划分为33家竞争类、3家功能类、3家公共服务类。于是便在33家竞争类企业中去寻找牛股,这无形中偏解了国资国企改革对分类的定义,也使国资国企改革的涉及面无形之中缩小了。其实竞争类、功能类和公共服务类的划分是对国资国企改革后目标的划分,而不是对现有上市公司的划分。"20条"中的第9条明确指出:"对涉及跨上述分类业务的企业,因企制宜,分类分层管理,按照国资布局结构和企业发展战略,企业分类可动态调整。"这表明,在竞争类、功能类和公共服务类之间没有绝对的界限。尤其是在尚未国资国企改革之前,所有上市公司都不能简单加以划定。因为集团究竟确定什么改革方案、究竟以什么样的优质资产注入、究竟吸收什么样的战略投资者,这些都是未知数。因此,投资者在选择投资标的时可适当放宽选择面,可以投资组合形式,将在国资国企改革后具有较大潜力的公司列为投资标的。

二、关于国资的保值增值问题

这是中国经济改革中长期困扰的难题。如今上海率先提出搞混合所有制、

不能搞场外私下交易,这样容易产生内幕交易和国资流失,必须通过资本市场建立公开透明、规范的国资流动平台,以市场化手段使信息透明、估值合理、监管明确,从而确保国有资产不流失,这一点不仅提高了资本市场在国企深化改革中的地位,也使国资国企改革找到了一条保值增值的最佳通道。这也表明国资国企改革将成为资本市场最持久的热点,而上海的率先作用不仅得到了高层领导的肯定,也为全国作出了示范。

三、关于培育具有国际竞争力和影响力企业的问题

在"上海国资国企改革 20 条"中明确指出:上海国资国企改革将形成 2~3 家符合国际规划、有效运营的资本管理公司;5~8 家全球布局、跨国经营、具有国际竞争力和品牌影响力的跨国集团;8~10 家全国布局、海外发展、整体实力领先的企业集团,以及一批技术领先、品牌知名、引领产业升级的专精特新企业。同时,"20 条"又明确指出,将重点发展新能源汽车、高端装备、新一代信息技术、新能源等有一定基础和比较优势的战略性新兴产业,推进制造业企业创新发展和转型发展,促进服务业企业的模式创新和业态转型。可见在这次上海国资国企改革中将出现数家具有国际竞争力和影响力的上市公司,而这些公司必将是十分难得的大牛股,必将具有巨大的估值空间。寻找这样的公司,便是寻找 2014 年最大的牛股、享受国资国企改革的最大红利。

四、关于上海国资国企改革的进度问题

自 2014 年以来,上海的国资国企改革已有序展开,城投控股引入弘毅投资,绿地集团兼并金丰股份,棱光实业、耀皮玻璃、市北高新的停牌,以及徐逸波挂帅上海国资委、浦发刘信义调任国盛等重大人事变动,都表明上海国资国企改革正步步推进。尽管在上海股市中尚未产生明显的领头羊,但是整体上海国资国企板块已在此起彼伏中显示出方兴未艾的活力,已显示不随指数涨跌的独立行情。"20 条"中明确指出,当前上海面临改革开放的新机遇和新型发展的新挑战,已经到了没有改革创新就不能前进的阶段,上海国资国企必须以高度的责任感、使命感、紧迫感,更加主动地承担推动上海改革发展的重要任务。可见上海国资国企改革已势在必行、时不我待。随着时间的推进,上海国资改革将会尽快成立国资营运公司,尽快推出具有领先作用的、具有国内外影响力的国资国企改革典例,从而带动整体改革的发展。因此,对于上海国资国企改革必须要有充分的信心和恒心,紧紧抓住这一历史机遇,在国资国企改革中享受牛市的收获。

25. 上海国资国企改革应建立新闻发言人制度

国资国企改革是十八届三中全会的重要内容之一,是中国经济深化改革的重大步骤。而上海的国资国企改革更是全国的表率和旗帜,因为上海是仅次于央企的第二大国资系统,拥有 65 家上市公司。截至 2013 年底数据统计,上海地方国有企业资产总值达 11.17 万亿元,国有权益达 1.53 万亿元,市值超百亿元的就有 52 家。上海的国资国企改革将牵动全国四万亿竞争性行业的市值,为全国的经济增添巨大的正能量,可谓牵一发而动全身,所以中央决定将上海的国资国企改革列在央企和地方国企之先。

上海于 2003 年成立了国资委,2008 年发布了《关于进一步推进国资国企改革发展的若干意见》,并随之展开一系列的国资整合。2013 年 6 月对百联、上实等国资集团进行调整,在此基础上,2013 年 12 月上海又制定了"上海国资国企改革 20 条"。应该说,上海在全国国资国企改革进程中均起到了引领的先导作用。进入 2014 年以来,上海国资国企改革正步步推进,同时与资本市场的关系也日趋紧密,不仅逐步成为马年股市的主流热点,也成为带动全国国企改革的风向标。然而,上海的国资国企改革也成了全国各类媒体关注的对象,由于国资国企改革具有一定的保密性,所以各种猜测、各种议论、各种小道消息便开始风生水起,这又引起了相关股票的价格发生剧烈波动,继而引发整个板块、整个股市的联动效应。3 月 11 日因《每日经济新闻》发表题为《上海国资改革再现新动向:传申达股份接洽盛大等战役》,从而引发申达股价一度冲击 11.90 元的涨停。当晚公司发布公告,澄清了相关市场传闻,股价应声而落,短短 8 个交易日跌至 8.25 元。此后又延伸至龙头股份,在申达回落的同时,龙头股份取而代之,股价从 8.88 元在短短七天内升至 11.19 元。此后与申达同回跌途。这种异常波动从侧面提醒人们,应尽快建立新闻发言人制度。

继申达股份、龙头股份的股价异常波动之后,3 月 31 日东方明珠复牌,从公告的最新改革方案显示:大小文广将实现整合,原有架构将被"新文广"取代,对于市场关心的整合后资产注入情况,却称目前尚未有具体方案。这种不完整的国企改革公告立即引起了市场负面反映,东方明珠股份当日跌停,并引发了整个上海国资国企板块的飘绿。与之相伴的前几日因绿地重组而强势涨停的金丰投资也跌停报收。另外"城门失火,殃及池鱼",原先一直强势的强生控股被传属于服务类,又使该股股价从 9.35 元直落至 7 元以下。上海股市一时阴云密布,关于"上海国资国企改革已告一段落,上海国资国企没有大动作、大花头,上海国资国企改革没有能力成全国表率"的流言和传闻在上海股市中流传。一些证券媒体和市场分析人士也开始对上海国资国企产生种种缺乏自信、缺乏责任的猜疑，从而造成了市场上一片恐慌气氛，严重影响了股市的稳定。这一连串的现象表明建立新闻发言人制度已刻不容缓。

众所周知，上海国资国企改革将成立资本营运平台，各相关公司将在3月底上报改革方案，其改革的力度与广度是史无前例的，其改革的序幕才刚刚开启，为了使上海国资国企改革稳定健康发展，应尽快建立新闻发言人制度，每周一次定期定时进行发布；大道不通则小道盛行，尽最大努力使有关上海国资国企改革的消息进入规范化发布的渠道，及时使各种流言、各种有意无意真真假假的消息以及各种猜疑消弭于无形。这不仅有利于国资国企改革的顺利进行，避免产生因不实信息造成的波动，而且有利于股市的稳定。无可否认，国资国企改革为股市增添了新的题材和活力，而股市的稳定也将会促进国资国企改革的顺利进行，二者是相辅相成的，国资国企改革的任何信息都与股市的波动唇齿相依。而建立新闻发言人制度无疑有助于股市的稳定健康发展，有利于保护广大投资者的利益，有利于增进广大投资者对国资国企改革的信心。国资国企改革是件利国利民的大事，必须从大处着眼、从大处着手，当大事来办；必须体现出上海国际大都市的大家风范。而建立新闻发言人制度，不仅能使上海国资国企改革步入更加规范的轨道，也体现出上海在国资国企改革中的法制化意识和国际化意识，同时又能为全国各地的国资国企改革作出一个规范化的表率，更重要的是使国资国企改革与资本市场在规范化的轨迹上有机统一。值得一提的是，在国资国企改革中还应慎重地处理相关公司的停牌与复牌，切莫不分信息轻重就以停、复牌来显示行为规范，这将使相关公司和相关投资者受股价波动之累。在没有实质性的改革动向时应坚持不采取停、复牌措施，这样有利于投资者对信息的判断与分析。

可以相信，上海国资国企改革将真正迈出国际化、法制化、规范化的步伐，将真正产生出具有国际竞争力的公司，将真正赋予国资国企以新的生命力，将真正体现出上海的风度、气质和水准。

26. 中国股市的报春花

——上海的国资国企改革

2014年以来上证指数从2 112.13点开盘,至4月24日2 057.03点收盘,近四个月下跌了55点。尽管此期间在政策上有"国六条"的利多因素,有暂停新股发行的缓冲因素,有沪港通的刺激因素,但大盘依然弱势难改。上证指数2 000点上下百点的徘徊,似乎成了亿万投资大众不解的心结。据外媒报道,世上没有只跌不涨的股市,但A股似是个奇葩。数据显示:有可比数据的1 063家上市公司股东数创下2010年来的新低,有735万股民离场。打开盘面,除了地量复地量的惨淡人气之外,大批个股全沉沦在绿色的熊气中。然而,就在冰封雪飘的七年熊市之下,进入2014年后的中国股市终于冒出了一丛报春的梅枝,这便是上海国资国企改革板块。

十八届三中全会后,对中国股市最具影响力的便是国资国企改革,而上海便是表率。笔者细读十八届三中全会《决定》之后,认定2014年的投资策略便是集中投资上海国资国企改革的股票,明确表示,对大盘股看而不动、静观底部确认;对创业板避而不看,坐观顶部回落;对上海国资国企改革板块攻而不退,笑享改革红利。现实证明,这一股市生存之道是有效的。从2013年年报显示,一大批航运、钢铁、资源国企成为十大亏损王。锡业股王(000960)每股收益为-1.27元,豫光金铅每股收益为-1.92元,云南铜业每股收益为-1.06元,重庆钢铁与祥龙电力每股收益分别为-1.25元和-1.38元。与此相对应的是一批大盘股纷纷创出历史新低,盘江股份的股价从2011年3月的40.1元跌至2014年3月的4.96元,宏达股份的股价从2007年9月的83.88元跌至2014年4月的3.8元,山东黄金、中国平安、南方航空、武钢股份、宝钢股份、福建高速等均创出历史新低。更可笑的是,在市盈率仅5倍的个股中,挤满了13家上市银行。其中工、中、交、建四大行市盈率分别为4.58倍、4.63倍、4.45倍、4.61倍。中国股市七年的熊市将估值体系彻底打垮了,大盘股失去了蓝筹的成色,成了重灾区。

创业板在2013年可谓占尽升级版的春色,创业板指数从700点劲升至1 500点之上。然而进入2014年似乎风光不再。在年初至今的4个月中,跌幅超30%的298只个股中,创业板与中小板各占100个以上。其中启源装备(300144)、华策影视(300133)、天喻信息(300205)跌幅高达44%以上,易联众(300096)、安科瑞(300286)、爱施德(002416)跌幅均在40%以上。而今在IPO即将启动的冲击下,创业板中三大市值最大的公司乐视网、华谊兄弟、掌趣科技也开始高位回落,今年以来跌幅已达30%以上。显然创业板在获利回吐和新股发行的双重冲击下，需要一个调整的过程。正是在这样的背景下，上海的国资国企改革如迎寒而开的梅花，一枝独秀。

上海国资国企改革板块分为公共服务类、功能类、竞争类共计 73 家上市公司，这就意味着你在沪、深股市 2 600 家中缩小了 97%，这就意味着市场 6 200 亿元存量资金可以放弃 20 余亿元的大盘股、可以放弃近 1 万亿元的创业板、可以放弃 2.7 万亿元的中小板。而有效地推动 6 000 亿市值的上海国资国企板块，在 73 家上海国资国企上市公司中，如果你再集中选择竞争类的具有壳资源的集团公司、具有大量优质资产的、在股价走势中已体现出有增量资金加入、底部放量、走势强于大盘的个股，那么你资金的有效性便更能集中体现出来。客观而言，只要仔细分析上海国资国企的盘面变化，就不难发现主流资金的动向。资金的逐利性和敏感性在股市中最能得到体现。今年以来越来越多的基金、券商等研究机构将上海国资国企改革列为 2014 年的投资重点，对上海国资国企改革的意义及其对投资价值越来越有新的认识。因为上海的国资国企改革不是普通的传统的 ST 重组，不是一种对资产的量的堆积，而是一种质的飞跃，是一种民资与国资的混合、内生与外生的结合，是一种对管理机制、经营机制和激励机制的巨大变革。其通过国资国企改革后的上市公司将是具有市场竞争力及国际竞争力的公司，其价值空间被大大提升，而随之价格空间也将大大提升。所以对上海国资国企改革的投资是一种长短线结合、价值投资与价格投机兼具的最佳标的，这是一次历史性的改革红利，是一次难得的历史机遇。《上海证券报》发文《国资改革是 A 股转强的源动力》，观点鲜明、言简意赅。文中指出，今天国资国企改革彻底去行政化以及混合所有制的战略方向，嫁接资本市场的整体上市是蓝筹股的一次脱胎换骨的转折，这将成就 A 股新一轮大牛市真正的源动力。

无可争议，上海国资国企板块是一枝凌寒独自开、为有暗香来的梅枝，是一朵俏也不争春、只把春来报的梅花。

27. 对上海国资国企改革股停牌的几点建议

　　2014年以来，随着上海国资国企改革的步步推进，因重大资产重组或重大事项而停牌的公司越来越多、越来越密，尤其是3月和5月被停牌的上海国资国企改革股分别为8只和9只，目前仍被停牌的个股达15只之多。这一方面表明上海国资国企改革正紧锣密鼓地展开，另一方面也表明上海国资委正力求在国资国企改革中达到信息规范和市场公正、公平、公开。然而，国资国企改革毕竟不同于ST重组，而是对经营机制的升华、对管理机制的提升，是优质资产走向国际的伟大变革。所以在信息披露和管理制度上也应该有所改革、有所创新。如果只是简单地使用停牌与复牌的方法来达到信息规范，似乎有所偏颇、有失公允。

　　国资国企改革是一场伟大的经济变革，必须让更多的投资大众参与其中，而不是简单地买卖股票；必须调动绝大多数投资者的积极性，发挥绝大多数投资人的智慧，共同推进改革的进程，而不是靠少数人、靠几个相关单位的主要CEO决策。在国资国企改革中，既要照顾战略投资者的利益，又要考虑国有资产不能被流失，那么只有让更多的股东和投资人参与，才能加强监督和评估。

　　因此，对停牌的第一个建议是：信息相对具体化。不要以重大事项或重大资产重组等寥寥几个字告示投资者了事。在停牌公告中应写明与某单位正在洽谈某事项，写明集团公司的总体思路、有关优质资产注入的大致内容以及对企业经营主业和经营业绩的影响，实事求是地写明谈判中的利弊得失，让市场去作出抉择；同时应写明对重大资产重组或重大事项成功的概率和风险的概率，让被停牌的投资者基本做到心里有数，并可以发挥智慧为企业的重大事项和资产重组提供有益的建议，使他们真正成为一名股东，真正行使股东的权力。而不是那种停牌之后便一眼抹黑，是祸是福只看博彩，只有在停牌到复牌的时间段中提心吊胆、愁肠百结，成为关在重大资产重组门外的一个无奈的孤独者。

　　第二个建议是：停牌、复牌切忌草率处理。在资本市场中停牌与复牌对于上市公司而言是一个重大的信息披露手段，是容易对企业股价产生重大影响的因素。对于市场而言，停牌股的扩大意味着市场活跃因素的缩小，意味着主动性交易资金的减少。就目前而言，二十余只个股（包括在上海股市中非上海国资国企股）初步估算约1 882.5亿元市值被封闭、1 400亿元可流动资金被搁浅，这无疑使低迷的市道更进一步减少活力。而对于投资者利益而言，停牌意味着交易成本的变化。停牌并不一定表示复牌后的涨停，风险与机遇在停牌中同时存在。如东方明珠与百视通3月22日停牌收盘价分别为12.6元和35.64元，3月31日复牌股价分别出现连续3天的下跌，分别跌至10.28元和29.55元。这不仅使持有个股的投资者增加风险,也使市场为此受到牵连,整个上海国资国企板块出现下跌。如今此二股又于5月29日停牌,是否被市场认同,还需观察。可见在国资国企改革中个股的停牌与复牌是必需的,但必须慎重。因为这一改革直接与敏感的资本市场相连接,同时停牌与复牌尽量做到有序推进,成熟一个推出一个,真正给市场有一个正能量的效应。

第三个建议是:停牌必须从企业国资国企改革的实际需要出发,从企业实际的进程出发,而不是根据市场的股价走势决定。目前市场有种误传,说是只有股价下跌时才可能停牌。这是一种极为错误的认识,如果说股价在停牌前炒高有可能是消息泄露、内幕交易,那么股价在停牌前下跌难道不可能是少数人有意压低股价造成国有资产流失、造成国有资产贬值吗?是否存在违规的信息披露和内幕交易,这应该以证据说事、由法律处置,不能仅看股价的高低,以股价走势的表象来认定信息披露的规范未免是一种形而上学的草率。其实股价走势的强势是市场投资人对该股的预期,一些质地优良的公司在国企改革中更上一层楼、强强联合,理应有更好的预期。如果只有在重组成功或重大事项成功之后,股票复牌才能放开股价的涨跌,那么市场不得不怀疑,在重组和重大事项中是否有国有资产贬值和流失的嫌疑,因此应该将股价走势完全作为停牌的决定因素,不能将市场行为与企业行为等同起来。市场远比企业复杂,股价的高低强弱不仅存在反面因素,也存在正面因素。国资国企改革需要资本市场,就应该充分让市场说话。当然股市也需要国企改革,也应该使国资国企改革更规范、更健康地发展。因此一个良好的市场,其股价应该是真正市场化的、真正能反映企业发展的良好预期的、真正具有合理估值的,而不是在股价上掺杂着人为的刻意的成分。

目前上海国资国企改革已进入一个关键时期,一个引领全国的国资国企改革充分发挥正能量的时期,所以上海的国资国企改革担子更重、步履更艰。上海的投资人乃至全国的投资人都殷殷期望上海的国资国企改革步子更快一点、眼光更远一点、力度更大一点,尽快推出国资国企运营平台,尽快建立新闻发言人制度,尽快产生几个对全国乃至全球具有影响力的典型,使上海国资国企改革不仅成为上海股市的热点,而且成为整个中国股市的热点。为此上海国资国企领导小组不妨深入资本市场倾听股市中人的意见,以开拓思维,使上海国资国企改革与资本市场有一个有机的结合。这不仅有益于改革向市场化、国际化推进,而且也会使国有资产获得更加合理的保值升值,使国资国企改革真正成为多数人关心并参与的改革,使每一次停牌和复牌均成为信息规范、利于稳定、推进改革的举措。

28. 上海国企板块何以弱势连连

　　5月12日正当市场微微转暖的时候,央行的定向降准、六月难现钱荒、上证指数2000点一线产业资本的增持、IPO发行预期明朗,以工商银行、新华保险为代表的权重蓝筹股已开始企稳向上,大盘K线也出现四连阳的态势,等等,使投资人的多头思维开始慢慢地活跃起来。作为2014年的重要热点,上海国资国企改革板块中海博股份恰逢此时复牌,市场普遍认为海博的重组对提升公司价值有重要意义,因此复牌时上涨的概率极大,并可能由此带动整个上海国企板块,产生一波上升行情。然而出乎人们意料的是,开盘即直奔跌停,172万股实实地压在8.35元的跌停价上。于是数十只上海国企纷纷成为城门失火下的池中之鱼。友谊股份、第一医药、强生控股、华贸物流、双线股份等分别下跌5.99%、3.95%、3.53%、3.42%和3.33%,整个上海板块弱态毕现、熊气笼罩。相反以北新路桥、新疆众和为代表的新疆板块,以宝硕股份、乐凯胶片为代表的京津冀板块却风起云涌、涨势惊人。这种冰火两重天的格局让众多投资人迷惑不解,让整个市场强弱难辨。人们不禁要问,上海国资国企改革怎么了?

　　上海国资国企改革早在2013年12月出台的"上海国资国企改革20条"中就明确指出,将重点发展新能源汽车、高端装备、新一代信息技术、新能源等有一定基础和比较优势的战略新兴产业。然而,停牌了两个半月后复牌的海博股份一级重组公告,宣布获注大股东光明集团80亿地产资产。而农房集团则借此实现曲线上市。这一重大事项的改革完全出乎市场意料,原本以为海博将重视冷链和物流,而今却变成了房地产,其重组价值似乎打了一个大大的折扣。于是复牌当日市场便以脚投票,在其带领下,市场对国企改革的预期也相应打了折扣,随之出现的是跌声一片。客观而言,尽管上海国资国企改革正踏实推进,尽管被停牌的公司已有15家之多,但是从资本市场而言,尚未有一家产生提升效应。即使有金丰投资一家从2013年6月停牌至2014年3月复牌,也开始在7个涨停后持续回落。目前已从最高价11.22元跌至7.78元,其余都出现复牌即下跌的状况。这一状况从东方明珠3月31日的复牌、三爱富6月9日的复牌已初露端倪,只是没有引起有关方面的重视,从而产生了海博复牌的再次跌停。平心而论,上海国资国企改革并非没有好的项目,如三爱富的重组将是加码氟化工的核心业务,规划到"十二五"末将建成跨区域、多元化、有竞争力的国内一流、国际知名的氟化工企业,其本次重组就是向新材料方向发展,其未来的价值是不言而喻的。然而这样一个重组却得不到市场认可,其原因是上海国资国企改革还没有真正与资本市场结合。如果三爱富重组方案公告后,有资本市场的行业研究所及机构调研作深入分析,那么其复牌后必定会产生具有正能量的上升行情。显然上海国企改革与资本市场上的上海国企改革板块并未形成合力,似乎是敲锣卖糖、各干一行,缺乏沟通、缺乏联系研究。这种脱节无疑是造成上海国企改革板块失去主流资金青睐的重要原因。对于上海国资国企改革,既然常需要发挥资本市场的资产优化功能,就应该邀请资本市场的主流资金进行共同研究,并与证券媒体密切配合,调动各方面的合力融为一体,而不是国资委国资运行一套、股市的主流资金又是一套,证券媒体也是一套。看似为了规范信息,实则削弱了国企国资改革的实力,这种一方面国资国企改革频频推进、热热烈烈,另一方面资本市场弱势连连、跌声一片的现象是值得相关方面反省深思的。

上海国资国企改革板块之所以弱势连连,还在于信息不透明、不规范。笔者曾一再建议上海作为全国国企改革的表率,理应成立新闻发言人制度,显示其领先的风范和气质,及时地将上海国资国企改革的信息向上海乃至全国发布。然而,尽管上海的国企改革步伐在层层推进,但是始终没有建立新闻发言人制度。这就导致了上海乃至全国的投资者十分关注的上海国企改革进程只能通过停牌与复牌去猜测和分析,这就造成了大道不畅、小道肆行的局面。各种消息通过各种渠道、经过各种头脑,又通过各种口舌在股市中散布,真真假假、迷迷雾雾,使投资人始终处在将信将疑之中。信心难以坚定,希望难以明确,一切全在不确定之中,这就造成了股价的大幅波动。行情好时满天云霞、晴空万里;行情一有风吹草动,便风声鹤唳、杯弓蛇影。这种动荡不稳的心理因素便产生出弱势连连的上海板块。

目前上海国资国企改革正进入深化阶段,中央及全国都对此寄予了厚望。因此,上海的国资国企改革必然更好地与资本市场结合,通过资本市场的优化配置功能,更好地推动改革进程、更好地建立上海国企改革的形象、更多地吸引全国各地的资金为改革服务。上海国资国企改革必须不断总结完善进程中的问题,使之真正成为全国各地的表率,使上海国企板块真正成为中国股市的主流热点。

29. 上海国企改革板块的八大优势

在 2013 年的年尾行情中,最吸引投资人眼球的莫过于上海国企板块。据同花顺地域指数统计显示,上海指数自 11 月 14 日以来 22 个交易日中仅出现 5 根日阴线,其余 17 根日 K 线全为阳线,尤其是上海国企改革板块不仅成了沪深股市的人气及大盘强弱的指标,更成为十八届三中全会改革红利释放的信号。据东方财富通软件统计,12 月 10 日整个上海板块当天上涨 44.4 点,为所有地方板块上涨幅度第一。

上海国企改革板块之所以成为近期各路资金追逐的对象,种种迹象显示,不仅公募基金频频现身,上海国企、华夏基金、中邮基金、汇添富旗下多个基金均率先进入上海国企股东名单,而且一些颇具声望的资本大鳄,在二季度便开始潜入上海国企,这是因为资金的逐利本性已开始向价值洼地流动。而上海国企改革板块便是当前最具投资价值的标的,因为其具有八大优势:

第一,上海国企改革是全国改革的前哨阵地。20 年前中国改革开放的总设计师邓小平首次拉开改革开放序幕时,上海的浦东板块率先启动并成为全国的样板。如今习近平推进第二次改革,上海自贸区又首先成为全国的样板区。有了这两次改革的大背景,无疑使上海国企改革成为全国的表率和旗子,因此更具备改革的正能量。

第二,上海国企在股权结构、经营机制上相对清晰,经营业绩相对稳定。从 2012 年统计数字看,年增长率超 10% 的国企有 24 家,其中连续 3 年保持 10% 增长的有 12 家,但不少属于高资产高收入的传统行业龙头。所以优化资源配置、聚焦新兴产业、纳入非公经济,显得更为迫切。

第三,上海国企改革体量庞大,最具运作空间。上海国企占上海经济半壁江山,所涉行业从机械制造、商业航空、物流运输到乳业食品,面广点多,是仅次于央企的第二大国资体系。2008 年时上海国资总量达 11 500 亿元,占全国国资总量的 1/10。其中上海国有控股上市公司达 72 家,实际控制人为上海国资委的有 53 家、为区国资委的有 12 家。以 2013 年中报统计,总资产在 10 亿元以上、净资产在 5 亿元以上的有 20 家,囊括上海地区全部 11 家高收入公司。因此,在国企改革上更具合纵连横的空间。

第四,上海作为国际大都市,作为全国经济金融中心的地位,独具优势。上海的地理位置和经济实力以及中央的政策扶持,使其成为世界瞩目的经济商贸中心。世博会的召开、自贸区的设立,使其更具吸引全球资金的魅力,而洋山港的落成、陆家嘴的金融以及智慧城市的建设,无疑将受到全球资金的青睐,将使大批跨国企业和全球500强企业向上海集中。这将有力地推动上海的国企改革进程和改革的品质。

第五,按三中全会精神,地方国企改革先于央企改革,而上海国企改革又先于地方国企改革。因此,上海国企改革将最先得到中央的支持,也最先在国企改革中受益。

第六,上海壳资源相对简明清洁。由于上海的国企改革早在2008年9月底就开始启动,所以对壳资源企业在人事、业务、财产评估、负债清理等方面早已着手。这就大大有利于引进优质资产、引进战略投资者,更有利于兼并重组。

第七,上海国企改革的上市公司经历了长期的市场竞争,更经历了六年的熊市,目前股价大都在10元左右,有的仅在8元以下,具有低价优势,这不仅降低了兼并重组的成本,更打开了国企改革后的价值上升空间。

第八,上海国企改革脉络清晰,又有2008年首次国企改革发展的经验,所以本次改革完全不同于前次以行政性捏合为主要方式的集团整体上市,而是将改革重点放在市场,使国有企业真正成为公众公司和国际化公司。今年2月上海对上海国企进行重点调研,将深化国企改革作为创新驱动、转型发展的重要任务。在初步摸清国资家底后,将在12月中旬正式出台国企改革试点方案,并确定在2015年完成目标。

近阶段各路资金正云集上海,群雄逐鹿。从盘面看,尽管量能强弱各有不同,但均有"小荷才露尖尖角、早有蜻蜓立上头"的预兆。在上海国企60余家上市公司中,究竟谁是企改的重点,哪家公司最具投资价值呢?这是难以猜测的。从资产重组角度分析,最具潜在价值的上市公司,其决定因素取决于置入资产的含金量,能否成为跨国公司,能否成为国企改革的标杆性企业,其决定因素就在于优质资产的主角是谁。如果像马云的阿里巴巴,像百度、腾讯、盛大等世界著名网络公司,或是像世界500强类的企业进入上海国企改革,那么越具有精彩故事的上市公司也就越可能实现梦想。虽然这是一个未知数,但是这类被重组的国企,更多产生于具有以下几点条件的范围:(1)属于竞争类企业而非属于公益类和功能类企业,因为只有竞争类企业才是以市场为导向、以企业经济效益为最大化目标的企业。(2)属于不符合上海未来城市功能定位的。上海属于经济、金融中心,所以一些落后的高耗能低效益的行业必须被淘汰,而这类企业将首先是改革对象。(3)国资在大股东中排首位并控股30%以上的。因为只有国有控股占主导的公司,才能引入非公资本,建立混合所有制。据统计,上海国资控股的A股有66家,分别为上海电气94.4%、上港集团91.1%、上汽集团84.5%、技光股份77.2%、上海医药76.1%、东方创业74.2%、上海建工73.8%、光明乳业71.1%、外高桥70.8%、上实股份70%、耀皮玻璃68%、陆家嘴67%、双钱股份67%等。(4)不含B股的公司。因为国企改革最后必须经过股东大会通过,B股的股东较为分散，各种观点也较为复杂，可能会增加改革的难度。（5）近期股价未见异动。如果该股频现暴涨暴跌，就会被误读，就会产生信息披露内幕交易上的嫌疑。具备这个条件的公司，其被优质资产注入的可能性就相对较大。

如果说2013年是创业板的牛市年，那么从2013年年尾开始，上海国企板块将可能成为衔接新旧两年的牛气板块。

30. 似雾似雨又似风的 IPO 预披露

中国股市 23 年来在制度改革上最频繁、最反复、最缺乏成效的莫过于 IPO 新股发行制度改革，几乎每届证监会新政都将新股发行制度的改革列入议事日程，2014 年更是新政频出。首先是新股申购方面，沪深二市形成分割的两地，持深市股票者可申购在深市上市的新股，在沪市上市的新股必须持有沪市股票市值者方能申购。由于发行的新股以创业板、中小板居多，结果造成申购者抛卖沪市股票、换买深市股票。更由于申购新股必须足额交款，结果不仅造成股票大挪移，也造成资金大挪移，投资者往往新股未能申购到，而所买的股票却再次套牢，可谓劳民伤财。而今为了照顾沪、深二市的交易失衡，又改变新股发行地的配额，这不仅使投资者再来一次折腾，而且使发行企业在"转会"中重新建立各种联系，同样产生了又一番折腾。这种反反复复、换汤不换药的"改革"使投资者的希望和信心逐步减弱。

其次是 IPO 企业的预披露制度。按照证监会最新首发企业审核流程，从接收材料到拿到核准批文需要经过 9 个主要环节：受理与预披露→反馈会→见面会→预先披露更新→召开初审会→发审会→最后封卷、会后事项及核准发行，这 9 个流程中两次提及预披露。毋庸置疑，预披露是信息透明、市场公正公开的重要措施，其作用是不言而明的。问题在于预披露究竟要告诉投资者什么、要向市场表明什么，预披露与正式发行究竟什么关系，与市场的供求空间有什么实质性的关联？今年 4 月 18 日起至 28 日证监会网站连续出现 7 次预披露企业，且连夜工作，平均每个工作日披露 20 家。这种高效率的工作在市场看来是快节奏的新股发行。于是上证指数从 18 日的 2 099.64 点直落至 1 997.64 点，7 根日 K 线只有 1 根为阳线，其余皆为阴线。尤其是 4 月 28 日在不停息的预披露之下，市场产生一种难以承受的压力。于是恐慌之下，各板块均绿、题材股皆黑，600 余家个股跌幅超 5%，87 家个股一下倒在跌停板上，创业板暴跌 2.68%，原先一直处于弱势的沪深股市再次以长阴报收，七年熊市依然熊市，2 000 点左右的挣扎依然是 2 000 点的原地挣扎，680 家排队待审的企业像堰塞湖一般压得市场喘不过气来。

预披露何以似雾似雨又似风呢？因为预披露必须适应市场的实际需求。目前市场对预披露最关注的是 IPO 的实际发行数量、IPO 发行的具体日期。既然预披露有效期为 6 个月，那么在 6 个月难以进入发审委的就不必预披露，投资者也不可能有精力看 6 个月以后再上市的招股书。证监会应该明确发行与预披露的关系，在明确每月发行新股的数量之后，同时预披露相关的企业数，使发行数与预披露基本一致。这样预披露的企业该是风便是风、该是雨就是雨，市场不必在雾里看花,更不必在雾里迷失,完全可以避免一大批的预披露企业不知哪家该看、哪家不必看,也可以有的放矢地对即将发行的公司多加关注。之所以市场对预披露产生恐慌,并不是投资者过度的误读,而是在于信息的不透明。尽管预披露给了市场一个充分了解的时间,但是更多是让投资者在不明确发行日期和数量的情况下,心中产生莫名的压力。680余家待发行企业像悬在市场顶上的达摩克利斯之剑,投资者不知具体的发行节奏,不知道每月每周的发行数量,而连夜工作的预披露名单又像迷雾般给市场一种IPO大军压境、兵临城下的感觉。于是本已脆弱的市场便草木皆兵、杯弓蛇影起来,恐慌盘大量压出,造成了沪深股市一次又一次的暴跌。

当前股市已处于弱不禁风的阶段,管理层的每一项举措都必须慎之又慎,都必须像爱护病人一样细心照顾体质虚弱的投资者。中国股市能否稳定健康,不仅关系到能否发挥融资功能和资产优化配置功能,也关系到国家的金融安全,尤其在当前更关系到国资国企改革能否顺利推进。上海已明确提出推行混合所有制,实现集团整体需要,通过资本市场平台来运作,即通过资本市场来定价、来确定战略投资者。显然中国国资国企改革赋予了中国股市更高的历史地位和更重要的使命,因此新股发行制度的改革绝不是一件小事,是牵一发而动全身的大事。而预披露的制度必须拨开迷雾,与实际的新股发行相适应,使整个发行新股让市场有一个明确的透明度,有一个整体市场供应平衡的分析标的。只有投资者对新股发行心中有底了,市场也就有底了,而所有这些关键在于证监会必须心中有底。只有证监会心中有底,才不会使IPO新政出现似雾似雨又似风的迷象。

31. IPO改革必须突出改革的"惩"、"限"、"度"

在中国股市二十余年的改革发展中，IPO的发行制度改革是最频、最难的，似乎每任管理层变动都会接手这道难题。从股市初期的审核制逐步过渡到核准制，再到目前的保荐人制度；从机构与个人的报价询价，到网上网下的申购；从发行人与承销商协商定价，到向基金公司和个人询价；从全部向公众发行到市值配售，几乎十八般武艺都用上了，然而问题不仅没有解决，相反越来越复杂。新股发行所产生的对上市企业过度包装问题，发行价格虚高问题，上市企业业绩变脸问题，"大小非"、"大小限"问题，投资者被套问题，依然居高不下。所以投资大众每每在IPO重启之际，风声鹤唳、如临大敌。为何长期以来中国股市的新股发行制度改革难以见效呢？其根本原因是新股发行的主旨发生偏差，是新股发行为谁服务的方向出现偏离。如果没有抓住这一根本，仅从方式上进行变革，那是舍本求末，越是努力，释放的负能量则越多。笔者认为一切变革创新均必须真正从保护中小投资者利益出发，从促进资本市场健康发展的大局出发，这才是真正的改革，才是具有正能量的改革。

在摆正IPO发行制度改革的方向之后，就有了释放正能量的源泉，就可以从保护投资者利益出发，首先对新股发行的过度包装问题采取有力措施。除了要求信息公开、发行公正公平之外，最重要的是必须对弄虚作假者突出一个"惩"字。国际成熟股市的经验是，企业申请发行上市之门相对较宽，可谓"进门容易"，但是一旦发现企业上报材料有虚假问题，就会处以查封资产，赔偿投资者损失，大股东将可能受到倾家荡产的严惩，对虚假者的惩罚将不仅以民法处之，更以刑法进行严处，此所谓"出门难"。而中国股市往往相反。企业申请发行上市时，又是审批又是核查，于是企业左包装、右包装，其实往往是在求实的幌子下产生权力与腐败的交易，大大小小的鬼神都必须烧香磕头、方方面面的"门槛"都不能得罪，这便是中国式的"进门难"。一旦发行批准到手，融资者的真实嘴脸便暴露无遗。所以新股发行体制改革的重点之一必须放在对欺骗投资者的行为处以重罚，大大提高弄虚作假的成本，方能使作假者遵纪守法、实事求是。

其次在新股上市后，必须突出一个"限"。在大量的融资到手后，能否继续促使大股东保持发扬"改革创新"精神，还是"一旦钱到手，创新变创富"。为什么不少中小板、创业板企业上市不久就业绩变脸，不满一年就开始高官辞职等待抛售，其原因就在于上市的目的不是为了对投资者的回报，而是使自己早日成为富翁。200余家创业板企业产生了642个亿万富翁，造就了101个十亿万级富翁家族，往往成了创富的重大诱惑。资本市场不拒绝富翁，而是痛恨以融资为手段将创业变为创富的投机者。所以监管机构必须突出一个"限"字,限制大股东一股独大的比例,在股本结构上,大股东持股比例中必须有70%为优先股,不准流通,只享受分红,所有原始股东均必须在持股比例中以70%作为优先股,与企业捆绑在一起。融资是为了企业的发展,所以原始股东必须绝大部分股权与企业连在一起,而不是与个人连在一起。其次,在大小非解禁方面不仅要限时,还要限价。在企业经营业绩出现亏损、下降时,大小非即使到了限定时间也不能抛售。其股价必须高于发行价和高于发行后的每股净资产方能逐步解禁,真正使大股东与投资者祸福共担,使创业者始终将发展企业作为主要目标。

其三是新股发行必须讲究一个"度"。所谓"度"就是新股发行的速度必须与市场承受的力度相平衡。市场的健康发展关键在于平衡,从市场机制角度分析,供求平衡方能健康稳定。中国股市已有二十余年历史,但是至今尚未建立科学的供求机制,监管机构必须了解市场每个阶段、每个时期究竟有多少资金,可以与多少股票取得供求平衡。就目前而言,必须了解现有的市场规模、现有的大小非解禁与现有的存量资金和增量资金的比例。当供过于求时,资金不足,大盘走势必然会向下寻求平衡,新股IPO重启必然会增加供的力度。如果"求"的一方资金不足,难以承受压力,那么势必产生下跌。在粥不增加的前提下,和尚的数量增加一倍,那么每人一碗只能变成每人半碗。所谓在新股发行中的科学发展观,就是对新股发行的压力与市场资金承受的能力能够较好地平衡把握,在不断增发新股的同时不断开拓增量资金的渠道,这样股市就不会因失衡的扩容而暴涨和暴跌。

新股发行是一个健康的股市十分正常的功能。只要管理层将保护投资者利益放在首位,突出"惩"、"限"、"度"三个字,那么IPO就一定会从负能量转变为正能量,就一定会促进中国股市的稳定发展。

32. IPO 开闸前的裂变

2013年12月2日至2013年12月6日,这一周应该是中国股市历史上值得记载的一周。因为这一周中,沪、深股市发生了IPO开闸前最深刻的裂变。这周的首个交易日,沪深A股市场2 463个股票中有423个跌停,占比17%。其中创业板355个股票中有221个跌停,占比62%,创下创业板有史以来最大跌幅8.26%。这一天中小板指数跌幅为4.83%,上证指数与深成指的跌幅分别为0.59%和1.94%。虽然上证指数与深成指跌幅不大,但二市的振幅却高达2.7%和2.8%。这一巨震不仅令国内投资者惊慌失色,也引起中外震惊,成为海外传媒的醒目标题。

从历史上看,中国A股市场在新股发行方面已经历了8次暂停和7次恢复发行。尽管在IPO开闸后也出现过5次下跌、2次上涨,但均未这次反应剧烈。其原因在于这次是以改革方式重启,是从审核制向注册制过渡,并同时推出优先股获准试点、不允许创业板借壳上市及推动上市公司分红三项新政;更在于这次新股开闸是在十八届三中全会决定公布之后的市场化立体式改革;又在于这次新股开闸是在上证指数从2007年10月6 124点持续调整六年后依然在2 200点一线低位徘徊的市况下,是在创业板走牛、主板走熊的结构性分化的背景之下发生的。因此,这次市场的巨震应该属于预料之外、情理之中。

新股正式开闸将在2014年1月,预计约首先有50家企业开始陆续上市,然而本周的市场却开始持续性地裂变。首先是创业板指数持续下跌,从11月29日的1 369.12点跌至12月5日的1 200.46点,短短5个交易日下跌12.3%。且跌势尚未企稳,335个创业板个股开始剧烈分化,原先的强势牛股直奔熊途。乐视网、掌趣科技、奋达科技、天喻信息、潜能恒信等连续暴跌。更奇特的是,百圆裤业在基本面未重大利空背景下,从26.97元跌至17.68元,跌幅达34.4%。一度作为高送转概念的云意电气、同大股份等也出现20%的跌幅。一些高位接盘的基金由盈变亏,一些骑牛做梦的投资者梦醒苦生。然而在创业板多数走弱情况下,也有不少个股强势依旧,如天龙光电、鼎汉技术、金利华电、富瑞特装等,其原因就在于业绩的增长和高成长性。显然裂变的核心是以估值为分水岭的。

与创业板指数持续走弱相反,上证主板却乘风而上,在12月2日大幅震荡之后稳步上扬,12月6日竟冲破2 250点的阻力位升至2 260.87点。以中国平安、长江证券为代表的保险、证券股走强。在主板企稳的平台上,以东晶电子为代表的蓝宝石概念,以亚盛集团、北大荒为代表的农田流转概念,以海博股份、中海集运、华贸物流为代表的运输物流概念,以中国建筑、安徽水利、浦东建设为代表的工程建筑概念,以上汽集团、宇通客车为代表的新能源汽车概念,以中海集运、中海海盛、中海发展为代表的海运板块,以国电清新、南风股份、创元科技为代表的空气治理板块,以海螺水泥、巢东股份、新疆城建为代表的新型城镇化板块,以及在工信部向中移动、中电信、中联通三大运营商正式颁发CTE/第四代数字蜂窝移动通信业务经营许可之下,4G网络板块轮番出动,此起彼伏,大有"不在低迷中死亡,便在低迷中爆发"的冲动。而其中尤以上海国企为代表的国企改革板块最为典型。

上海作为全国国企改革的龙头,将作为贯彻落实三中全会国企改革的表率,即将公布国资改革方案的66家上海本地股将在并购整合中成为热点,将重新排位,逐步列入上海生物制药、文化传媒、汽车装备、电子通信、环保治理、交通运输等九大领域的发展重点。除进一步在推进国企成为公众公司之外,国企的跨国经营参与全球资源的配置也列入其中。因此,上海国企改革从历史现状分析可分为三大类。首先是行业整合类,如在轿车出租上,强生控股、锦江投资、大众交通、海博股份,四家公司占上海整体出租车业70%以上份额,可以考虑如何归类整合。其次是整体上市类,如上海电气、上汽集团、上港集团、上医集团、东方创业等集团控股分别在94.4%、91.1%、84%、76.1%、74.2%,完全可以通过注入优质资产实现整体上市。其三是壳资源类,上海的壳资源相对清楚明了,鉴于上海属于国际金融文化经济中心的地位,其必须吸引有发展前景的战略投资者,如飞乐股份引入安防一样。目前在尚未公布具体方案的情况下,上海板块的预热已可见一斑。

2014年1月IPO第八次开闸前的裂变同样是中国经济调结构、促转型、稳增长的反映。无论热点如何精彩纷呈,无论创业板与主板走势如何轮动,有一点是肯定的,那便是参与三中全会的改革、分享改革的红利,这便是裂变的核心所在。

33. 群体的弱势与权利的轻薄

——对上海辖区上市公司投资者保护的几点意见

2013年8月15日,上海市证监局召开了上海辖区上市公司投资者保护工作的座谈会。上海辖区的上市公司各有一名投资者参加,有老有新、有机构、有个人,这种形式的会议在上海股市中尚属首次。

投资者保护工作自中国证券市场建立开始,至今已有二十余年历史,但在制度设计、权益维护、监管执法、司法救济、赔偿制度等方面依然不够完善,专项投资者保护立法尚为空白。尽管个人投资者作为我国资本市场的投资主体,但投资者的知情权、公平交易权、分红权、监督权、诉讼权、索赔权等依然十分轻薄。最近证监会将制定投资者尤其是中小投资者权益保护的专门政策作为重点工作之一。这表明中国资本市场管理层在政府职能和监管思路上的重大转变,由重发展向重规范转变,由重融资向投融资并重转变。这对于中国股市健康稳定发展、提升投资者信心具有重要的意义。

在中国股市中,中小投资者始终是市场的重要组成部分,在投资者构成中占重要比例,但是二十余年来始终属于弱势群体。与会者集中反映了上市公司的分红不足、与上市公司联系的电话无人接听、即使接听了也敷衍应付、出席股东大会费用高、中小股东形同摆设、上市公司中报年报文长字小难以阅读、各上市公司网站缺乏更新、各种公告的及时性和真实性不够,等等。所以众多投资者长期陷入沟通难、参与难、索赔更难的境地。

笔者作为一个资深投资者,对上海辖区的上市公司在投资者保护工作上颇多感慨。上海作为一个全国的经济金融中心,作为中国资本市场的发祥地,作为改革开放重点城市和智慧城市,而上海辖区的上市公司在业绩的成长性、行业的景气度、题材的多样性、市场的活跃性等方面却远远落伍。笔者真诚希望上海的监管层、证交所、券商、中介机构以及上市公司都应具备与国际金融大都市相匹配的实力、水平、质地、品位。为此就上海辖区上市公司的监管及辖区上市公司品位的提升谈以下几点建议:

(1)加强和提高投资者的知情权。在上海定期与不定期召开分行业、分地区的各类上市公司与投资者的沟通会、说明会、信息发布会,让上市公司的高层管理人与投资者见面,建立董事长、总经理专门接待日,使投资者真正享受到股东的权利。

(2)建立诚信榜,对上海辖区上市公司在业绩增长、分红派息、投资者保护、信息真实及时等方面定期评比排序,对于位列前茅的诚信优质公司给予在再融资、并购等方面的政策优惠,树立典型,提升上海辖区上市公司的整体形象。如新世界(600628),该公司1993年1月上市,是个典型的老上海商业界代表,二十余年来年年分红派息,总融资为61 922.05万元,总派现为54 290.5万元,二者之比为1∶0.88,在送转9次、派现11次、股本扩张34.45倍的前提下,始终保持业绩与股本扩张同步增长。从二级市场股价走势分析,2007年6月复权价高达1 463元。以2013年7月6.34元的复权价331.09元计算,如果以发行价88元计算年复合收益率达20%,如果以开盘价48元计算年复合收益率达30%,显然这是一家始终与投资者分享业绩成长的优质公司。

(3)对上市公司的网站进行评比,使投资者有一个更直接的信息渠道。

(4)对上市公司董秘进行评比、奖励,改变那种董秘经常换、董秘不知情、不懂法、不重视投资者的旧状。

(5)不定期地组织投资者去上市公司实地考察,与公司管理层交流沟通。

(6)尽快建立上海辖区投资者协会,引入公益诉讼制度和处罚性赔偿制度,减轻中小投资者诉讼成本,提高失信者的赔偿成本。

笔者认为在提升上海辖区监管水平的同时,还应在提升上海板块的价值投资上作出努力,以便吸引更多资金进入上海金融中心。为此建议:

第一,对上海辖区上市公司以新会计准则进行重新评估。如新世界、益民百货、金桥等上市公司,其目前房地产价值已远远高于上市前的评估价。如何使这些上市公司真正反映真实价值,这无疑会大大提高投资者的吸引力。

第二,在上海辖区率先试行优先股的股权改革。上海是国企的集中地,实行优先股制度将大大提升上市公司的活力,也将有力地促进国企的兼并重组,使上海资本市场的改革成为整个上海经济金融改革的重要组成部分。

第三,大力宣传和组织关于自贸区上市公司在经营业绩上的积极影响。让更多的投资者了解自贸区的意义,再次掀起如浦东开发区时的投资热潮。

第四,继续推进B股上市公司的改革。上海是B股的发源地,自1992年电真空发行B股以来,曾发挥了一定的历史作用,如今成了被遗忘的角落。上海共有107家B股公司,先期已有B股转H股、缩股、回购等形式的改革,如今应继续推进,使上海B股改革真正与上海国际金融中心的发展步伐一致。

第五,大力推进股权激励制度,使国企与民企一样具有良好的激励机制。

上海辖区的上市公司有能力成为全国的优胜者,上海辖区的投资者保护工作也能够成为全国的佼佼者。

34. 保护投资者何以如此艰难?!

"保护投资者"这五个字从中国证券市场成立至今已提了整整二十三年了，换了六届的证监会领导，几乎每届都将保护投资者权益提到议事日程。2005年6月国家又设立了证券投资者保护基金，2012年1月又成立了致力于保护投资者利益的投资者保护局。在中国证监会网站的首页顶端十分醒目地写着一句话：保护投资者利益是我们工作的重中之重。然而中国的证券市场的投资大众，却对"保护投资者"这五个字没有感到一种温暖、一种亲切、一种关爱，相反感到越来越远、越来越烦，甚至越来越怕。当保护投资者的口号喊得最响时，似乎听到"狼来了"的声音，最近这种情绪表现得尤为明显。就在2013年12月27日国务院颁布《关于进一步加强资本市场中小投资者合法权益保护工作的意见》之后，就在新任证监会主席在加强中小投资者保护工作会议上发表讲话之后，上证指数持续下跌，从2 120.27点快速下跌至2 000.4点，短短9个交易日下跌120点，跌幅达5.6%，市场怨声载道、骂声不绝。为何投资大众会产生如此严重的逆反心理呢？其关键原因在于脱节，即措施的脱节、思路的脱节、立场的脱节。

一、走进"包子铺"倾听股民的心声

一切真正保护投资者的政策措施均应在走进中小投资者的基层、倾听中小投资者的心声、了解中小投资者的意愿后制定，而不是仅仅通过网站、几次座谈会、几位专家便可以在会议桌上产生的。优先股的政策、中小投资者的真实希望是从存量及增量出发，在存量上改变一股独大，让大股本划出一部分作为优先股，在增量上通过IPO发行，将大股东一开始就改变一股独大的股权结构，使优先股真正起到健全股权结果、减轻大小非压力的作用。然而，期盼已久的优先股政策在公布时竟成了又一个扩容市场，令投资者大跌眼镜、大失所望。新股IPO改革同样是投资者盼望已久，希望能给中小投资者更多机会、更多便利、更多安全。然而IPO新政不仅增加了申购的麻烦，大批中小板、创业板新股只能持有深市股票者方能申购，同时申购者必须足额交款，从而产生了从沪市挪动资金与股票到深市的大迁移，以及忍痛割肉以筹备打新资金的烦恼。而且新股发行份额的60%~70%被机构投资者和超级大户分配到网下申购，剩下30%~40%供9 000万投资者分享。有投资者为打新股，花了20万元买老股，结果新股还未中彩，老股却已在下跌中亏了2万多元。这一新股政策既损害了上海股市，又损害了中小投资者。显然保护投资者不是难在口号、难在讲话，更不是难在闭门造车，而是难在走进营业部、深入到中小投资者当中、放下架子、倾听心声。

二、将投资者置于融资者之上

中国股市二十余年历史，客观而言，是属于融资者的市场，而不是属于投资者的市场，更不是属于中小投资者的市场。尽管机构投资者仅70余万户，个人投资者达1.64亿余户，散户占比达99.4%。这不仅因为融资的数额远远超过分红的数额，更因为管理层的政绩更多体现在20万亿市值、2 400余家上市公司的市场规模上，体现在融资额列全球第一的数字上。股市如果将融资功能作为压倒一切的指标，那么势必像国民经济将GDP列为根本指标一样，必然会产生高耗能、低效率、破坏生态环境的负面影响。而今国家已在经济改革中作为结构调整，那么股市是否也应在立足点上进行改革呢？以IPO改革为例，如果从保护投资者利益出发，就应该注意市场的供求平衡，不能以牺牲市值导致股价下跌、指数下滑来满足融资，更不应草率地将老股转让作为新的方法。国际股市调查证明，老股转让必须区别对象，如果是公司高管在套现，公司的业绩将出现下降，如果是中介机构、非上市公司的内部存量，发行后上市公司的业绩将出现增长。而我们更多的是高管套现，这不仅使资金抽离市场，更使套现的高管失去创业精神，从而影响企业的业绩。显然这次IPO改革还是将融资者的利益置于投资者之上，保护投资者变成了保护融资者。

三、股市稳中有涨才是硬道理

中国股市还不是一个投资市场，95%以上投资者进入股市不是谋求企业的红利回报，不是为了谋求上市公司可怜的分红，而是在于二级市场的差价收益。因为绝大多数投资者不是原始股东，从一开始就是个弱势群体。他们的投资成本均是从二级市场的股价波中计算的，所以关于对上市公司更多分红的收益权，对于参与上市公司的决策权与实际保护投资者关系不大。他们关心的是大盘的涨跌，沪深股市只有稳中有涨，才能使中小投资者脱离从二级市场买入的成本获取收益。可是中国股市已进入第七年熊市，被长期压在熊冠全球的大山下忍受水深火热的煎熬。1.64亿股民及其家庭已成了灾民，已成了弱势群体中的弱势。这种深深被套、亏损重重的痛苦和悲惨，作为保护投资者的管理层能体谅吗？能感受吗？作为如狼似虎的融资者能看到吗？在近七年的重重股灾下，又开始潮水般的新股发行，岂非是落井下石、雪中添霜？

美国股市有句至理名言——保护中小投资者就是保护华尔街。对于我国证券市场来说，保护中小投资者就是保护中国的金融、中国的经济，就是保护中国资本市场的稳定健康发展，就是保护中国投资者实现中国梦。真诚希望保护投资者的各项举措来自于实处、落实到实处。

35. 中国股市属于谁?

从 2008 年全球金融股灾以来至 2013 年 5 月 2 日这 5 年多的时间里,中国股市始终处于股灾之中,上证指数从 6 124.04 点暴跌至 1 664.9 点后,便长期深陷于 2 100 点上下,2012 年 12 月甚至再度跌至 1 949 点,至 5 月 2 日收盘上证指数在 2 177 点徘徊,离灾前高点竟然还相差 81% 的距离。而灾害的发源地美国道琼斯工业平均指数已创出 14 887.51 点新高,比灾害前的 13 279.5 点高出 1 608 点,纳斯达克综合指数已达 3 570.66 点,比灾前高出 34%。欧洲三大指数——英国的富时 100 指数、德国的 DAX30 指数和法国的 CAC40 指数——也不同程度地恢复到灾前水平,瑞典、丹麦的股市还创出历史新高,俄罗斯 RTS 指数也接近灾前最高。看来中国股市不属于欧美股市。

与中国大陆股市相邻近的亚太地区股市中,日经 225 指数从 2012 年以来连拉 9 根月阳线升至 13 983.8 点,距灾前高点仅差 8.3%,韩国、印度、新西兰股市也均接近灾前水平。菲律宾的证券指数和泰国的 SET 指数分别比灾前高点上升 85% 和 86%,即使是中国台湾地区的加权指数和中国香港特别行政区的恒生指数也均恢复或接近灾前水平,看来中国大陆股市也不属于亚太股市。

中国经济自 2008 年以来国民经济 GDP 增速依次为 9.6%、9.1%、10.3%、9.2% 和 7.8%。2012 年虽然国民经济增速为近 20 年来"倒数第二",是 1999 年以来的最低值,但是依然处于全球领先地位,2012 年第四季度已回升至 7.9%。2013 年首季虽然低于预期仅为 7.7%,但是依然高于 2012 年第三季度的 7.4%,依然领先于全球的经济增速,可中国股市却不仅背离于全球的经济环境和金融环境,而且更背离于本国的宏观经济环境以及上市公司业绩的回升,沦落为熊冠全球的重灾区。如果参照中国股市的退市制度,那么沪、深股市近年来的市值缩水、成交低迷等状况也应戴上 ST 帽子,而且应该属于连续三年亏损,有特别风险而被特别处理的 *ST 中国股市。

中国股市在经历了全球金融股灾之后,与全球性复苏完全背道而驰,不仅与欧美亚太拉大距离而且已变得面目全非了,已变得自己不认得自己了。中国银行从 7.58 元跌至 2.58 元,建设银行从 11.58 元跌至 3.82 元,交通银行从 17.08 元跌至 4.07 元,中国石油从 48.62 元跌至 8.38 元,中国石化从 29.31 元跌至 5.75 元,中国中铁从 12.57 元跌至 2.37 元,中国联通从 13.5 元跌至 3.15 元,宝钢股份从 22.12 元跌至 4.07 元,中国铝业从 60.6 元跌至 3.88 元,大唐发电从 45.24 元跌至 3.68 元,中国远洋从 68.4 元跌至 3.27 元且成 *ST 远洋,大量的股票已跌得鼻青眼肿分不清东西南北了。股市的健康稳定的走势不见了,股市的基本融资功能和资产优化配置功能走调了,股市的投资与投机效应变味了,股市的投资理念、估值理论、价值发现全萎缩了,股市的信心、人气都低沉迷失了,原先人头攒动的兴旺成了门可罗雀的冷清凄戚。据新浪网调查,94.28%的投资人出现亏损,其中6.73%的投资人出现50%以上的巨亏。股市成了像毒品一样让人远离的对象,中国股市已经到了不知"我是谁"的境地。

今年首季当亚洲股市强势上扬接近五年来高点时,中国股市前四个月仍下跌4.02%,继续成为全球股市的熊市样板,对此,有人称中国股市如此弱势是境外资金大举做空A股造成的,是外资的恶意所为。结果通过调查发现,境外资金没有做空记录,相反是国内的大批基金纷纷下降仓位。仅以中国建筑为例,2012年底为1 144.45亿股,但至2013年3月底已降至583.56亿股,降幅达57%,可见面目全非的中国股市让一些专家的眼光已看不清了。

中国股市究竟属于谁?如今已不属于中国的政治和经济地位,已经不属于一亿数千万投资大众,而是属于融资者的天下,200余家创业板企业造就了642个亿万富翁,造就了101个十亿万级富豪家族,创业精神被暴富冲刷成创富精神,创业者也不知自己是谁了,创业板在"一股独大"之下也面目全非了,股权分置改革之后造成的"大小非"和"大小限"这两大堰塞湖在全球金融股灾后,一下冲垮了堤岸大量地涌了出来,以一元甚至零的成本以数十倍乃至上百倍的暴利抛售,汹涌澎湃地冲垮了原先制度不健全的中国股市,全流通的祸害将中国股市冲得落花流水、面目全非。2013年有783家公司大小非解禁,计4 352亿股,市值高达22 836亿元,按照2012年5%左右减持公告计算,减持市值也达1 142亿元,这对于2 100点的上证指数又将冲击成怎样一个局面。面目全非的股市也许只能通过DNA鉴定才能确定了。

中国股市属于谁?这是个严肃的金融问题,更是关系到国家安危的问题,中国高层应尽快提到议事日程,中国证券监管机构应尽快推进制度性改革,千万不能仅仅认为是一个股市,而应该意识到这是一个巨大的经济隐患和潜在的金融风险。

36. 灾后选股术

自 2015 年 6 月 15 日起至 2015 年 8 月 26 日,一场突然袭来的股灾将上证指数从 5 178.19 点一下雪崩至 2 850.71 点,跌幅达 44.94%。在经历了 13 个交易周之后,在政府及时出手、国家全力救市之后,中国股市基本企稳。9 月 4 日央行行长周小川在 G20 财长及央行行长会议上指出:目前人民币兑美元汇率已经趋于稳定,股市调整已大致到位,金融市场可望更为稳定。更重要的是,国务院总理李克强在 9 月 9 日出席达沃斯论坛时明确指出:中国资本市场,特别是股市在 6、7 月份发生异常波动,有关方面采取措施稳定市场是为了防止风险的蔓延。现在可以说防范住了系统性的金融风险。客观上从上证指数走势分析,3 000 点到 2 850 点已出现明显的筑底迹象,深成指 9 682 点到 1 070 点也初现止跌企稳的态势。在这次股灾中,跌幅最大的创业板指数也在 1 779 点至 2 000 点走出底部企稳的形态。因此,经历了股灾损失的投资者,不管亏损多少,都有一种扭亏为盈的想法。即使有幸逃避股灾的投资者以及新参与的投资者,此时抄底的欲望也愈益强烈。而灾后选股便成了投资大众最为关注的问题。

一、灾后选股的优势

灾后选股之所以成为灾后投资者最为关注的问题,这是因为灾后的股市更容易赚钱。一场大灾之后,风险被大大释放了,而股票的价值由于股价的暴跌而去除了泡沫,更显示估值的优势。具体而言,可以从三大方面分析:(1)股灾之下,从上证指数看,下跌了 44.9%,不仅使市场整体估值大幅下降,市场平均市盈率已到了或接近 2005 年 6 月上证指数 998 点之底和 2008 年 10 月上证指数 1 664 点之底的水平。更重要的是,在系统性风险释放的前提下,机遇性就愈发显得突出。华尔街投资大师彼得·林奇认为:历史数据告诉我们,即使是跌幅最大的那次股灾,股价最终也涨回来了,而且涨得更高。因此暴跌不失为一次好机会,能让我们以很低的价格买入那些很优秀的公司股票。清华大学苏世民学者项目主任李稻葵在 9 月 9 日世界经济论坛"2015 年新领军者年会"上,有记者问:"针对当前股市的暴跌,对于投资者的建议是什么?"李稻葵回答:"我的信号十分明确,此时此刻在中国的股市上已经有很多的宝贝可以捡了,盈利很好、前景不错,市盈率降到了个位数甚至于更低水平。"他在回答记者股市是否到"底"时指出:按历史可比的市盈率,现在是 17 倍左右,比之于美国差不多,可能会低一点,但中国是增长的经济体,市盈率高一点是正常的、应该的,基本上调整到位。可见当前灾后的股市不仅整体成为价值洼地,而且个股更是价值凸显,是投资者捡宝贝的大好时机。(2)股灾之下难免泥沙俱下、鱼龙混杂,在恐慌之中往往错将凤凰当作鸡、错将宝玉混为石,使一些优质股贬为泡沫股而遭受抛弃。倾巢之下安有完卵,优股、劣股全成了卖出的对象,甚至成为割肉、清仓的对象。有的虽然明知是优质股,但迫于股灾之下的资金压力,只能忍痛割爱。所以此时最容易捡到价值被严重低估的股票。尤其在此次股灾中,据统计跌幅达60%以上的个股达160余个,远远超过大盘的跌幅。在这些超跌个股中,不少是属于"互联网+"和"工业4.0"的行业,还有不少是政策扶持优惠的企业,如节能环保、新能源、智能电网、智能医疗等,盘小绩优,只要你静心、细心,就能寻到未来的牛股。(3)灾后的市场由于人心未稳、热点未明、人气不足、资金紧缺,所以此时的市场一般处于观望的市场、箱体波动的市场。股价的日K线往往小阴小阳、阴阳交替,鲜有大幅拉升和持续拉升的个股,即使是未来的超级大牛股,也往往处于低位吸筹之中。不少机构主力经历股灾之后也往往重新制订投资策略、重新调动资金、重新确认投资标的、重新分析大势趋向,并进行大量的调研。而所有这些使股市处于反复的底部构筑阶段和热点的重新孕育阶段,同时大批的中小散户或被套、或亏损、或心神不宁,因此不敢大胆操作。而一些陆续加入的新股民,也由于市场尚缺乏赚钱效应,所以也不敢盲目投资。而所有这一切都为先知先觉者提供了广阔的用武之地,你完全可以定定心心地去挑选优质股票,完全不必盲目去追涨买入。你只要调整好心态、考虑好资金仓位、分析好投资标的、坚定好自己的信心,就可以从优中选优中寻到未来的大牛股。另外经历股灾之后人们发现,不仅股价便宜了,而且资金更值钱了。原先可以买百股的钱,如今可买翻倍的股,或灾前可买1股的钱变成灾后的1.5股,从而会对钱产生一种更珍惜的心态,使选股变得更慎重、更细心、更有效率。

可见灾后选股是投资的最佳机遇。股谚云:选股不如选时。而灾后为投资者提供了一个最好的时机,如果此时你能抓住机遇、精心选择到真正的优质股票,那么你无疑会获得最佳的收益。对此,投资大师彼得·林奇的一席话无疑会给经历股灾后的投资大众带来很大教益。在《战胜华尔街》一书中,彼得·林奇告诉人们:每当股市大跌,我对未来忧虑之时,就会回忆过去历史上发生过40次股市大跌这一事实来安抚自己那颗有些恐惧的心,我告诉自己,股市大跌其实是好事,让我们又有一次好机会以很低的价格买入那些很优秀的公司股票。

大师的话告诉人们,必须对灾后投资有强烈的意识,对灾后选股更必须有领先一步的信心和智慧。因为灾后的股市为投资提供了最佳的选时之点和最佳的选股之机。

二、灾后选股的条件

股谚云：股灾之后遍地金。这是因为股灾之后，随着股价的暴跌，泡沫纷纷破裂，风险极大释放，整个股市的平均市盈率、平均市净率均大幅下降，整体价值凸现。同时经历了一场股灾之后，人心向稳、人心思涨更为迫切。市场的交易、人气、资金、热点、走势等均变得更为理性、健康与稳定。尤其是股灾之后，不少优质股、潜力股在股灾冲击下往往泥沙俱下、鱼龙混杂，被错杀、被低估，从而凤落鸡群、虎落平阳。这正是机遇的所在。然而，股灾之后遍地是金是一回事，投资人能否灾后掘金是另一回事。就像《一千零一夜》故事中阿里巴巴大盗在进入宝库之后，尽管看到和摸到了大量的珠宝黄金，但因忘记了出门的秘诀，最后只能闷死于宝藏之中。显然，灾后选股并非轻易简单不费吹灰之力，而是需要具备一定的条件。

灾后选股的首要条件是有坚定的信心，要始终相信风雨过后见彩虹。股神巴菲特指出：要坚信股灾和天灾一样，只是一时的，最终会过去。如果没有坚定的信心，在持续下跌、一片狼藉的股市面前，你就会胆战心惊、六神无主。即使发现有含金量十足的优质股，你也不敢买入。在杯弓蛇影、草木皆兵的惶恐中，你没有坚定的信心又怎能去缜密地挑选好股。即使你下决心精心选择了优质个股，但由于信心不够坚定，也不可能耐心持有，一旦遇到股价波动便会患得患失，将优质个股得而复失。而等大盘真正企稳反转又后悔没在低位选股，从而坐失良机。所以灾后选股首先要有信心，坚定选股信念，"咬定青山不放松，任尔东西南北风"。即使选好股后，股价仍会随底部的区间震荡产生波动。但是在有了坚定的信心之后，依然会耐心持股，决不放弃低位选股的机遇。彼得·林奇明确指出："坚定信心是选股成功的关键。"他告诉人们：你也许是世界上最厉害的财务分析专家或者是股票估值专家，但是如果没有信心，你就会容易相信那些新闻报道的悲观预测，在股市恐慌中吓得慌乱抛出，而且毫无疑问这时卖出的价格往往是最低、最不划算的。彼得·林奇语重心长地告诉投资大众：每当股市大跌，我对未来忧虑之时，我就会回忆过去历史上发生过40次股市大跌这一事实来安抚自己那颗有些恐惧的心，我告诉自己，股市大跌其实是好事，让我们又有一次好机会以很低的价格买入那些很优秀的公司股票。可见在灾后选股需要有强大的正能量，需要十分坚定的信心。唯有此，才能像39年前的美国股灾时，乔布斯以800美元从苹果创始人韦恩手中买入10%的股份。如今这10%股份的价值已高达580亿美元。

其次，灾后选股必须坚持稳健的操作手法，切勿浮躁，更不能以"赌"和"博"的心态全资入市、满仓持股，这将会导致一着不慎、满盘皆输的局面。资料显示，在这次股灾中，17个大户在二季度末抄底券商股，至9月9日整体账面亏损已达22.5亿元，平均亏损达38.9%，显示冒失抄底往往损失惨重。从这次股灾的走势看，错综复杂，绝非可以轻易判定底部已经明确。从上证指数5 178.1点跌至7月9日的3 373.54点，大盘出现了一波企稳反弹行情，如果此时抄底买入就得面临7月24日从4 184.4点暴跌至3 573.36点的沉重打击。当指数在3 373.5点和3 533.3点出现双底之后，如果认为底部已形成便抄底买入，那么又将遭遇从4 006.34点跌至2850.7点的重大损失。而今上证指数在2 850～3 000点一线震荡筑底，此时选股应该是相对最便宜之时，但是谁也不敢断定这一区间已经是坚实的底部。因此，灾后选股既要坚定又要慎重，既要精选优股又要注重策略。在底部难以确认时，绝不能满仓杀入。在这次股灾中，不少投资者称："在熊市中未死，在牛市中未死，在股灾中未死，却死在救市之中。"这是因为不少投资者将救市作为见底信号，结果市场却戏弄了救市，17次的千股跌停将"抄底"的勇士打得遍体鳞伤。投资大师菲利普·费雪指出，投资时代的选择是非常困难的，应花很多时间来研究，不急于买入。他特别强调，在一个连续下跌的市场环境中，不要过快地买入那些不熟悉的股票。那么灾后究竟如何选股才属于稳健呢？对此可以采用筛选法和倒宝塔递增法，所谓筛选法就是将灾后各类个股中被你初步选中的优质股列入股票池，然后从业绩、题材、行业前景、政策扶持、股价、股本结构、股东变化、主力动态、研究报告、股价走势、K线形态、换手率、成交量变化等因素去分析比较，将具备优势条件最多的留下来，作为核心备选股。一般以5～8只为宜，然后以倒宝塔法先少后多逐步增加的方法。当首次认为底部产生时，可先买入资金总量的1/10；当第二次确认底部时，则进2/10；在第三次确认底部时再进4/10；然后等待大盘确认反转、底部放量、真正突破下降通道时再重仓买入。这种逐步递进的倒宝塔法或许不失为一种坚定信心之下的稳健操作法。

当然灾后选股除了坚定信心、稳健策略、清晰思路之外，最根本的还是一个心态。明心生智慧，只有保持一种良好的心态，才能充分发挥智慧，选择好真正具有潜质的价值股。

三、灾后选股的目标

在明确了灾后选股的优势及必须具备的条件之后，接下来便是对个股的精选。尽管股灾之后遍地金，但绝非个个都是牛股，还得仔细地选择，去分析在经历股灾之后哪些品类的个股后市上升力度更大、哪些类个股将最受主流资金的青睐。在经历了一场严重股灾之后，市场原先的格局、热点、题材也将受到分化和转移，因此对后市的分析显得十分重要，而灾后的选股就需紧跟市场的变化而变化。如灾后大盘走势的强弱、盘整震荡是恢复牛市或是沦落为熊市;市场的主流热点是否会有改变;原先创业板、中小板的强势会否延续;蓝筹股会否占据上风;各类受政策支持的新能源、智慧城市、自贸区、国企改革、节能环保、互联网＋、工业4.0、医改、电改等是否有新的变化,这些都是在灾后选股中必须要考虑的因素。由于股灾之后市场的格局、人气、量能、股价与股灾有很大区别,尤其是资金因素、心理因素、股价因素的影响,将可能使原先有题材而无业绩的牛股、强势股一落千丈。还有一些停牌的公司,原先寄予厚望避开了股灾,希望复牌后持续涨停,可如今股灾之后一些个股往往不涨反跌,成为补跌的大本营。因此,不能简单地将灾前的选股思路延续到灾后使用,否则将可能成为"刻舟求剑"这篇中国古代寓言中的主人公。

(一)超跌股

灾后选股,其最大的背景便是灾后,是人气、资金、成交量、股价、题材等受到股灾严重打击之后,所以选股时首先必须分析股灾对其影响的程度,并从这点出发考虑其灾后可能恢复的力度,因此从选择角度而言,首选的是超跌股。所谓超跌股,是指在这轮股灾中跌幅远超大盘跌幅的个股。据统计,从6月15日至9月10日,上证指数从5 178.19点跌至3 114.8点,跌幅为39.8%。然而超过这一跌幅的个股达2 069只,占沪深个股总数2 776只的74.5%。这表明在这轮股灾中绝大部分个股受灾的程度远远超过大盘,在这批大面积的超跌股中必然泥沙俱下、鱼龙混杂,一些优质股、潜力股也必然会被殃及而超跌。在这74.5%的超跌股中,跌幅在40%～50%的达508只,占总数的18.2%;跌幅在50%～60%的达936只,占总数的33.7%;跌幅在60%～70%的达597只,占总数的21.5%;跌幅在70%以上的达28只,占总数的1%。在这些超跌股中去寻找业绩持续增长、题材十分丰富、K线形态正逐步企稳且低位放量、有新增资金大量吸筹的个股,这便是拾金捡宝。在9月14日至9月24日9个交易日中,在超跌股中反弹力度十分强劲的个股分析已有15个,股票升幅超过30%、涨幅列前的三个股票分别是特力A(000025)、大豪科技(603025)、华资实业(600191),区间升幅依次为135.2%、51.75%和46.3%。而此期间上证指数升幅从3 114.8点上涨到3 142.6点,仅为0.8%。特力A在8月15日的股价高达51.99元,此后至9月8日跌至18.51元,跌幅达64.3%,堪称超跌股。但其具有:(1)半年报显示净利润同比增38.56%;(2)股本结构:总股本为2.97亿股,流通股为1.79亿股,属小盘股;(3)半年报显示2015年上半年业绩为每股收益0.25元;(4)其股价在2015年5月28日一度升至94.05元,此后一路下滑至2015年9月2日的22.12元,跌幅高达76.5%;(5)从9月2日起低位吸筹明显,至9月24日换手已达232.1%。第三名华资实业虽然不是股灾下的超跌股,但从2010年7月开始长期在5～6元之间横盘,直至2015年3月5日拟定增300亿控股华夏保险而停牌,9月21日复牌后持续上升,从停牌前 11.58 元升至复牌后的 16.94 元。另外,市北高新(600604)、瑞茂通(600180)等都属于超跌 66% 以上的个股,在题材、业绩等因素配合下,走出强劲的反弹行情。

(二) 被机构举牌的企业

据统计数据显示,在股灾期间被举牌的企业有将近 40 家,史无前例的股灾为各路资金创造了举牌的条件,使各路资金借被举牌企业股价大幅下跌之际大量买入。如资本大鳄刘益谦控股的国华人寿接连举牌东湖高新,在 8 月 14 日至 17 日增持 3 171 万股,占公司总股本的 5%,增持均价 10.22 元。接着又在 8 月 17 日增持了华鑫股份(600621)2 620.42 万股,耗资 3.7 亿元。又如私募基金的崔军,半年内 5 次举牌新华百货(600785),从而产生股权之争,而该股的股价也因此表现十分强势。其他如 PE 巨头中科招商旗下的中科汇通举牌 15 家公司。在所有被举牌公司中有 23 家上市公司为首次被举牌,从被举牌的股价走势分析,在公告之后的 5~10 个交易日相对收益均为正,表明抗灾能力相对较强。一般而言,能获得各路资金举牌的企业大都被人看好,其发展前景和经营模式必有价值发现之处。另外,股权之争也有利于公司股价的稳定和强势。如韶能股份(000601),前海人寿举牌韶能,半月内 3 次举牌,成为第一大股东。而原先第一大股东韶关市工业资产有限公司因 0.57% 的股权之差被迫降为二股东,为改变劣势,紧急宣布停牌,拟筹划重大资产重组方式以"夺回"第一把交椅。这又使该股股价从 7 月 7 日的 5.68 元持续上升至 8 月 17 日的 13.45 元,并随之宣布筹划重大事项而停牌。这种股权争夺势必使二级市场的股价强势上行。可见在股灾中举牌概念股将会因资金的青睐而表现强势,尤其是经举牌后产生股权之争的上市公司更值得去精选。

(三) 高送转公司

在灾后选股的各种因素中,分析上市公司董事会是否有爱护投资者之心、是否有帮助投资者减灾扭亏的态度是十分重要的。如果上市公司具有强烈的市场意识,能充分考虑到投资者即股东的利益,那么无疑这个公司是一个值得投资的公司。而当前就集中表现在送转方案方面,从这点出发,可以列为灾后选股第三位标的应是高送转公司。

经历股灾之后,绝大多数公司股票的股价都出现大幅回落。这点在超跌股一节已有详尽分析。在此情况下,上市公司在半年报中再推出高送转方案,势必使股价再次大幅降低,这不仅体现了上市公司在经营业绩或行业前景上有良好的预期,而且体现了上市公司对股东的一种爱护之心,也使二级市场的炒作吸引更多的资金进行关注,从而注入较强的反弹动力。据相关数据统计,截至 2015 年 9 月 18 日,从已公布中报的上市公司分析,有 216 家上市公司推出高送转方案,其数量及送转的力度均为近来同期的新高。其中 10 送转 10 的分红方案达

154家,有的上市公司送转的厚度可谓空前丰厚。如2015年才发行上市的迅游科技(300467)中报的分红方案为10派6元转增30股,昆仑万维(300418)推出10转增30,浙江永强(002489)推出10派3.5元转增25,等等。当然这些高送转公司推出分红方案的因素各有不同,但总体而言在灾后的市场中相对属于强势。如暴风科技(300431)中报推出10转增12高送转方案后,9月18日为红股上市日,当天40.8元开盘,报收于45.31元,此后连续6个交易日中持续出现5个涨停,至9月28日以59.90元收盘,短短数日升幅已达70.1%以上。又如10送20的腾信股份(300392)及10送15的旗滨集团(601636),送股首日均出现涨停。不少上市公司在高送转后,鉴于上市公司对企业高增长的信心以及在股本扩张之下依然保持业绩的持续增长,所以在低股价高增长之下,受到大量资金的追捧,走出良好的填权行情。这种股本扩张与业绩同比上升的公司,在沪深股市中也有不少。如格力电器(000651),自1996年11月上市以来高送转8次,股本从7 500万股增至601 573万股,股本扩张80倍,同时净利润增加77.34倍,这样的公司填权行情势所必然。又如上海莱士(002252)自2008年上市以来,先后于2010年和2011年推出10转7和10转8派5方案,2015年中报又推出10转10的高分配方案,目前的股价复权后为581.69元。此上市首日的收盘价为20.69元,增长了28.1倍。类似如伊犁股份(600887)、云南白药(000538)都堪称填权行情的典范。当然最典型的是苏宁云商(002024)。自2004年7月上市以来,11年中股本扩张达79.25倍,送转7次、派现9次、融资额为40.38亿元,派现额为32.57亿元。因此股灾中在股价大幅下跌的情况下,关注高送转公司无疑是一个重要的标的。当然有些高送转方案的推出主要是股价过高,有掩护主力出货之嫌,所以并不是所有公司均能出现良好的填权效应。因此,在灾后选择高送转方案的公司时,应特别留意该公司是否具有持续增长的潜力,企业的产品前景、管理能力、企业扩张要求、股价高低等方面均需仔细掂量。

(四)高增长公司

无论是白马还是黑马,无论是牛股还是熊股乃至于妖股,均与企业的经营业绩相关。企业的经营业绩是持续增长还是连续下滑,是业绩出现向上拐点还是向下拐点,是非主营利润的增长还是业绩存在弄虚作假,都与股价走势息息相关。企业的经营业绩是一切公司股价波动的核心,离开价值的价格无论距离多远,最终必然向价值回归。所以股灾之下,不少个股的价格,无论距离多远,最终必然走向价值回归。所以股灾之下,不少个股的价格跌落于价值之下,其必然有一个回归的内在需求。因此,寻找被股灾击落的优质股将会获得不菲的收益。据统计显示,截至2015年9月25日,共有1 042家上市公司公布2015年前三季度业绩预告,其中有452家企业预增。在这批预增企业中又有140家上市公司业绩同比预增翻番,这无疑为灾后选股竖起了标的。其中增长最高的前五名依次为：顺荣三七(002555)净利润预增10 521.34％，牧原股份(002714)预增9 161.32％，海翔药业(002099)预增5 729.75％，冠福股份(002102)增幅为4 626.31％，华英农业(002321)预增2 908.68％。同时从2015年中报看，业绩增长200％以上的个股也为数不少，如深圳惠程(002053)、华媒控股(000607)、松德股份(300173)、恒顺众昇(300208)、云南盐化(002053)等计40余只，这些个股已越来越受到灾后资金的青睐。从市场表现看，业绩的炒作几乎具有持续性，因为其上升动力最稳固、最强劲。从半年报业绩炒作到三季度业绩，再延续到2015年报业绩炒作，一般而言，半年报中出现业绩大幅增长的公司，其三季度和四季度乃至全年的业绩均会表现较出色。所以主流资金一旦选中，必有一番持续炒作的过程。如新野纺织(002087)2015年半年度净利润同比增5.18％，而三季度预增90％～110％。受此消息刺激，其股价从9月15日的5.15元持续拉出9根阳线，升至7.63元。又如多氟多(002407)2015年半年报业绩同比增194.13％，三季度预计净利润达1 800万～2 200万元，可实现同比扭亏。更由于与山东新大洋电动车有限公司签订重大合同，手握20亿元订单，故其股价从8月26日的19元震荡上行至9月29日的40.21元。可见紧紧抓住业绩增长的主线，是灾后选股最有效的途径。

(五)机构集中调研股

古语云：山高月小，水落石出。在高山下你会误将月亮看小，当潮水退下你会看清楚礁石的真相。在上证指数5 000点时，市场更多是从涨时看势的角度去追捧所有题材股，却往往忽视了高市盈率的泡沫。而当股灾之后，上证指数跌至3 000点上下时，市场往往更多从跌时重质的角度去发掘价值低估的优质股。股灾不仅打乱了原先的市场格局、主流热点、投资策略，也改变了投资者的估值理念。因此灾后选股必须从新的角度、以新的方法去寻找牛股。

在中国股市中，各类机构、社保、保险、公募、私募、券商、投资公司等，尽管占投资者队伍的比例还较少，尤其是长线投资机构占比不足，而且在投资经验、经营业绩上还有许多不足，但比之大、中、小散户，仍具有其独特的优势，特别在调查研究方面及信息资源的分析搜集方面远胜于普通投资大众，因此机构的动向代表着一种主流资金的方向。"月亮走我也走"虽然不必亦步亦趋，但毕竟是一种重要的投资参考，所以股灾之后机构的调研去向是值得重点关注的。相关资料显示，股灾之后机构调研进入一个空前的繁忙期。7月份有334家上市公司获得机构调研，8月份有294家上市公司接待了各类机构的515次调研，9月份机构调研更是达到了575次。这表明灾后的市场正成为机构重新寻找高成长标的的重要时机。在被机构调研的上市公司中，有的被各类机构不约而同地调研了达120余次，相当多的上市公司被各类机构调研了数十次乃至上百次。如康弘药业(002723)被各类机构调研了120次，汇川技术(300124)被包括泽熙在内的机构调研了98次,中科金财(002657)被调研95次,捷成股份(300182)8月9日共接待99次,金螳螂(002081)7月8日共接待机构调研115次。在7月、8月、9月三个月的股灾期间被各类机构作为调研标的达30次以上的有60余家。这些被各类机构集中调研的公司,在不同程度上反映出主流资金的关注度。从这些被调研的上市公司行业分析,占半数以上的上市公司属于TMT产业,即互联网、科技媒体和通信、信息技术所融合而产生的大背景产业。除此之外,医药、影视、汽车、环保等位居调研前列。从这些被各类机构调研的上市公司股价走势分析,几乎一些涨势较好的或股价走势相对较强的都与机构调研有关。如四川九洲(000801)7月被机构调研后,股价从月初的16.29元升至月底的38.60元;被机构调研了多次的成飞集成(002190)和被机构调研26次的振慈科技(300101)7月份升幅分别达110.9%和125.8%。当然并不是机构当月调研该股价当月立刻就会拉升,有的可能需经过一段时日,有的则可能被机构放弃。所以对被各类机构调研的上市公司也必须细加分析、认真精选,机构的调研只是作为一个引子,具体的选择标的还需自己确定。

(六)被企业高管大股东大幅增持、回购及推出员工持股方案的公司

在股灾发生的情况下,上市公司高管、大股东、董事会勇于增持、回购及采取员工持股方案的公司,无疑表示出对稳定市场的决心和看好企业发展前景的信心。类似此类公司,公司高管将自己利益与股东利益绑在一起,说明企业董事会的责任心、能力以及信心。因此,这样的企业容易受到市场主流资金的青睐。股谚云:买股票就是买董事长。董事长信心坚定,不仅有利于企业上下众志成城,也直接影响到投资者的信心,使投资者股灾下保持稳定情绪并主动选择投资。例如,康恩贝(600572)董事长胡季强自6月29日至7月24日先后16次增持公司股票共计达1 701.58万股,均价为15.44元。在其带领下,公司8位高管计划增持109.04万股。与此同时,证金公司和汇金公司分别持有3 561.93万股和1 193.67万股。公司表示本公司目前股价的动态市盈率较低,偏离了实际的价值,因此高管增持是基于对公司今后发展的信心,并向股东传达积极的信息。同样,康美药业(600518)的控股股东康美实业的一致行动人许冬瑾以1∶2的融资自筹2 710万元融资5 420万元,合计8 130万元,增持499万股,以表达对目前资本市场形势的认识和对公司未来持续稳定发展的信心。在产业资本大举对灾后股市进行增持中,第二种特色是不少公司推出回购计划。仅7月初就有中国建筑、宇通客车、大华股份等300余家上市公司推出回购计划。万科A(000002)领头推出百亿回购,以不超过100亿元的资金回购不少于7.3亿股,回购价不低于13.70元。TCL集团(000100)8月25日公告显示公司回购股份2 109.60股、均价3.88元,支付金额818.1万元;此前8月24日回购503.3万股,均价4.33元,支付金额2 181.1万元;7月31日回购845.8万股,均价4.48元,支付金额

3 999.8万元。另外,美的集团(000333)也大额回购 2 959.1 万股。这些回购计划充分显示公司对自身发展的前景充满信心。第三种特色是不少公司宣布员工持股计划以及高管限售期满后继续限期不减持。如苏宁云商(002024)在部分股份限售期满追加 36 个月的限期并推出认购 99 万股的员工持股计划。鼎汉技术(300011)、京新药业(002020)等上市公司均以延长限售期的方式表达对公司发展的信心。第四种特色是通过灾后增持提高大股东地位。如南玻 A(000012)通过增持其非公开发行股票的认购,前海人寿终于以占总股本 8.84% 的比例晋升为第一大股东,前期公司与前海人寿的股权之争终于握手言和而告一段落。值得一提的是,在大批以高管增持、员工持股、回购、定向增发的上市公司中,有一个现象特别值得关注,这就是部分上市公司的员工持股计划出现成本倒挂。一些定向增发公司出现跌破发行价,一些高管增持的公司股票远离增持均价的现象,这意味着价值发现一个新的亮点。如中来股份(300393)6 月 26 日公告称其员工持股为 52.5 万股,均价为 81.82 元,目前股价已下跌 39.72%。又如金螳螂(002081)增发价为 28.52 元,而目前股价仅 14.05 元。类似这种股价跌破增持均价的个股还有很多,这都为灾后选股提供了良机。

(七)社保基金参与股

在精选个股的分析中,股东人数的变化是一个十分重要的条件。除了关注股东人数是增加还是减少之外,还需关注人均持股的增减。如果发现股东人数比上期公告减少,且人均筹码有大幅增加,这表明有机构在搜集筹码,此股为大资金看好。尤其重要的是在股东人数变化中需特别留意社保基金的参与,这对于该股能否成为灾后强势股是一个十分重要的因素。

在上市公司股本中,何以对社保基金倍加重视,这是因为社保基金既具有国家队的成分,又关系到国民的养老保险方面的切身利益,所以社保基金的操作手法一般较为稳健。在入市时机、撤离时机以及个股选择上都比较慎重。所以一旦被社保基金选中的标的,赢面的概率相对较大。我国的社保基金早已入市,几年的实践经验表明,战胜大盘的概率较大。2015 年 8 月 23 日,国务院正式印发了《基本养老保险基金投资管理办法》。在股灾之下,这一决定在一定程度上对股市的稳定起到了正面效应,而社保资金与养老基金的入市自然成了市场关注的焦点。据同花顺数据统计显示,社保基金新进 235 只个股,其中列前五大行业的为机械设备 26 只、计算机 23 只、化工 19 只、电子 18 只、医药生物 13 只。在《基本养老保险基金投资管理办法》颁布后,全国社保基金理事会作为养老金唯一合法受托机构,将迎来更多地方养老基金入市。2015 年中报显示,目前社保基金共现身 713 只个股的前十大股东名单。据统计,9 月上旬,有 237 只社保重点股跑赢大盘,同期升幅达 10% 以上的个股有 27 只,其中锦江投资、宁波富达、明家科技、华斯股份、华鹏飞等升幅超 15%。领头羊锦江投资升幅高达 38%,成为社保重仓股中最赚钱的品种。而上证指数同期仅升0.99%，尤其是9月9日出现62只社保基金重仓股集体涨停潮。2015年中报显示，持股比例超5%的个股达51只，其中涪陵榨菜(002507)为9.08%、美康生物(300439)为7.57%、麦迪电气(300341)为7.43%、好利来(002729)为7.41%、美亚柏科(300188)为6.01%。此外，明豪科技9月以来累计升幅也达21%，该公司以9年时间由一家民营高新技术企业发展为国内规模最大的电涌保护产品制造商，广泛应用于国内外通信、电力、安防等国民经济基础行业。关注社保基金的持股，不仅可以将社保基金所持股票作为灾后选股的参考标的，还可以从社保基金对个股的选择以及增持或减持中分析主流资金对个股的看法以及对大势的预料。2015年三季报的最新统计显示，社保基金在进驻一些上市公司的同时，也减持了一些上市公司股份，如正邦科技(002157)、富安娜(002327)、浙江震元(000705)。其中原因既有如浙江震元三季度业绩同比下降81%、富安娜仅增2.67%，也有正邦科技虽业绩大增3倍，但社保基金有一家退出十大股东、另一家又进入十大股东，这一出一进表明前者获利了结，后者逢低买入，显示该公司依然是主流资金青睐的标的。另外，如冠昊生物(300238)，也是社保基金有退有进、倍受关注的个股，从总体来看，三季度社保持股数量比二季度有所增加，该股为生物医药股，三季度业绩同比增长9%，且总股本仅2.47亿股、流通股仅1.80亿股的小盘股。从9月份以来，其股价已从25.3元上升至42.17元，升幅达66.7%。可见参考社保基金选股将是灾后选股的一个重要途径。

（八）五大金叉股

在连续讲述了灾后选股的几大标的之后，最后从叶氏技术分析系列的选股法去捕捉牛股也是一种较好的方法。笔者在《股道》一书中十分详尽地解析了牛股精选的独门绝技，从寻、等、捕、骑、放、收六个步骤，对牛股买入与卖出之最佳时机作了阐述，读者不妨细加翻阅。而之所以从灾后选股中再次强调，这是因为灾后正是叶氏牛股精选的难得时机。以《股道》一书中所指：当该股在均线上，5日均线上穿21日均线，并双双向上欲突破55日均线时，这便是日均线上的首个金叉；其次是MA成金量均线，当5MA上穿8MA，并共同向上突破13MA形成金叉，这是第二个金叉；第三是KDJ随机指标，当J线与K线上穿D线在低位形成金叉；第四是MACD平滑移动平均线，DIF上穿MACD线形成金叉，并出现红色柱状线不断放大；第五是DMI趋向指标，当+DI在低位向上突破-DI线并形成金叉，同时ADX趋向指标和ADXR加强趋向指标发生转向。这五大金叉同时产生便是个股牛气充盈、强势上扬之时。如特力A(000025)7月9日至8月13日在短短26个交易日中，股价从9.88元升至51.99元，升幅高达426%。洛阳玻璃(600876)股价从7月9日的9.54元升至8月18日的43.35元，升幅达354%。上海普天(600680)9月7日时股价为14.11元，但至10月15日便飙升至39.55元，升幅达180%。龙头股份(600630)7月9日时股价仅7.91元，股灾前仍是23.20元，跌幅曾达65.9%，然而此后持续反弹，10月15日于23.31元涨停报收，已创出股灾前的新高。更有锦江投资(600650)6月15日股灾前股价为31.46元，股灾后7月9日跌至10.30元，跌幅高达67.3%，但此后震荡上行至10月15日以42.7元涨停报收，升幅高达314.5%，不仅远超灾前股价，更使灾后的股价翻了三倍之多。类似个股还有天成自控(603085)、齐星铁塔(002359)、上海九百(600838)、强生股份(600662)、界龙实业(600836)、红豆股份(600400)，这些个股在牛股奋起时均呈现叶氏牛股精选独门绝技所述的五大技术指标的金叉现象。可见在股灾之后只要静下心来，以良好的心态参考叶氏牛股精选独门绝技，那么均能寻获牛股，弥补灾后损失，甚至扭亏为盈、再创新高。

综上所述，灾后选股术首先是心术。不被恐慌蒙蔽了智慧，不被冒失改变了冷静，不因失败而失去信心，在股市的跌宕起伏中认识自我、战胜自我、发挥自我，那么一定会产生一个全新的自我。笔者作为中国股市的元老之一、25年的股市操盘经历，也难以避免本次股灾的冲击。但是经历了这场史无前例的股灾，使我的悟性有了一次新的飞跃。我发觉25年的股市生涯并没有真正明白什么是好股，好股的含义究竟是什么？这场股灾将所有的个股出现一次大裂变、大分化、大考验，也使我从剧烈的股价波动中明白了好股定义。这便是：适合自己，能让自己赚钱，与自己有缘的个股才是真正的好股。有些牛股并不适合自己，往往买入便亏、卖出便涨。有些黑马从长期看是牛股，但只是一种预期，短期中不仅难以赚钱，而且深深被套、亏损累累，也不能被自己视为好股。就像世界各国有许多名牌服装、名牌化妆品、名牌衣饰，但用在你身上并不适合且并不能产生美，相反可能产生东施效颦的负面效果。所以真正的好股并不一定是被机构传媒或专家推荐的牛股，而是选择能让你产生赚钱效应的个股。这个道理可能是太简单、太普通、太不值一提，但确实是我经历25年股市并通过此次股灾所悟得的一个选股真谛，这或许是大道至简、九九归一的原理，现全盘托出奉献给读者诸君，仅供参考。

避灾之术

1. 一场发生于牛市的股灾

（2015.6.15～2015.7.8）

一、背景

这是一场国际上罕见的股灾，这是中国股市 25 年来史无前例的股灾。

这场股灾既不同于历次熊市，又有别于 2008 年全球性的金融危机。

这场股灾恰恰发生在正处于牛市中的中国，正发生在刚刚开始推出融资融券的杠杆交易、刚刚开始与互联网金融的接触、刚刚开始将股指与期指有机结合、刚刚从七年的熊冠全球走向牛冠全球的转折时期。

这场股灾又偏偏发生于中国经济调结构、促转型、稳增长的攻坚克难的关键时期，偏偏发生于货币政策适度宽松，降准、降息的陆续推出，物价与就业相对稳定，GDP 增速保 7% 有望的筑底阶段。

这场股灾恰恰发生在治国治党、铁拳反腐、持续肃贪的重要时期，恰恰发生在强国强军、捍卫领土主权、不惧美国霸权，敢于直面日本对钓鱼岛的争夺、菲律宾对黄岩岛的挑衅、越南对我海上石油钻井的干扰、缅甸对我边境的轰炸等刁难与干扰，充分显示我军威、国威的关键时期。

这场股灾又偏偏发生在人民币挑战美元在国际货币中的霸权地位、以上海自贸区的建立、分别与韩国及澳大利亚自贸区的签订、一带一路的推行、五国金砖银行的成立及亚投行的发起设立等伟大战略使人民币的国际地位不断提高的关键时期。值得一提的是，股灾发生之日又偏偏是中国发起的亚投行进行正式签字仪式、中国共产党成立 94 周年纪念日的重要日子。

这场股灾没有在全球各国的股市中发生，却独独选择为实现中国梦而不懈努力的中国，这绝不是简单的巧合。在如此政治经济金融的大背景下，这场股灾的发生更像是一场货币战争，更像是一场金融袭击，更像是一场没有硝烟、没有枪炮、没有核弹，却极其残酷、极其激烈、极其危急的卫国战争。中国股市在这场股灾中成了捍卫中国金融、中国经济的前沿阵地，这次成功的反击是中国继 1997 年香港金融保卫战后取得的又一场金融保卫战的胜利。这是比捍卫钓鱼岛主权、设立东海航空识别区、捍卫南海主权更伟大的胜利。在这场生死存亡、绝地反击的战争中，中国的股市经受了一场考验，中国的投资者经受了一场考验，中国的金融系统经受了一场考验。这场考验惊心动魄、意义非凡，值得记取和借鉴，值得反省和深思。因为这不仅仅是一场股灾。

二、特点

这场股灾发生于中国股市刚刚摆脱七年熊市的阴影,在止跌企稳后开始形成牛市的上升趋势之时。上证指数从 2 010.53 点攀升至 5 178.19 点,升幅达157.5%;深证综指从 1 034.7 点攀升至 3 156.96 点,升幅为 205.1%;中小板指数从 6 043.38 点攀升至 18 437.6 点,升幅为 205%;创业板指数从 1 317.8 点攀升至 4 449.4 点,升幅达 237.6%。从 2014 年 6 月至 2015 年 6 月,正当投资大众为这一年的强势牛市额手相庆、为这一年的牛市收益满怀喜悦之时,却不知一场罕见的股灾正悄然而至。

这场股灾再次印证了一句百年股谚:五穷、六绝、七翻身。正是六月中旬中国股市遭遇了股灾的突袭,并被逼到生死存亡的绝地,中国股民也被逼至绝望的边缘。虽然举国救市使"七翻身"有了最确切的注释,但是正因为五月股市不仅未见穷凶极恶,而是空前鼎盛,从而产生麻痹,使六月份发出加倍的悲惨和伤痛。

这场股灾之所以不同于历年的熊市而发生于牛市之中,这是因为牛市使融资融券快速上升,使牛市加上了杠杆的车轮,使各种场外配资呈几何级数上升。杠杆牛市不仅可以成倍抓获机遇,也可以成倍地放大风险。阿基米德的杠杆原理进入互联网金融、进入具有两融优势的股市,这不仅使老股民碰到了新问题,更使管理层遭遇新挑战。当意识到必须尽快制约场外配资的杠杆风险时,风险正以互联网+杠杆的方式将杠杆的负效应汇聚成厄尔尼诺风暴,以海啸般气势袭击正处于新兴加转型的中国资本市场。

这场股灾是期货与现货的相互交替、互为犄角,彻底改变了现货做多、现货做空或是现货做空、期货做多的套期保值、降低风险的本性。空方借助于融资融券、杠杆资金、场外配资、信托理财等产品,调集了数百上千亿资金,又借助于融资融券、配资抵押、杠杆标的等手段调集了成千上万手筹码。仅 7 月 8 日空方以40.5 亿元大单卖出中石油,又以 118.47 亿大单卖出中国平安。这种巨空让善良的中小散户变成做空的集团军,让缺乏经验的监管者难以识别恶空的真伪,让在制度上尚未健全的中国股市成为不经一击的藩篱,以国际股市中曾突袭成功的做空手段对中国股市发起一场类似的"珍珠港"事件。这无疑不能视同为一场小小的股灾,而应视之为一场战争。

这场股灾多空的交战空前激烈,短兵相接、白刃搏斗、史所罕见。在 6 月 15 日至 7 月 8 日短短的 17 个交易日中,日跌幅在 3% 以上的达 10 次,最大日跌幅为 6 月 26 日的 7.4%。而出现日升幅的仅 5 次,最大日升幅为 6 月 30 日的 5.53%。这种持续暴跌与暴涨,既反映了多空争战的激烈,更造成了千股跌停和千股涨停的极端行情,以及千股从涨停到跌停、从跌停到涨停的极端震荡。伴随而至是千股停牌与千股复牌。据记载,7月8日有1 429家上市公司申请停牌,占沪深股市2 776家上市公司总数的51%。值得一提的是,6月26日上证指数暴跌7.4%,创业板暴跌9%,2 000余只个股跌停,恐慌开始弥漫中国股市。在6月27日央行宣布降息并定向降准之后,证金公司认为两融风险可控,市场以为大盘可止跌企稳。然而事态发展大出意料,6月29日沪深股市高开,之后瞬间再现跌停潮,1 500余只个股跌停,上证指数从4 297点直落至3 875点。泡沫之下的雪崩引发了杠杆式的踩踏,市场的空气出现踩踏式的绝望。在这短短的17天中,沪深股市总市值从6月12日的712 479亿元下降至7月8日的总市值377 630亿元,缩水了33.48万亿元,上证指数暴跌39%,深成指暴跌67.8%,中小板重挫72.4%,创业板指数下跌75.7%,跌幅超过50%的个股遍地可见。有480只个股创年内新低,有14只个股跌破净值,参与民间融资的近90%遭遇强平,参与伞型信托的近30%被迫强平,近十万户资金规模在500万元以上的中大户惨遭巨亏,近万户资金规模在100万元以下的散户被退回起点,资金规模在上亿元的大户近30%落榜。在这短短的17天中,中国投资大众经历了冰火二重、仙魔二道、鬼神二界、生死二望的磨难,真切地体会到喜、怒、哀、乐、悲、转、恐的七情纠结,真实地品尝了股市的酸、甜、苦、辣、咸五味。这是教训也是经验,是损失也是收获,这二十五年从未经历的股灾给了市场一次最现实、最残酷、最刻骨铭心的风险教育。

三、联动

这场发生在中国股市处于牛市阶段的股灾,具有定向性、突然性、危险性,令人不得不深思这场股灾的更深层含义。

客观而言,互联网金融加杠杆不仅使风险呈几何级数上升,也使风险席卷的速度如飓风般推进。上证指数、深成指数、中小板及创业板指数、各合约期指、各品种ETF,几乎同时以持续暴跌的形式将中国股市2 700余只个股和各类基金、B股等产品从牛背上直接打至熊掌之下,几乎网罗了全部资本市场的金融商品。屡次出现的5%～10%的日跌幅几乎让沪深股市无喘息之机、无还手之力,这种残酷血腥的做空已完全超出股市、期市正常的交易保值套利,已明显地显露出要一举击垮中国资本市场乃至引起中国金融体系混乱踩踏的居心。

从普通投资者的亏损,到融资客、配资客的平仓,到公募、私募基金产品的净赎回,到大量抵押客被银行追债,到外资纷纷撤离、各ETF纷纷清仓,到银行保险的金融系统出现挤兑,这可能引发一系列多米诺骨牌效应,将使中国金融系统面临瘫痪的境地。而中国金融系统的击溃将使中国顷刻之间沦为弱国、穷国,沦为列强的口中之食。如果金融系统决堤,那便会引起人心不稳、政权动荡、内乱四起、物价飞涨,这绝不是危言耸听。因为前苏联已有借鉴,至少在当前国际形势下,虎视眈眈、唯恐中国不乱的敌对势力不可小视。没有硝烟的货币战争往往比核弹、战机、军舰的战争更具危险性。因此中央对这次股灾的救市,无论是从认识上,还是运用整个国家机器及时地全力救市,都是十分正确和十分必要的。

四、救市

2008年全球出现金融危机时,中国也曾运用国家机器在短短三个月中5次下调存贷款利率、4次下调金融机构存款准备金率,同时针对股市推出降低印花税、央企增持、汇金自主购入工、中、建三大银行的股票的三大利好,并果断推出4万亿元资金刺激经济。而这次在救市措施上远比2008年更为强劲有力:央行宣布降息及定期降准;养老金入市等方案征求意见;险资主动申购基金数十亿元;用100多亿资金流入大蓝筹ETF;私募大佬集体呼吁抄底;证金公司称两融化风险可控,证监会称强制平仓金额占比较小,人民日报官微称改革牛不停步;央行进行500亿逆回购释放流动性,于是大盘于6月30日上升5%,上证指数站上了4 200点。为了巩固护盘成果,7月1日证监会又公布了两条救市措施,即:扩大证券公司融资渠道;沪深交易所下调A股交易经手费和过户费。然而空方继续反扑,上证指数又跌5.23%,近1 300余只个股跌停。面对困境,国务院总理李克强公开表示,要培育公开透明、长期稳定、健康发展的资本市场和货币市场。随之多家券商及险资开始了"为国护盘"行动。可是连续3天,沪深股市跌势不止,千股跌停成为常态,市场开始弥漫恐慌气氛。面对严峻的局势,证监会表示将减少IPO发行家数和筹资金额。中金暂停19个账户开期指空仓1个月,中国股市从未实施的禁空令开始施行,在危急情势下,李克强总理回国主持救市,随之采取了多家券商提高股指期货保证金比例、21家券商承诺上证指数4 500点之下自营股票不减持、证监会决定对28家拟上市公司暂缓发行、充分发挥证券金融公司作用、央行表示将协助以多种形式给予流动性支持。令人意料之外的是,市场并不理会,7月6日开盘,沪深二市1 500只个股由涨停转为跌停,市场出现了踩踏式交易,大有雪崩之势。在极其危急之下,救市措施继续增加力度:58家基金动用22亿元自购旗下基金;中证500期指客户日内单向开仓,限量为1 200手;21家券商筹拨1 280亿资金足额划至证金公司作救市之用。7月7日、8日两天可谓是黎明前的黑暗,一方面上证指数已跌破3 600点,最低跌至3 373.54点,距6月15日的5 176.8点已在短短18个交易日中下跌了1 803.26点,跌幅高达34.8%,这已完全可以在国际股市中列入股灾范畴。持续性的千股跌停及千股停牌使市场流动性严重失调,市场一片绝望之声,强行平仓的哭泣、哀求和极度的焦虑、忧愁弥漫股市,崩盘之危局已处于一触即发的危急时刻。此时证监会通宵达旦紧急指挥,救市重拳连续出击:证金公司以2 000亿元资金申购公募基金以确保基金的赎回;向21家券商提供2 600亿元信用额度;规定上市公司高管6个月内不得减持;中金所提高中证500期指卖空保证金比例至30%;为增加流动性,证监会要求加大对中小市值股票的购买力度;证监会允许银行调整股票质押期限;证监会要求上市公司从"大股东增持、回购股票、董监高层增持、股权激励、员工持股计划"这五项措施中选择其中之一向市场送利好;国家公安部副部长孟庆峰带队到证监会排查恶意卖空线索;央行明确宣布将对证金公司提供无限流动性支持。至此为拯救这场史无前例的发生于牛市中的股灾,已开动了整个国家机器,实施了举国护盘,终于使这场逼近于中国金融系统安全底线的股灾得到了及时的遏制。这次救市之所以高度警惕、倾尽全力,是因为这次股灾是发生在中国国内,股灾的发源地和灾害中心在沪深股市、在中国的资本市场,与2008年由美国发生并影响全球的股灾有明显区别。如果不及时救市并有效制止股灾的蔓延,影响的绝不仅仅是沪深股市,受害的也不仅仅是数千万股民。那中国的经济改革、中国的国防安全、中国的国际威望、人民币的国际地位、一带一路的国际战略等均将在中国股市崩溃的缺口之下被内外洪水般的风险所冲垮、所淹没,其后果是不堪设想的。

也许有人认为,仅仅下跌30%算不了什么,不可能引发中国的金融危机,因为中国股市与实体经济的联系并不紧密,股市的直接融资额比之银行的间接融资仅占4%,股市即使下跌20%,银行的损失也仅占资产总额的0.5%。如此轻描淡写的分析,难道说中央的救市是大惊小怪、是小题大做? 从6月15日到7月8日,只有站在股市的第一线,只有站在国家安全的高度,才能感觉到这场发生在中国牛市的股灾是如何的残酷、如何的严峻、如何的生死存亡、如何的危急万分。这场多空决战的发生是一场史无前例的血腥肉搏,从突然袭击到猝不及防,从步步紧逼到步步为营,从步步进攻到步步反击。之所以倾国家之力,是因为已危及国家金融安全的底线;之所以要改变交易规则,之所以要出动公安部警力,这是因为这场股灾已演变成货币战争,已危及国家的金融安全,已危及经济改革、社会稳定的大局。

现实证明这次为国接盘、为国护盘是十分正确的,我们是国际社会的一部分,但我们更是中国。任何国际社会的条条框框必须符合国家的利益、适合中国的国情、利于中国自身的建设与发展。因此,本次救市的正确性、及时性和有效性是毋庸置疑的。

五、反思

7月27日当上证指数已从本次股灾的最低点3 373.54点反弹至4 184.45

点、升幅已达24%、已修补了本次股灾跌幅的1/3时,当日K线已拉出十根阳线时,当市场普遍认为救市已初见成效、股灾已基本结束之时,却发生了股灾重现的悲剧,沪指接连失守3 900、3 800两个整数关口,创8年来最大跌幅,沪深二市九成个股下挫,近2 000个股跌停,沪指跌8.48%、深成指跌7.59%,市场再度陷入恐慌之中。

翌日证监会连夜发布消息称:"国家队"中国证券金融公司没有退出,并将择机增持,继续发挥好稳定市场的职能。同时央行表态,下半年继续实施稳健的货币政策不变。保监会喊话险资近期勿净卖出,汇金百亿申购蓝筹ETF。发改委发言积极鼓励社会资本全面进入铁路领域。在一系列利好刺激下,沪深股市再度企稳。但是这次历史罕见、全球罕见的"6.15"股灾以及此后的"7.27"股灾反复却留给中国股市更多的深思。

(1)对当前国际货币战争的严酷性、严峻性缺乏高瞻远瞩的深刻认识。尤其是当人民币进入国际结算货币和储备货币的关键时期,在美元霸权地位受到挑战的大背景下,国际金融的敌对势力必然会千方百计地向我国金融领域渗透攻击,而资本市场将可能是金融领域的前哨阵地。因此,必须像我国防海、防空一样严阵以待,不能丝毫放松警惕,必须要在提高认识的同时提高金融素质,以适应新时代我国金融领域的安全需要。

(2)这次股灾之所以对于中国股市来说前所未有,对于世界股市来说也极为罕见,是因为中国股市新兴加转型已进入一个互联网金融的大时代,中国股市产品不仅有A股、B股、H股,还有期指、期货合约、ETF、REDF、融资融券及场外配资和大量理财产品,以及中国香港、新加坡的A50期指期货资金。尽管目前我国还未全面开放,但与股市相关的资金流动正以前所未有的流速、渠道和操作手法进入中国资本市场。而我国的监管制度、监管思路、监管才能、监管人才以及应对策略尚未相应跟上时代的步伐,传统的思维在互联网金融时代已难以立足。所以更新思维、更新认识已刻不容缓。

(3)对杠杆金融、杠杆牛市的潜在风险认识不足,失于防范,对资金在高利润诱惑下的冲击缺乏防备。无论是建立、发展、推动,还是限制、监管、处罚,均缺乏完善的制度和准确及时的信息反馈。尤其对外来资金及银行资金出现异常流动时,必须高度警惕。特别需重视的是,当股市格局出现异常波动或失控的现象时,须密切关注杠杆金融的危险性,并未雨绸缪地制定和完善应急救市机制与措施,同时必须建立高端人才库,建立对银监会、保监会、证监会、发改委等金融系统的统一协调、指挥的核心领导,并建立健全应对危机的顶层设计方案。

(4)面对当今股灾,以往的传统思维已失去效应,仅靠大量资金已难以取得救市的成功。在当前期货、现货、融资、融券的杠杆市场中,既必须十分谨慎地发展两融及配资,又必须十分谨慎地限制和消化两融的恶化。因为这是杠杆,只要挪动一个支点就可能引发一大片震动,如果救市不当,整个市场将会进入"死亡螺旋"。应该说这次救市的策略在不断改变上是及时的、正确的。从杠杆指标股到通过买跌、止跌消化杠杆,使其在一个新的点位上获得平稳。同时补充流动性,并结合公安机关对恶意做空者进行侦查,使市场在自我修复中积蓄做多的正能量,逐步达到恢复信心、稳定市场、重回慢牛的目标,但难免有"急中生智"之嫌。

(5)"6·15"股灾与"7·27"日暴跌的发生都出乎市场意料之外。这不仅表明当前金融股灾的高危性、突发性、灾难性、新型性,更表明当前金融股灾的复杂性和长期性。对于新兴加转型的中国股市来说,这次仅仅18天的股灾几乎出动了整个国家机器、倾注了整个国家之力,以数倍于以往熊市和2008年全球金融股灾的力量救市。这本身反映了股灾的严重性,反映了股灾的危险性,反映了恶意做空者内外勾结,手法恶劣、穷凶极恶、隐蔽伪装的用心已蓄谋久矣,同时对于我国救市的成功绝不会甘心。千万不能以为救市已经成功、市场已经安稳,资金可以撤退、思想可以放松,这种马放南山、鸟尽弓藏的思想是极其危险的。这次股灾也许是好事,它将使我国对金融安全有了一个新的认识,对制度与法制的建设将带来新的内容,对整个中国资本市场无疑是进行了一项最生动、最现实的风险教育。

"6.15"的股灾似乎一下子让中国投资者认识到这是一个全新的大时代、一个金融大博弈的时代,一个在熊市可能赚钱、在牛市可能亏钱的时代,一个充满大机遇同时又充满大风险的时代。置身于这样一个时代,生存和消亡更需要坚强的自我约束、自我控制,因为在这样的市场中,贪婪和恐惧将会被空前放大,这也意味着快速致富与快速淘汰均将在杠杆效应下发酵。

"大江东去,浪淘尽,千古风流人物。"在这个充满互联金融风浪的大海中,也许财富只是一场数字游戏,而这个游戏已完全改变了基本面、技术面的传统规则。所以活着是第一原则,而在当今股市中不仅能健康地活着,而且有所收获的根本因素便是心态。对于85岁的巴菲特其一生的成功经验,如果归结成一句名言的话,那便是:心态决定一切。

2. 避灾之术

2015年6月15日的一场股灾不仅使市场遭受了一次巨大的创伤，也使众多投资者遭遇了一次巨大的损失。在短短18个交易日中，上证指数从5 178.19点跌至3 373.54点，跌幅达34.8%。沪深二市总市值缩水33.48万亿元，跌幅超50%以上的个股随处可见，参与民间融资的90%遭遇了强行平仓，参与伞型信托者30%被迫强平，资金在500万～2 000万元的中大户亏损惨重，近万名资金在100万元以下的散户缩水至成本之下。有些投资者因为血本全无而失去明天，更有个别投资者因巨亏而崩溃、失去了未来。如今沪深二市虽然在国家倾力救市之下指数得到了企稳，但弱势的反弹依然在上证指数3 700～3 900点之间震荡蓄势，距离灾前上证指数5 178点还有27%的距离，相当多的个股离灾前高点还差50%～70%。因为跌幅与涨幅是不能划等号的，100元跌去50元是50%的跌幅，但是50元回到100元却需要达到100%的升幅才能恢复原状。所以扭亏往往比盈利更艰难。

更主要的是，"6.15"的股灾不可能一去不复返，在今后的市场中必然会重现，而且可能更厉害、更严重，甚至可能在这场股灾尚未修复时就卷土重来。7月27日这天出现8年来罕见的8.48%日跌幅便是一个重要信号。更何况当今世界战火不熄、硝烟四起，在激烈的竞争中，金融世界更成为一个极为重要的战场。货币战争已蔓延至全球各国，尤其是中国的资本市场规模已列全球第二，中国的人民币已在全球挑战美元的霸主地位，成为全球主要的交易货币和储备货币。中国的崛起必然成为美国等敌对势力的攻击对象，必然受到国际恶空势力的虎视，必然会寻找一切机会伺机袭击。即使我们极力想维护金融市场的稳定、健康、发展，但是"树欲静而风不止"，各种股灾随时随地可能突然袭击，这是万万不可放松警惕的。所以置身于当今股市的投资者千万不能伤疤未愈就忘了痛。值得引起重视的是，这场股灾完全不同于历次熊市，其速度、危害、变化、深奥已远远超出了证券投资的传统思维范畴。所以必须更谨慎、更敬畏、更具智慧，方能在险风恶浪中立足生存并有所进取。

因此，如何避险、如何保持自己资金的安全，成为当今投资者的首要思考。从这场股灾中反思，从惨痛损失中反省，以备在今后的灾难中将损失降到最低。这无疑是"6.15"股灾留给投资者的一笔可贵财富。智者从教训中获得经验，将损失化作学费，这对于今后的投资生涯是十分有益的。反思和总结股灾的经验教训，一般可以将避灾之术归结为7个字：避；减；精；守；顺；换；等。也可称为避灾七术。具体如下：

一、避术

"避"为七法之首。因为"避"是一种风险意识指导下的主动行为,是一种对大势分析判断的正确预期。当上证指数攀升至 5 000 点以上时,一些先知先觉者开始减仓规避风险了。这就像 2007 年 10 月牛市顶峰之前,巴菲特将 2002 年以每股 1.68 港元买入的 23 亿股中石油,到了 2007 年 7 月就开始减持,一直至 9 月先后 7 次卖出。当时内地股市正进入牛市高峰,但他却提早 3 个月就开始减持。当 2007 年 10 月上证指数达到 6 124 点时,他已提早 1 个月卖出全部中石油,获利 35.5 亿美元,并成功地避开了此后发生的一场股灾。在这次"6.15"股灾中,一些高手就是分析到此轮牛市不只是看到上证指数从 2 010 点升至 5 178 点,升幅达 157.6%,更重要的是看到创业板指数早在 2012 年底 585.4 点就开始迈出牛步,至 2015 年 6 月持续攀升至 4 037.96 点,升幅高达 589.7%,已远超任何一次牛市,创业板的平均市盈率已达 120 倍,已从"市盈率"升至"市梦率"又升至"市胆率"。同样创业板也被称为神创板,最典型的启源装备(300140)静态市盈率高达 263 606 倍。当年美国科技网络破裂时,市盈率一度也曾达 120 倍,此后泡沫破裂跌至 30 倍左右。那么,中国股市尤其是创业板是否也到了泡沫破裂的拐点期呢?于是他们就开始从 6 月初陆续减仓,以规避泡沫可能破裂的风险。尤其是对融资盘开始清理,无论是场外配置还是场内融资,全部清理完毕。此后又对自己的仓位开始减仓,这正是高手之作。尽管他们有些个股并未抛在最高价,但基本属于高位清仓,巩固了牛市的大部分收益,从而避免了这场牛市中发生的股灾,无疑他们是牛市真正的赢家。他们赢的正是骑牛思熊,在牛市中始终保持一种冷静的风险意识。

二、减术

在股市中多数人喜欢追涨杀跌,然而,真正的赢家却以少数人思维进行逆向操作即买跌卖涨。当然这一方法并不是在所有个股中都适应,有些个股只有出现放量上升、量价配合时,才能顺势而为。但是从整体性趋势操作中却必须避免发生羊群效应下的盲目跟风错误。股谚云:行情在绝望中产生,在犹疑中发展,在疯狂中结束。巴菲特也说过,在别人恐惧时我贪婪、在别人贪婪时我恐惧。可见在对大势判断时,必须对市场存有一种敬畏之心。当上证指数突破 5 000 点、创业板指数突破 4 000 点时,市场已放风"突破 6 124 点指日可待"、"升至 10 000 点也是可行的目标"、"创业板超过上证指数将不是梦想"。在这种时候,风险意识必须随时增强,谨慎之心必须不断加重,在具体操作中则从原先满仓+融资+

大比例配资逐步减少。首先将杠杆最大的配资盘清理，其次是将融资比例逐步减少甚至全部清仓，这样仅留下自己的自有资金，心里较为踏实。因为谁也不能准确地预测顶部，谁也无法预料股灾的突然降临。我们能做的只是对风险的防范意识，我们清理了融资盘，仅剩下自有资金，就减轻了融资的压力，尤其是避免了杠杆风险。同时如果大盘上升，自有资金也可以乘风而上。因此"减"法从表面上看是减去了入市资金，而实质上是减轻了你对大盘上升时的心理压力。当大盘下跌时就可以避免产生杠杆风险，就不会发生强行平仓、惨不忍睹的局面，暴跌时也不会发生杠杆性巨亏。当然在清理了融资盘之后，对仓位的比例也可酌情处理。在没有融资配资的情况下，如何控制仓位就变得轻松了许多。此时如果想进一步避免可能发生的灾害，可以随指数上升从满仓→半仓→三分之一仓逐步减少，也完全可以根据自己所持股票的质量、升幅、价值决定品种的数量，也可根据自己的心理承受能力作出相应的处理。显然"减"之术首先是依据风险的大小，从减配资→减融资→减仓位→减品种，进行逐步筛选。这种减术，从现象看减的是资金与股票，而实质上减的是风险与心理压力。

三、精术

股谚云：涨时看势，跌时看质。而之所以避灾就因为考虑到股市可能已进入一个相对高峰区，就因为考虑到大盘走势在经历了一段强劲上升之后已开始积累一定的风险，存在随时会下跌的可能。尤其是在看到今年来两融不断上升、杠杆牛的大量场外配置已几近疯狂，所以暴跌正开始孕育。在量的积累到一定程度后，必定会发生转势，所以避灾法之一"精术"便可以采用了。所谓精术就是精选，仔细地梳理一下自己所持个股的质地。一般而言，优质的个股在基本面上一定是成长股，具有持续业绩增长能力、行业景气度高、属于国家产业政策支持的、具有较大发展前景的。当前的重点是"工业4.0"和"互联网＋"，具有送股潜力，具有资产重组、回购、兼并，具有国企改革、有吸引战略投资者的题材、在股东组成上有新进机构投资者等，其次在股价上处于一个相对符合内在价值的区间。再从技术上，可依据叶氏技术分析系列查看该股股价走势是否处于一个相对安全区域，从多角度去审视所持个股的含金量。同时在个股精选的同时还必须减少数量，迫使自己优中选优，对个股的选择历来应遵循少而精的原则，因为股票越多，你越难以研究分析。从避灾角度看，更力求精益求精，对成色不高、含金量较低的个股应果断清仓，绝不能留恋不舍。经过重新审理精选之后，尽管你仓位未变，但个股少了，留下的个股精了，你持股的质地提高了，这也意味着抗风险的能力提高了。精术就是精益求精的选股之术，就是精益求精的避险、抗险之术，留下真正的火种、留下真正的青山，这便是灾后的机遇之火，这便是灾后的盛产木柴的青山。

四、守术

股神巴菲特对待股灾的办法是三点：(1)股市总是有涨有跌，发生暴跌时不要去看它，总有回升的时候；(2)守好自己的股票，将优质的股票始终持有；(3)保持良好的心态，注重身心健康。所谓守术，就是守好优质股、守好经过精选的具有潜质的牛股。守其实并不是一件容易的事，对一个高素质的投资者而言，"守"首先需要有一个良好的心态。"任凭风浪起，稳坐钓鱼台"，面对大幅下跌，面对大势趋弱，甚至面对持续跌停，始终淡定自若、成竹在胸。在市场一片恐慌中，以"任尔东西南北风、咬定青山不放松"的定力与意志，守住手中持有的好股。此时往往最易动摇信心，诸如"鸡蛋不能放在一只篮子里"、"倾巢之下安有完卵"等空方言论，以及割肉、清仓、平仓、逃离等羊群效应，会不断干扰你的"守志"，尤其是持续的亏损，使你产生一种难以忍受之痛。此时往往是最易犯错的时候，"中锋倒在黎明之前"、"功亏一篑"等失误往往就会产生在转折的一刻，客观上在心神不宁、思维不清之下所做的操作往往都是错误的。以本次 2015 年 6 月 15 日至 8 月 17 日的阶段性个股股价变化统计，有 146 只个股股价超过了 6 月 15 日股灾前股价的 10%，有 190 只个股升幅超过 6 月 15 日股灾前股价的 26% 以上，二者共有 336 只个股股价超越灾前价位，显示沪深二市有占总数 12% 的个股为坚守者作出厚报。如中粮屯河(600737)，6 月 15 日股价为 18.45 元，6 月 25 日升至 25.16 元，在股灾打击下，7 月 9 日跌至 11.90 元，但至 8 月 17 日最高升至 28.26 元。又如中粮生化(600930)，6 月 15 日股价为 22.55 元，7 月 9 日跌至 9.81 元，然而到 8 月 10 日又迅速涨至 29.2 元。又如广汽集团(601238)，6 月 15 日股价为 16.26 元，7 月 9 日跌至 11.03 元，8 月 17 日迅速升至 20.97 元。再如瑞泰科技(002066)，6 月 15 日股价为 26 元，在股灾发生之初，该股独立大势于 6 月 24 日升至 35.5 元，虽然在股灾压力下 7 月 9 日一度跌至 11.80 元，但迅速随大盘企稳强劲上升，至 8 月 17 日达到 34.15 元，大大超出灾前水平。可见无论在沪市主板还是深市创业板、中小板，都有一批让投资者"守得云开见日出、满目青山映朝霞"的好股。但值得指出的是，必须排除以配资和融资所持的个股，在当前杠杆时代，强平之下倾家荡产，"皮之不存，毛将焉附"。

五、顺术

顺术就是顺势之术。当股灾改变大盘原有的运行趋势时，就最大限度地轻仓甚至空仓，或者可进行对冲交易，适时买进一些期指空仓。而当大盘在救市之下,出现企稳现象时便顺势做多买入强股。尤其是在救市初步见效、大盘有明显止跌企稳迹象时顺势增仓,一般至少有20%以上的反弹。且不说如光力科技(300480)、万孚生物(300482)等在6月底上市的新股,就以上海A股长春一东(600148)为例,7月9日在上证指数跌至3 373点时股价为11.51元,至7月24日上证指数反弹至4 184点时该股升至31.79元,此后震荡上升至8月18日升至42.06元。另一个例子是光电股份(600184),7月9日股价为14.97元,7月24日股价升至38.98元。在此期间也就是股灾暴跌企稳后的12个交易日,升幅达50%以上的个股为750个,其中升幅在60%以上的为202个,升幅在70%以上为116个,升幅在80%以上的为100个。显然只要顺势参与反弹就可以减少损失、获取收益。当然,所谓顺势是顺大势而不是小势,如果灾后反弹不能重新进入上升通道,那必然需要经历一段漫长艰难的修复期。此时一般不增仓为宜,也可酌情减仓位,静候底部的重新确认之后再增仓加入。

在中国股市25年历史上,7%以上日跌幅约计13次。以上证指数为例,1997年2月18日和1997年5月22日跌幅分别为−8.91%和−8.83%,1998年8月17日为−8.36%,1999年7月1日为−7.61%,接着相隔7年至2007年2月27日跌幅为−8.84%。2007年6月4日下跌8.26%,至2008年6月10日下跌7.73%,接下来5次均发生在2015年。2015年1月19日为−7.7%、2015年6月26日为−7.4%,2015年7月27日为−8.48%,2015年8月24日为−8.49%,2015年8月25日为−7.63%。从以上统计可以看出两大特征:一是暴跌均发生在牛市高峰的转折期;二是暴跌均集中爆发于2015年。从2015年6月15日以来至8月底,在短短的12个交易周中,上证指数跌幅已达44.9%,周长阴线出现7根,占58.3%。按国际股市的一般标准,日跌幅2%就可称为暴跌,那么在这短短的53个交易日中上海股市共出现19次,占整个交易天数的35.8%,也就是说平均每三个交易日就出现一次暴跌,这呈现的风险可谓史无前例、世所罕见。面对剧烈的股灾,对于投资者来说,避灾远比盈利更重要,因为生存高于一切。

六、换术

换术首先要换的不是股票、不是策略,而是思路。2015年股市的股灾式震荡已完全不同于中国股市历史性的熊市,传统的固式思维在当今股灾中已支离破碎、不堪一击。以前认为大盘转势可以借反弹之机出货,在明确由牛转熊的趋势之后再减仓、轻仓也来得及,然而如今的股灾以迅雷不及掩耳之势雪崩式地暴跌,仅十几天的交易就产生以往需要半年乃至数年的跌幅,令你无回旋余地、无回手之力;以前认为只要政府救市就可以转危为安,而且只要宣布暂停新股发行、汇金增持、降低印花税就足以使大盘由弱转强,然而此次股灾告诉人们,救市不只是钱的问题,也不只是 IPO 暂停的问题,股灾引发的原因远比想象的更多、更复杂、更严重,所以千万不能一看到政府救市就大胆抄底,结果往往惨亏于盲目和轻信;以前认为政府救市就是救指数,只要拉升蓝筹权重股便可重振牛市雄风,然而此次股灾的严酷现实告诉人们,救指数无用,更需救流动性,在个股封于跌停的情况下,大批想卖出的投资者无夺命逃跑之路,而对于想买入的勇敢者,面对千股跌停又不敢以卵击石,只能望而生畏。可见在救市面前,绝不能轻信救兵必能使市场扭亏脱困,有可能救援途中自身被空方狙击手重重包围;以前认为救市之后虽然不能使大盘走势立即出现"V"型反转,但是大盘基本可以企稳,筑底也应相继开始,然而这次股灾让人亲眼看见了在史无前例的救市力度之下,市场却依然弱势不减,更像是发生了一场强烈地震后接连又发生更大的余震,在 6 月 15 日至 7 月 9 日短短的 18 个交易日发生 34.8% 的跌幅之后,又连续发生 8 次 2% 以上的暴跌,令正被股灾吓得胆战心惊的投资者惊慌失色,整个市场似乎陷入一个杯弓蛇影、草木皆兵的恐慌局面。谁能想到会出现这种灾情越救、惨状越重的的状态。值得一提的是,以往一般认为越是下跌就越是释放风险,就越是使市场降低风险。然而这次股灾却告诉人们,当今市场越是下跌,风险就越大。因为股灾之下的股市所面临的是链式危机,股市下跌将会引起一连串的多米诺骨牌效应。所有这些均是中国股市 25 年来闻所未闻、见所未见的事。因此,一切均需换个角度去认识市场、审视市场、适应市场,否则连生存都难以解决,又何以成为赢家。

七、退术

古语云,退一步海阔天空。对于股市中人来说,"退"甚至比"进"更重要。在发生一场股灾之后,损失是难免的,此时的心态往往容易悲伤和浮躁,一种急于想东山再起、扭亏为盈的心理容易主导自己的操作,这可能就会产生进一步失误。因为市场一切均在动乱之中,走势是否止跌企稳,会否再次发生暴跌,心理是否稳定,恐慌之下会否再次出现踩踏,热点有否明确,分化究竟如何演变,救市如何演绎,政策、资金、方式、策略是否能有效稳定市场,人气是否恢复,公私募基金的意图看法、仓位策略有何变化,汇金、社保、保险、券商等大机构有何动作等等,一切还在动荡迷茫之中。就像一场天灾之后,首先重要的是撤出灾区、离开风口。"退"就是疗伤,就是清理,就是平静,就是安稳心情、整理思绪,因为受灾现场还可能有余震发生,还可能产生塌墙倒屋的事,还可能有瘟疫疾病发生,还未修复水、电、食宿、医疗、交通等生活必需的供应渠道。所以一定要"退"出来,把生命与生存的根本紧紧抓住,恰如在经历 6 月 15 日至 7 月 8 日的股灾之后尽快地退出股市、认赔服输,那么就可避免发生于7月24日和7月27日连续两天的暴跌,更可避免8月18日后一场更惨重的雪崩式下跌。如果在7月8日之后就产生股灾已经过去、救市已经成功、大盘已经见底,抄底正是时机的盲目急躁心态,甚至重启杠杆、力图加倍翻本,那么更惨的结局是必然的。显然"退"是一种方法,也是一种心态,退之术所求的便是调整心态、养精蓄锐,这是为下一步的"进"奠定基础,所谓"临渊羡鱼不如退而结网"便是此理。

八、等术

在这次股灾中,有一段最流行的谚语便是"新手死于追高、老手死于抄底、高手死于杠杆、价值投资者死于硬扛"。面对股灾之后的市场,泡沫已破、指标见底,绝大多数股票股价夭折,市盈率大幅下挫,破净股涌现,救市政策已不断兑现。此时当看到一些个股又出现涨停,日K线持续阴线之后刚刚开始出现阳线时,抄底之心往往按捺不住,便开始蠢蠢欲动。一些股灾中巨亏的人,报复之心油然而生,重新启动杠杆融资甚至数倍的场外配资,结果是可想而知的。更有一些老手在股灾发生前成功逃顶、洋洋得意,当看到大盘初稳便想在成功逃顶后再显示一下成功抄底的本领,尤其是想到前期避免了股灾、收获颇丰,自有一种飘然得意之感,于是潇洒一挥、满仓抄底。谁知不仅未有半点收获,反而挨了比股灾更惨重的一刀。惨痛中方知股灾尚未结束,抄底为时过早。可见"等"术是十分必要的,"等"是一种心态、一种忍耐、一种毅力、一种大智慧。因为"等"不是一种消极懈怠,而是一种潜伏蓄势、一种分析判断,在"等"之中去观察大盘是否真的企稳。一般而言,抄底须在以下信号出现时:(1)技术指标出现见底信号。①按叶氏技术分析系列,日K线与周线KDJ随机指标底部金叉;②MACD平滑移动线指标底部金叉;③DMI趋向指标+D1向上在底部与-D1出现金叉;④MA成交量指标在底部金叉;⑤5日均线上穿10日均线发生金叉。这五大金叉发生便是技术上见底信号(详见《股道》一书)。(2)市场平均市盈率在13倍左右,破发股、破净股出现。(3)开户数恢复上升,保证金明显增加,有效交易账户扩大,社保、保险、公私募基金开始增仓。(4)市场恐慌情绪消除,赚钱效应开始显现。(5)热点开始明朗,涨停个股不断增多。这五大信号共同出现时,市场见底条件基本成熟,虽然此时抄底可能不是最低价,但安全系数无疑大大增加。

综上所述,避险八术,首先是必须认清当今股市的现状,脑子里必须有一根互联网的风险之弦。2015年的股灾从某种意义上说是件好事,他彻底将传统的投资理念击得粉碎。在这场活生生的风险教育面前,你真的会认识到市场变了,变得更复杂、更宽广、更神速。因为这是一个互联网金融时代,这是一个杠杆时代,一切都变得更快、更短、更小,传统的盈利模式正在裂变。当今高频交易、超短线薄利交易似乎成了时尚。然而一切如何变化,重要的还在自己。市场永远是正确的,永远需要保持对市场的敬畏之心和感恩之心。要认识市场、适应市场,绝不能轻视市场、埋怨市场,永远立足于自己,改变自己、完善自己、修炼自己。因为避灾的核心是自己、是自我,是自身的生存、发展、壮大。经历2015年的股灾,反省自我将使你在今后的股灾中具有更坚强的抗风险心理和抗风险能力。

3. 中国股市的稳定因素正在逐步增加

自 2015 年 6 月 15 日沪深股市发生股灾以来,市场始终处于弱势震荡之中。日 K 线阴线多了,成交量减了,均线向下多了,涨停个股少了,营业部开户数少了,市场热点也少了,焦虑愁苦的投资者多了、笑逐颜开的少了。所有这些均属于正常的灾后现状,这就像一场大病之后,病情不再恶化,但食欲减退、身体疲软、四肢无力、声气不足,需要一个休养生息的过程,让身体慢慢康复。而这康复的过程便是自身正能量的积聚过程,也是扶正祛邪、由弱转强的过程。目前的沪深股市正处于这一阶段,透过弱势震荡的走势可以清晰地感觉市场的稳定因素正在逐步增加。

(1) 首先是上证指数从 5 178.19 点跌至 2 850.71 点,跌幅已达 44.9%。指数不仅回到了 2014 年 12 月初的点位,而且市盈率以 2015 年 8 月 31 日计算,沪深市主板为 26.09 倍、综指平均为 39.84 倍、沪市为 15.82 倍、沪深 300 动态仅为 11 倍,已到达 2005 年 998 点、2008 年 1 664 点时的水平。这表明这轮下跌已超出价值区,存在恐慌性超跌的事实。绝大多数银行股市盈率在 6 倍以下,农业银行、兴业银行市盈率仅 4.95 倍和 4.97 倍,沪市已有 110 只股票的市盈率在 15 倍之下。而这种恐慌恰恰是机遇的来临,中国股市不仅是现在,更重要的是未来,其价值正逐步体现。暂时被恐慌淹没的价值,必定会像抹去尘土的珍珠一般重放光彩。这罕见的股灾从祸福相依而论,祸兮,福之所倚,机遇就在灾祸中孕育。

(2) 政府高度重视,在全力救市之下,证金公司的资金十分雄厚,对救市的策略正逐步成熟。从救指数到救流动性,从成立国家队到窗口指导和证金进入,从动员上市公司董监高管增持到公、私募基金合力救市,从查恶意做空到深挖股市内奸,从规范信息到查内幕交易和违规减持,从划归汇金持股到宣布证金绝不退出,从暂停 IPO 到国务院召集证监会、财政部、国资委、银监会联合发布《关于鼓励上市公司兼并重组、现金分红及回购股份的通知》,从稳定市场人气到提升投资者信心,从券商做多到券商再次联手按净资产 20% 出资划给证金公司统一投资。中央从资金、政策、措施、费率、机制等全方面稳定市场,所以应该相信政府、相信中国一定有能力稳定股市。

(3) 当今虽然相当一部分投资者蒙受巨大损失,但是公募基金、私募基金的仓位较轻,尤其是私募仓位很低,社保、保险乃至养老金正不断入市,在上证指数 3 500 点到 2 600 点之间证金公司的万亿元资金被套,在随后的下跌中又加入不少救市资金,这些国家资金必然以大局稳定为主,不会轻易撤出。同时在 7 月时段有 889 家大股东、高管及产业资本约计 2 419 人、3 438 次,进行增持约 44.08

亿股,计资金额达641亿元。进入8月继续有相当多的上市公司实施增持和回购,这些被增持公司由于半年内不能减持,所以流通股本减轻。市场一旦企稳向上,那么反弹之力甚至反转之力就会相对轻松。这就意味着在暴跌之下,也是强劲升势的机遇性孕育。

(4)本轮牛市最大的特点便是杠杆牛市、互联网牛市,在互联网+杠杆的情况下,暴涨成了必然,但是暴跌也成了必然。而在股灾之后,在政府救市之下,相应的措施和制度也开始完善。目前场内融资也在逐步清理中,已从原先的2.6万亿大幅下降到如今的1万亿左右,而隐蔽性的场外配资也在加紧清理之中。据了解,各券商不规范的场外融资接入端口在9月初将清理完毕,各种增量资金在整顿后将开始进入相对合理区间,所以杠杆性因素正在消退。这表明不确定因素正在减除,而利于股市稳定的因素在不断增加。

(5)在这次股灾中,制度性漏洞最大的股指期货正在逐步压缩,保证金的提高、仓位的限制、对高频交易及量化交易的监管正在加强,这正是为股市扶正祛邪。尤其是中信证券部分高管被查,从根本上诊断出中国股市的病根,就像抗战时期挖出内奸一样,大大有利于中国监管系统内部队伍的纯洁。内部的整顿清理是一件大好事,一件大大利于稳定的事,市场希望挖除毒瘤、正本清源,有利市场健康运行。

(6)经历了这场股灾之后,无论是对政府还是对个人,凡是与中国资本市场涉及的方方面面均将在这轮考验面前吸取教训、获得教益。也许经历了这场股灾,将使国家在防范金融风险上有了更多的经验,将使各投资机构在风险投资上有了更多的戒备和谨慎,将使广大投资者对互联网杠杆时代的股市有了更深刻的风险意识,坏事变好事的因素正在逐步积累,这不仅对当前股市的稳定十分有利,而且为中国股市今后的稳定发展打下了良好的基础。

没想到的股灾爆发了,没想到的千股跌停、千股停牌、千股涨跌停间上蹿下跳出现了,没想到在强震之后又会接连发生超强余震,没想到的救市出动了,没想到救市竟如此艰难。当一切不利因素出尽时,那没想到的股市稳定也许会在你没想到的时候产生,也许也将会给你一个没想到的收获,一切皆在不可能中孕育着可能,又在一切可能中孕育着不可能。所以在动荡的股灾中,首先要活着,在保持良好心态下活着,要充满希望地活着。股市不相信眼泪,也不相信昨天,股市相信的是认识今天、投资明天,因此要相信中国股市的明天。稳定股市对于投资人来说,首先是稳定自己,在不稳定的市况中去看到稳定的因素,在不断增加的稳定因素中发掘新的机遇,这才是赢家的素质。

4. 形有波动，势仍向好
——修复行情的趋向

"形有波动，势仍向好"是李克强总理对当前中国经济的评价。用这句话来评价2015年经历了牛市行情——股灾行情——救灾行情——修复行情的中国股市也是十分确切的。自2015年6月15日中国股市发生史无前例的股灾以来，至2015年10月22日历时4个月有余。在这段80个交易日中，大盘的行情走势可分为三个阶段。第一阶段（6月15日至7月2日）为股灾行情，上证指数从5 174.42点暴跌至3 795.25点，跌幅达26.7%〔按照全球学术界对一个国家和一个经济体的股市会出现危机的一个衡量指标，则10个交易日（两周之内）下跌20%便可确认为危机，这是一个十分明确、十分重要的指标，在全球范围内约发生7.8次，中国股市本次股灾便列入其中〕。这段股灾行情的特点是，出人意料之外的无回旋余地的暴跌速度，以及出人意料之外的千股跌停式的暴跌规模。第二阶段（7月3日至8月26日）为救灾行情，上证指数从3 795.25点又大幅下滑至2 850.71点，跌幅再度达24.88%。这段救灾行情的特点是出人意料之外的救市力度，运用了自中国股市成立以来历年熊市史所未见的救市措施（最大量的资金额度、最大规模的集结号令、最高领导层的关注指导、最强手段的执法严查、最全实施的政策措施），以及出人意料之外的市场恐慌反应（17次的千股跌停以及出现千股停牌、千股在跌停与涨停间的蹦极，大批随救市跟进的为国接盘的"勇士"倒在黎明前的一刻）。第三阶段（8月26日至10月21日）还将延续，上证指数从2 850.71点最低点震荡盘整、稳步上升至3 447.26点，从趋势看，既脱离了股灾最低点2 850.71点，也突破了股灾发生以来从5 174点至4 006.34点的下降趋势线，并在2 983.92点与3 256.74点的箱体盘整了28个交易日，换手率达29.3%，平均指数为3 134点。这段尚未结束的修复行情究竟趋向如何？究竟怎样演绎？究竟会不会也出现出人意料之外的特色呢？这无疑是当前市场关注的焦点。尤其是经历股灾之后，市场对大盘走势的趋向出现两种空前极端的分析观点。一种观点认为修复行情仅是反弹而已，国际经济的疲软、本国经济的弱势、南海不宁、消费不振、全球战火不断动荡加剧、大宗商品清淡、美日欧股市走势高位见顶。因此，股灾还将延续，轻仓观望为宜。另一种观点认为，黑暗已经过去，曙光已经升起，最佳投资期正式来临。可谓见仁见智、难分伯仲。股谚云：看大势、赚大钱。修复行情将趋向何方，确实是值得细加探究的。

一、修复行情的基因

　　股灾与熊市不同,熊市是个逐步转弱的过程,恰如温水煮青蛙,在不断的侵害中慢慢耗费了生命,而股灾是一种猝不及防的突然袭击,如地震和海啸般突如其来,所以受伤的深度与广度更剧烈、更严重。本次股灾初始时认为是正常回调,而实际却是柱裂墙倾。40余亿元的市值蒸发,十余次的千股跌停,上千家个股申请停牌,一大批牛市的憧憬者美梦成噩梦,一大批救市资金被套在灾难之中。这史无前例的股灾使仅仅25年历史的中国股市受到了前所未有的创伤。有太多的理念需要反思,有太多的信心需要重建,有太多的制度需要完善,有太多的管理需要补漏。就像一个人生了场大病之后需休养生息,需要慢慢调理,这个康复的过程如同股灾之后的修复过程,这是完全必要的。那么经历股灾之后的中国股市有哪些内容需要修复呢?笔者以为:

　　第一,首先需要修复的是管理层。在这场股灾之中,尽管及时纠错、采取积极救市措施,但依然表现出风险意识滞后、应急能力不足、组织手段欠缺。尽管寝食不安、殚精竭虑,但收效不高、人才不足,尤其是高层内部出现无间道,决策机构鱼龙混杂,在救灾的危急时期泄露国家机密、包藏祸心,实在令人心碎胆寒。因此,清理证监会领导班子、重展领导才能、重建领导威信、建立问责制是当务之急。对已查办的违法人员,在证据确凿之下尽快依法处理,对亿万股民有个明确交代,以告慰在股灾中伤痕累累的股民。

　　第二,作为造成股灾的重大原因之一的杠杆问题。必须在软件与硬件两方面双管齐下,全面整顿清理各种电脑端口、各种名目繁多的配资信贷、各种巧立名目的借款高利贷等,均必须深入检查。已限期于9月、10月清理完毕的高额配资必须彻底清理、严格检查,建立严肃的惩罚措施。对于规范的配融项目建立健全的限额比例,使各种增量资金既有宽敞的流通渠道,又有严防风险的规范举措,时刻警惕资金的冒险与冲动,建立有效的杠杆融资预警系统,这是在修复行情中必须完善的。

　　第三,去程序化交易,这也是股灾的重要原因之一。从全球股市分析,程序化交易历来是造成股灾的重要原因之一。美国1987年的股灾就在于程序化交易,在股价下跌时毫不留情、毫无回旋余地地进行交割平仓,从而造成下跌加剧、灾害加深。中国本次股灾中各券商机构以程序化交易连续地增加抛压,又无情地按顺序进行强制平仓,造成股市一系列的多米诺效应。千股跌停之所以多次出现,流动性障碍之所以难以消除,均与顺序化交易有关,所以必须在交易制度上严加改正。

　　第四,在法律与制度上需进一步完善。面对互联网时代的金融,原先的《证券法》、《公司法》、《证券监管条例》等都有许多内容没有涉及。在股灾考验之下，制度与法律的漏洞便暴露无遗。之所以说任何一次股灾对于制度、法律、规则都是一种进步，就在于通过股灾看到不足、看到欠缺，从而迅速补充完善。美国的证券法规之所以较为健全，也是通过不断的股灾、熊市之后不断改正和完善的。

第五，在经历股灾之后，每个投资者、每个与资本市场相关的人，乃至每个国民都会感到金融知识的不足、风险意识的不足、应急能力的不足。在这次股灾中，过去不提或是不常提的"恶空"、"禁空令"、"融断机制"、"杠杆效应"、"配资端口"、"拖拉机账户"、"股灾危机"、"两融风口"、"地下钱庄"、"对冲基金"、"内外勾结"、"千股跌停"、"紧急停牌"、"强行平仓"、"套利保值"等新名词开始进入互联网的资本时代。一场活生生的风险教育和一场活生生的股市震荡给每个人上了一堂最现实的教育课，传统的理念已失去光彩，老股民的资历、经验都遭受洗炼，25年牛熊搏杀的历史几乎失去了借鉴的意义。一切从头开始，一切重新认识，这场股灾给予每个投资者的深刻教训需要相当时间去吸取和消化。

第六，信心的修复与心态的修复。经历了如此严重的股灾，使不少人产生一种"一朝被蛇咬，十年怕井绳"的恐惧心理。毕竟数年的积蓄一朝耗尽，毕竟满心的希望一下落空，毕竟从牛背上一下跌至熊掌之下，这心灵的创伤绝不是一朝一夕所能修复的。尤其是在这次股灾中被击倒的约计3.7万个资金达500万～2 000万元的股市生力军，这批最具活力的80后、90后在杠杆中深受伤痛、损失严重，这批人的倒下对周围的影响也非一朝一夕就能恢复的。在这段修复行情中，不少人虽然身在股市，但依然怀着杯弓蛇影、草木皆兵的恐惧之心。10月21日上证指数再度出现3.05%的日跌幅、再度出现恐慌性的800余股跌停，这就是市场心理的见证。因此信心修复需要有个渐进的过程。目前开户数开始微微上升，增量资金开始缓缓增加，融资额度开始渐渐提高，这仅仅是信心恢复的一个良好端倪。但市场必须保持稳定，必须维持并放大市场的赚钱效应，方能使信心逐步增强。但是市场是波动的，并非一帆风顺，所以创伤的修复也需要一定的时间。

第七，指标的修复。股灾之后无论是成交量指标、热点指标、日周月技术指标，均呈现空头排列。尤其是创业板指数、日均线、成交量均线及KDJ随机指标、MACD平滑移动指标及DMI趋向指标，都呈空头排列。这些指标需要一个从弱转强的修复，需要变死亡交叉为黄金交叉，日K线需有一个向上突破趋势压力线的过程。

总之，所有这些均必须在修复中由空转多，至少由空转稳，在政策扶持上也必须有个利多持续发酵而利空暂避，给市场一个稳定向上的修复期，从而在修复中蓄势，在修复中重聚信心与人气。没有这种修复，不可能有稳定。修复的良好与否决定着大盘后市的趋向。

二、修复行情的趋向

修复行情究竟向何处发展,是向上突破还是向下寻底,如果仅仅从上证指数走势看,以叶氏技术分析,5日均线与半年均线还在向下运行之中,均线的态势表明目前行情还仅仅停留在反弹之中。从成交均量线分析,5日、10日均量线虽上穿20日均量线,但依然均处粘合状,这表明量能仅仅只能满足反弹的需求。日K线的随机指标KDJ也呈粘合状,K线在DJ二线上下缠绕,说明市场走势处于纠结之中。MACD平滑移动平均线虽仍处强势,但红色柱状线呈不断缩短,略显后继不足。最重要的DMI趋向指标才呈强势,又偏弱势,ADX趋向线同样才上又下,这表明市场正处于滞后不前的阶段。而从周K线与月K线分析各类指标,虽有向好的修复,但依然未呈明显转强态势。再从日K线缺口分析,下有3 073.3~3 133.1的59.8点大缺口,上有3 388.3~3 490.5的102点缺口,显然目前走势既未突破向上以弥补上缺口,又未向下突破以弥补下缺口。日K线的走势无疑是一个十分典型的修复性走势,病情正在好转,但体力尚未恢复,向上缺乏蓄势突破之力,向下也难有做空杀跌之能量。对K线组合的形态分析,大盘有两种选择:一种是继续缓慢横盘、蓄势向上突破;一种是放弃向上攻,继续寻找筑底之路。而这两种的平衡便是在上证指数3 450点到3 250点之间的箱体震荡。而短期由于创业板指数已反弹40%以上,不少个股的股价已突破灾前高点,不少个股已有翻番升幅,获利盘大量涌现,市盈率再度升至80倍以上,同时年终结账、资金回归都构成上攻动能的不足,所以回调的风险随时可能发生。然而无论回调还是震荡,下跌的幅度均有限,3 073点缺口处应有较强支撑。

三、技术面分析

从技术面分析,纠结缠绕、犹疑彷徨之时,基本面、政策面和资金面的影响就显得更为重要。从基本面看,根据国家统计局已公布的三季度主要经济指标GDP增长6.9%,符合预期;投资增长10.5%、消费增长10.9%,这显示我国经济下行压力持续,通货紧缩显现,投资增速放缓,工业疲弱,外贸低迷。因此,四季度稳增长仍是关键,而货币政策必将继续宽松,降准降息还将延续,地下管廊、水利环保、铁路轨交、新能源等重大民生将成为保增长重要领域。同时,财政政策进一步降税清费,为企业减压,PPP项目的推进又引导民资与政策性银行一起对棚改、水利、中西部铁路等重大项目投资。值得一提的是,9月信贷规模及非金融部门中长期贷款回升,全行业PPI、计算机、通讯和其他电子设备的工业品出厂价环比转正,而生产资料PPI环比跌幅收窄,并有望在全球大宗商品价格反弹之下继续回升。所以四季度经济企稳有望。尤其是"十三五"规划坚持以经济建设为中心,坚持科学发展,加快转变经济发展方式,全面深化改革、全面依法治国,加快完善各方面体制机制,更好利用两个市场、两种资源为中国发展不断提供强大动力和有效保障。由此可见中国经济不可能硬着陆,相反正逐步企稳,产生一个全新的经济格局。

(一)政策面

对2015年资本市场而言,特别是经历了史无前例的股灾之后,资本市场的地位空前提高,各种引领、支持股市健康稳定发展的政策不断推出,中央高层对资本市场高度重视。李克强总理明确指出:一个平衡健康的股市关系到经济社会发展全局,关系到深化资本市场改革各项措施的落地生根,关系到国际国内对中国经济的良好预期,关系到扩大直接融资比重的转型升级战略,关系到"十三五"规划能否奠定资本市场支撑。"6.15"股灾以来,管理层推出一系列政策,从企业增持、限制减持到证金救市,乃至清理配资、清理端口、关闭伞形信托软件接入,为市场创造一个良好健康的投资环境,以及证监会对违法违规行为的坚决打击,均表明政策面对股市的支持达到了一个新的高度。

(二)资金面

从当前股市的资金面而言,一方面在清理端口、去杠杆、去场外配资的情况下大规模的增量资金相应减少,杠杆型资金的成倍放大已不可能,但另一方面正规的券商融资进入10月以来连续增加。截至10月27日已连续7个交易日融资买入超千亿元,其中4个交易日呈净买入,已稳稳站上万亿融资的平台。同时从10月12日~16日开始,周开户数开始企稳回升,日均增加5.91万,环比暴涨185%,保证金也一改净流出状态为净流入。10月14日至23日净流入125亿元,但这与股灾前相比明显减少。与国内资金对股市的流动相对应的是全球资金也开始向我国股市流入,连续两周分别流入5.37亿美元和6.36亿美元。从长期看,沪港通、深港通、沪伦通、沪德通以及一旦加入SDR国际货币基金组织后,大量海外资金的涌入将在增量资金上多渠道开源。在资金面上对股市最大的利好是央行的降准降息的持续,宽松的货币政策使大批依赖无风险利率的储蓄资金开始转向,在无风险利率不断下降的趋势下,将大大激发国民的风险偏好,并随之持续不断地开始进行储蓄搬家,这为股市提供源源不断的增量资金。

综上所述,中国股市经历了股灾之后已开始进入修复行情。在修复行情中,随着大盘企稳,投资大众的恐慌心理逐步平息,又随着大盘筑底蓄势,赚钱效应的发酵,市场的开户数、保证金伴着信心增强而上升,各大基金、机构也从空仓、轻仓逐步增加仓位。但又临近年底结账,所以这种修复是缓慢的、反复的,稳健是为明年的行情奠基的,因此修复行情就是一种反复筑底的行情。

形有波动,势仍向好。这"形"就是由上证指数3 073.3~3 133.1的59.8点的下缺口构成的下边线与 3 383.3～3 490.5 的 102 点上缺口构成的上边线所形成的 417 点的区间通道,在这个通道中反复地进行"形有波动"。上有经济并未真正向好的压力,更有 1.5 万亿救市中被套的沉重筹码;下有无风险利率下降、流动性充裕的支撑。在这个波动中反复不断地消化股灾造成的大量阴影,不断弥补修复法制规章的不完善之处。所以这个形有波动不会简单结束,但由于"势仍向好",经济会向好,信心会向好,人气会向好,股市的环境会向好。所以有信心、有希望、有可以实现的梦想。因此,既不能一下恢复牛市,也不会逐步迈入熊市,而最可能的是箱体中反复上蹿下跳的牛皮市。因此,如果说第一阶段的股灾行情中有两个出人意料的特点——暴跌的速度和暴跌的规模,第二阶段有两个出人意料的特点——救市的力度和市场的恐慌,那么第三阶段的修复行情也将产生两个出人意料的特点:第一个特点是较长的时间跨度,可能会超出半年之久,则从 9 月开始延伸至 2016 年 4～5 月甚至更长,这需要对修复的艰巨性、复杂性加以认识;第二个特点是波动的幅度将可能长期在两个缺口之间震荡筑底,以积蓄足够的做多能量,有反复冲刺 4 000～4 500 点的心理准备,然后方能借政策、经济、资金等重大因素的东风重迈牛步、重返牛市。

"形有波动,势仍向好"是前途光明、道理曲折的同义词。只有对中国股市始终保持"势仍向好"的信心和希望,才能在"形有波动"中防范风险、获取机遇。赢家的股道永远将技术、能力放在次位,而将心态、心力放在首位。势在心中,形在手中。

5. 猴年股市致胜的五大要素

自 2016 年 1 月 4 日上证指数 3 536.59 点开盘以来，首先遭遇了 4 次熔断、1 次千股跌停，在短短 18 个交易日中，日跌幅在 5% 以上的达到了 4 次，日跌幅在 3% 的达到了 2 次。至 1 月 27 日上证指数跌至 2 638.30 点方止跌企稳，然而跌幅已达到 25.4%，此后 9 个交易日始终在 3 028 点下方震荡横盘，已产生 2 638 点的 2 次探底，又产生对 3 000 点的 3 次冲击，整体走势可谓一波三折。空方探底则步步惊心，多方上攻则步步为营，尤其是 1 月探底 2 638.30 点后，2 月再次探底 2 638.96 点，此后尽管连续 2 次出现 7 根日 K 线的连续阳线，但上证指数始终难以有效突破 3 000 点的整数关，猴年的首季依然出现 15% 的跌幅，距离年初的 3 536.59 点依然还有 532.67 点的距离，显然猴市的弱势波动为投资者带来了不小的难度，在这种具有猴性常态的大势下，要想致胜则必须具备五大要素。

一、对大势的底气

对大势的底气，这是致胜的首要因素。所谓对大势的底气就是对大势的信心和判断，当前市场之所以满仓与轻仓、乐观与悲观、做多与做空处于较为对立的态势，其原因就在于对大势趋向见仁见智、水火不容，尤其是一些悲观论者，至今依然被 2015 年 6 月的股灾弄得惊魂未定，依然难以消除 20 次千股跌停的恐慌，依然对 4 次熔断心有余悸，因而处处杯弓蛇影、时时草木皆兵，一涨就痒、一跌就痛、束手束脚、头重脚轻，始终置于股灾的阴影之下，如此何以致胜！股谚云：看大势赚大钱，2016 年的大势，笔者曾在《对 2015 年 K 线的解析》、《2016 年"稳"为主基调》和《2016 年熊头牛身》三篇文章中做了详尽解析。3 月 15 日证券界元老群在丁香花园聚餐，笔者总结 6 个观点以明确对大势的基本判断。3 月 17 日，笔者从盘面的变化中敏锐发觉大势将出现新的变化，于是立即发表《一轮大级别行情已拉开序幕》的短评，文中重点提及六大成因。(1) 根据《股道》一书所述的叶氏技术分析系列分析 5 日均线上穿 21 日均线后开始向 55 日均线上行，K 线双底已初步形成，以及随机指标、移动平滑均线指标、趋向指标均在低位形成金叉，周 K 线、月 K 线各种指标均进入蓄势待发状态，在技术上已具备向上条件。(2) 政策面，两会显示对中国经济充满信心，证监会新主席接地气、维稳定、思路明确。注册制、"战"创板的缓行，为市场消除疑虑、增强信心。(3) 宽松稳健货币政策为市场提供充足流动性，汇率稳定、房地产杠杆受限、无风险利率下降，将引流大量储蓄搬家流向股市。(4) 大批机构、基金轻仓，救市资金 1.5 万亿在

4 000点左右等待解放,在美联储暂不加息刺激下,全球流动性泛滥将可能从欧美高位向新兴市场流动。(5)我国政治经济已将资本市场的作用推到前所未有的高度,将成为我国强国、强军、强政、强经的重要动力。(6)自2008年全球金融危机爆发以来,中国股市已经历熊市7年、股灾1年、熔断4次、千股跌停20余次,已跌出了历史性机会。因此只要稳健上升,大量资金将如潮水般涌来,一轮大级别行情将不鸣则已、一鸣惊人。而今利好因素又增加了三条:第一条,美联储主席耶伦3月29日称加息必须谨慎,使市场对美加息可能造成的游资撤离新兴市场的担忧有所缓解。第二条,新证监会主席刘士余关于积极引导长期资金入市正在稳健推进,养老金入市已迈出步伐,据媒体报道,3月28日全国社保基金已给多家境内委托机构约100亿元人民币用于购买二级市场股票,3月29日即可入市。同时,国家外汇局全资子公司梧桐树投资平台有限责任公司开始买入银行股,并跻身交行、浦发银行的十大股东行列。第三条,社科院预计中国经济企稳,一季度GDP为6.7%,二季度为6.8%,国务院发展研究中心研究员张立群认为2016年已出现新的变化,投资增长10.2%开始回稳,出口也会出现企稳表现,尤其是1~2月占GDP比重达50.4%的服务业指数增长8.1%,因此作为股市大背景的经济企稳将对股市起到积极的影响。

当前股市从指数看已处于历史低位,市盈率、平均股价、融资金额均处于历史性相对合理区域,正处于最佳的持续下跌后的历史性机遇时期,而无风险利率下降的大趋势及国家政策对股市的高度重视,已使中国股市形成了一个稳中有涨的共同呼声、一种稳中有涨的人心所向,笔者认为,当前上证指数3 000点之下是中国股市26年以来罕见的历史性底部区域。如果我们能静下心来仔细想想当前的大环境,如果我们能稳定情绪排除熊市留下的阴影、澄清股灾产生的浮云、跳出熔断遗留的惊恐、清除千股跌停埋下的心结,那么你就会十分清晰地看出中国股市的大势正处于一个历史性的拐点,一个向上的健康发展的稳中有涨的起点,就会十分客观地认识到即使在震荡波动中上证指数的上升空间远远大于下跌空间,一大批如黑马般的优质股票其K线形态均在底部蓄势,恰似一大批优秀长跑运动员正进入起跑线,随时准备听候发令枪响而拔腿飞奔。这便是对国家的底气、对经济发展的底气、对中国股市大势趋向的底气、对做多强有力的底气。无可否认,作为新兴股市之一的中国股市历经创伤,尤其是在2008年全球金融危机爆发后,世界各国绝大多数股市均出现复苏现象,不少股市还创出危机前的新高,而中国股市始终处于熊冠全球的低迷状态。至2014年7月好不容易止跌回升,从上证指数2 000点攀升至2015年6月的5 178点,但随之遭遇史无前例的股灾、20余次的千股跌停、4次从未经历过的熔断,使一大批股市有生力量压垮于杠杆之下。这段从2008年到2016年初的严重遭遇,使中国亿万股民伤痕累累、惨痛深重,但从3月以来中国股市犹如灾后重建,中国股民犹如病后康复，一切均在向好发展，制度在修复，资金在修复，管理机构在修复，大盘技术指标、K线形态在修复，人气成交量在修复，新增投资者和保证金在修复，一切均在向好、向稳的修复之中，因此只有认清当今股市的真面目，才会无惧于阴阳交替、无惧于涨跌轮现，才会在大势的反复筑底中感受到正能量的累积，才会感受到当前股市正在为大牛、长牛聚集着量的变化以酝酿质的飞跃，正在进入大牛、长牛的怀胎期而期待着新生命的降临。具有340年历史的美国股市也经历过多次经济低迷、股市低迷的痛苦时期，一次是1929~1932年，道指从386点跌至40.56点，另一次是1937~1942年历时5年熊市，此后在1974年又经历近8年的横向盘整，最后在570点止跌企稳最后进入主升浪，1987年达到2 746点，2000年达到11 908点，现今道琼斯指数已达到17 685点。相信作为世界第二大经济体的中国，其资本市场同样会随着国力的增长而迈入长牛轨迹。因此，明确了大势的底气，就有了心中做多的底气，就会产生赢家的胆识和智慧。

二、创新思维

在当今世界中，创新这个词无疑是使用频率最高的，无论是经济、政治、科研、文化乃至娱乐、社交，只要与创新挂钩，就变得富有活力、富有生机。在这个信息飞速传播的时代，在这个被大数据控制万物发展的时代，在这个互联网不断改变着经济业态、商业业态、科技研究业态乃至文化娱乐业态的时代，如果不创新的话，轻则说会落伍，重则说会被淘汰。对于股市中人来说，创新思维更是决定能否致胜的关键因素之一。

所谓创新思维就是突破常规思维的束缚，改变传统思维的习惯，以一种超常规或是反常规的思维方式去思考，从而产生新颖、独特的思维成果。对于股市中人来说，创新思维就是逆向思维、领先思维，所谓思路就是出路，这个思路置于当今时代便是创新思路。2012年2月原证监会领导在中国上市公司协会成立大会上曾指出，沪深300等蓝筹股的静态市盈率不足13倍，动态市盈率不足11.2倍，显示出罕见的投资价值。当时上证指数处于2 380点左右，沪深300指数在2 500点左右，按照沪深300总股本排行前五名个股（工商银行、农业银行、中国银行、建设银行和中国石油）分析，当时的股价依次为4.48元、2.74元、3.09元、4.91元和10.45元。可是仅仅隔了7个月，至2012年9月这五大蓝筹股的股价便依次跌至3.60元、2.28元、2.58元、3.82元和8.47元，平均跌幅高达18.8%，比上证指数同期12.3%的跌幅高出50%。如果我们按照传统的市盈率估值法去投资蓝筹股，那势必会产生较大的亏损。2013年1月创业板指数为702点，不少舆论以常规的估值法去衡量创业板的投资价值，按此传统思路就不敢涉足创业板的投资，就会失去一次从700点升至2015年6月4 037点的大牛行情。相反，从创新思维出发,从新经济的角度,从调结构、促转型的超常规思维去思考分析,就会收获高达476%的升幅。再以2015年7月股灾时期的大盘走势为例,如果以创新思维出发,就会考虑到互联网金融的复杂性,就不会轻易地相信救市就是底部,就不会将救市与抄底联系在一起。然而不少人却以常态思维去分析,结果虽然侥幸逃顶,却陷于抄底困境。

  2016年的猴年股市创新思维更成为致胜的关键因素。首先从大势的判断而言,如果从固有的估值方法、传统的基本面分析法以及一般的技术分析法去分析,那么当前股市市盈率仍处高位,全球经济与国内经济均不够景气,技术面探底尚未结束,人气及量能仍属不足。因此目前仅是一种弱势反弹,然而从创新思维去分析、逆向思考,当前中国股市已经历了26年来最深重的下跌,自2008年全球金融危机爆发以来中国股市持续熊市7年,在全球股市相继复苏之下依然熊冠全球。2014年7月到2015年6月,刚刚喘息不足一年,随之便经历了史无前例的股灾,快速地将上证指数从5 100点打压至2 600点,其间又经历了史所罕见的20余次千股跌停和4次熔断。可见目前中国股市所处的底部区域是真正的历史底部,从物极必反考虑,也是历史性的牛熊拐点。从长远来看,上证指数2 600点左右将是中国股市大牛、长牛的起点。这便是超常态的创新思维,在这种创新思维下,做多的勇气将信心百倍。

  在个股选择上,创新思维更是寻找大牛股的智慧之源。笔者曾以创新思维领先地买入锂电池资源企业江特电机(002176),领先地买入大数据概念股天源迪科(300047),领先地买入北斗导航概念股欧比特(300053),领先地买入国企改革概念股(如珠江钢琴、龙头股份、申达股份等)。正是创新思维的引领,生发了投资智慧,积累了胜者的底气。根据同花顺"问财"统计,2016年1~3月,对涨幅列前十八的个股进行分析,除了部分新股之外,绝大多数个股均是创新思维下的个股。如宝德股份(300023)升幅达103.7%,该股除了业绩同比增长241%、分红预案为10转15之外,其从事经营的就是自动化控制的专用设备,堪称工业4.0的典范。与此类同的还有科大智能(300222)、数源科技(000909)、英唐智控(300131),分别从事工业智能化机械、智能汽车生态园、智能生活电器等智能领域。又如佳创视讯(300264)、棕榈园林(002431)、创维数字(000810)分别升幅为101.6%、87.3%和66.1%,此三股之所以涨幅列前,其原因在于这些企业已领先涉足VR虚拟现实。佳创视讯与4家国家实验室构建广电+VR大生态链,棕榈园林进军VR主题公园、创建生态体验式旅游,创维数字创建智能机顶盒+VR+医疗健康。另外,建立"农一网"、实现农药线上销售的辉丰股份(002496),布局无人驾驶的中原内配(002448),从事智能机器手臂、脚及身体的科大智能(300222)等上市公司之所以成为2016年首季涨幅列前的牛股,就在于这些企业从事领先的创新产品,走在经济发展的前列。在大多数人跟随互联网+的时候,他们却领先一步地涉足VR＋,因为VR＋虚拟现实是互联网的下一代,是互联网发展的新标的。因此,只有具备创新思维才能去发现杰出的创新企业。值得一提的是,当前在中概股回归、科创板被搁置的情况下,这些优秀企业势必会走上借壳上市之路,如果以创新思维出发领先一步去发掘,又将会发现一批牛股集中营。一些表示愿意转让股权的公司,一批参与中概股私有化的公司,一些股本较小、价格较低、经营不善的国企改革股等,无疑会成为中概股回归、科创板借壳的标的对象。可见创新思维是价值发现的万倍细微镜,有助于从常规中发现不常规的基因。

创新思维是智慧,是眼光,是胜者的胸襟和气质。

三、震荡定力

定力是佛家之语。佛教中有五力:精进力、信力、定力、念力、慧力。定力是其中之一,是指清除烦恼、妄想的禅定之力,是佛学之三藏十二部经典的核心与总纲中的重要因素。佛家称:有定力的人,正念坚固,如净水无波,不随物流,不为境转,光明磊落,坦荡无私;有定力的人,心地清净,如许不动,不被假象迷惑,不为名利而动心。简而言之,定力就是把握自己的意志力。置身于猴年股市,由于K线的阴阳交替、走势的动荡曲折、消息的多空混杂、热点的纵横轮动,以及国内外经济金融的风云变幻等比以往更激烈、更复杂、更频繁,因而震荡中的定力对于胜负具有举足轻重的作用,也成了决定成败的关键因素。

(1)对大势的定力。这是猴年致胜的首位,股谚云:看大势赚大钱。如果你能明确大势的趋向,那么就能清晰地认识到当前的股市正处于中国股市历史中最佳的底部区域,是货币政策无风险利率下降的大趋势,是经济从L型逐步走向U型的大趋势,是从间接融资逐步转向直接融资的国家金融改革的大趋势,是国家对股市政策的大力支持。从调换证监会主席、暂时搁置注册制、战新版、控制IPO发行节奏、引导机构长线资金(养老金、社保资金、企业年金、QFII、RQFII等长线资金)入市的政策大趋势,是经历了全球金融危机、中国式股灾与熔断后烈火重生的股市走势大趋势等这些大趋势的黄金叠加,是市场底、政策底、资金底、经济底、技术底的黄金交叉。在这样的历史性底部,有定力的投资者就不会在乎浪尖浪谷、失败浪、延伸浪、三浪五浪的"杨门"武艺,就不会在5分钟、10分钟、30分钟、60分钟的死亡交叉与黄金交叉之间作生死博弈,就不会专注于玩"线"、玩"圈"、玩百分比、玩黄金分割的太阳马戏团的杂技,就不会在意数日、数周、数月的反复筑底,就不会在意百点、千点关口所遭遇的重重阻力。因为站在这个底部区域已看到黎明前的旭日,已看到出现于地平线上的航船的桅杆,心中已充满着牛熊拐点的信心和喜悦。对猴年大势有定力的投资者,就会将阴阳K线视为红肥绿瘦、桃红柳绿的春色美景,就会将上证指数 2 600～2 800 点的底部区域视为东篱采菊、西湖泛舟、南山听松、北国留白的桃源胜景,就会含笑看涨跌、悠然谈牛熊。这便是对大势的定力。

(2)对消息的定力。猴年的股市舞台无疑是眼球经济和耳膜经济的鼎盛时期。大师的 PK、专家的对垒、名人的叫板,可谓精彩纷呈、目不暇接。泛滥的信息、调整的传闻、神秘的数据,从微信、微博、股吧到电视、广播,纷至沓来,将投资人的视觉、听觉搞得天昏地暗,既难分东西,又不辨南北。如果你失去定力,就会彷徨迷茫,公听公有理,婆听婆有理,结果做多不敢、做空不甘、空仓忧涨、满仓忧跌,内心纠结、心神恍惚。而对消息的定力便是取决于对猴年股市的信心、对国家政治经济的信心。猴年的股市,一切消息的核心就是一个"稳"字,人心思稳、国家思稳、政策维稳、经济向稳,对于有定力的投资者,就会任凭风浪起、稳坐钓鱼台。无论唱空者音色如何优美、唱腔如何精湛、颜值如何超群,我做多之心岿然不动。郑板桥在《竹石》一诗中写道:咬定青山不放松,立根原在破岩中。千磨万击还坚劲,任尔东西南北风。这便是对置身于信息满天飞的投资者具有定力的最好写照。

(3)对个股的定力。处于历史大底的猴年股市可以说满地金银、遍野珠宝,近 3 000 只个股,绝大多数的 K 线形态均处于双底、头肩底、多重底的状态,有的个股已横盘很久、蓄势待发。在这样一个底部区域可以相信,任何股都会涨,只是先后有别、幅度存异而已。无论是低市盈率长期蛰伏的蓝筹股,还是别离久远、"煤飞色舞"的周期股,也无论是估值高启、牛气不减的创业板,还是强势依旧、牛股频出的中小板,更无论是业绩持续增长或大幅增长的白马股,还是高比例分红送转或并购重组、凤凰涅槃的黑马股,都已在集结号声中汇合于百米牛道的起跑线上。所以对个股具有定力的投资者,首先要精心选股,一旦选中,则放心持有,无须青山比高、楼外望楼,深信金子自有发光日。其次是股票池满、重仓持有、以质领先、以量占优,在选股与持股上,不迷信软件、秘籍、报纸、专家,坚持以自己的脑袋指挥自己的钱袋,唯有如此才能以定力骑上牛背、把握缰绳,否则即使选上牛股、黑马,也将可能为牛角所伤、被马蹄所踩。

没有滴水的定力,何来石穿的成果;没有抗寒的定力,何来梅花的浮香。如果没有猴年对走势跌宕起伏、风云变幻的定力,何来对历史性机遇的把握;如果没有猴年对信息乱云飞渡、真假莫辨的定力,何来对黑马牛股的坚持不放。佛家说,须有坚、诚、恒之心,方能有大定、修大行、成大果。定是止、是放下、是看破、是大慧,定力之下,方能开智,方能从容镇定、临危不惧、遇乱不惊。宋代赵善璙在《自警篇·工善处事》一文中指出"必其胸中器局不凡,素有定力,不然胸中先乱,何以临事",可见定力是投资人的气度、胸襟和眼界,是一种心态和素质。在成王败寇之间,决定胜负的往往不是资金、技术,而是不慌、不贪、不惊、不乍的定力。

四、个股精选

猴年股市之所以将个股精选作为五大致胜因素之一,其重要原因是猴年股市的指数走势以震荡盘整箱体波动、反复筑底为基本特征,所以寄望于指数大幅上升是不现实的。当然,这种走势并不能否认上证指数3 000点上下是历史性最佳底部。但也必须承认经历了7年熊市、1次历史性股灾、4次大熔断之后,这一底部区域可谓伤痕累累、寒气重重,要化解破冰,绝非一蹴而就那么轻易、简单。因此在这个反复筑底的时期,在这个上升空间远大于下跌空间的历史性机遇时期,精选个股无疑是最佳的投资策略。

根据"同花顺"官网统计,从2016年1月4日上证指数3 536.59点开盘,至4月15日上证指数3 078.12点收盘,指数下跌458.47点,跌幅为12.96%。而在这三个半月的交易中,个股升幅从0.04%到548%的有357只,占沪深个股总数2 815只的12.7%。如果再加上强于上证指数的,则跌幅小于12.96%的个股有727只。二者共计1 129只,占总数的40.1%。另外从弱于大盘走势的个股统计,跌幅从12.97%到20%的为742只,占总数的26.4%;跌幅从30%到40%的为171只,占总数的6%;跌幅40%以上的为26只,占总数的0.9%;总计跌幅超过大盘指数的共计1 686只,占总数的59.9%。这一统计充分显示,当前市场是一个结构性的分化市场,有41%的个股可以强于大盘,而其中12.7%的个股远远跑赢大盘。可见这是一个选个股的大好时机,是指数小幅波动、个股龙腾虎跃的时期。且不说此期间升幅高达100%以上的新股炒作,就升幅在40%~90%以上的58只个股,其实已登上上证指数4 950点。以每上升10%相当于指数353点计算,如果升幅达80%,那么就相当于进入上证指数6 360点。所以在指数处于相对平稳的3 000点上下,正是指数搭台、个股登场选秀的大好时期。

在猴年股市中究竟什么样的个股能成为鹤立鸡群的牛股呢?从同花顺统计可以看出,这期间堪称牛股的数量仅为12.7%,这就是说牛股的比例是10∶1左右。虽然比之百里挑一要容易许多,但是十选一也不是件容易的事,所以必须了解牛股要具备的几点因素。笔者前期对中国股市26年来每年的十大牛股以及26年来总的十大牛股进行分析研究,并写了继《股经》、《股道》之后的又一本系列书《股术》。书中经过对数十只牛股的剖析总结发现,虽然各年的牛股均有区别,但有几点共性却是始终不变的。这便是:(1)小盘。因为总股本小,所以为股本扩张配股、送股、转增股本留下了广阔的上升空间。而牛股的牛气便是从数十倍、数百倍甚至数千倍的扩容中强劲生发。(2)业绩增长。在通过持续不断的内生性和外生性发展中保持持续的盈利能力,这是牛股的底气。(3)分红丰厚。从牛股分析中可以惊奇地发现,越是走势强劲的牛股,越注重于对投资者的回报,不少公司分红派现额远超融资总额,而一些铁公鸡公司往往很难成为牛股。(4)行业景气。一般而言,牛股的诞生环境均来自于朝阳行业、新兴产业,或是行业景气度走出低谷、出现上升的拐点,从而激发了牛股的正能量。(5)兼并重组。不断谋求新能量的企业或强强联合,或优质资产注入,或脱胎换骨、凤凰涅槃,从而使企业始终保持强势。这五点也许是资本市场长期投资中选择牛股最重要的参数。

以此为基础,再参考同花顺的统计,涨幅列前的个股除了新股之外,如宝德股份、好想你、银宝山新、中房股份、完美环球、广博股份、长江润发等,基本具有小盘股、新兴行业如虚拟现实＋网红、环保、游戏、兼并重组等特点。因此,可以明确猴年的牛股必将具有小盘股、新兴行业、经营业绩优良、可持续增长等特征,具有丰厚的分红派现能力,具有兼并重组题材,有了这几点条件便可以相信,猴年牛股的基本成分便具备了。在此基础上再经过优中选优,确立自己所选中的个股组合,那么猴年的投资收益就有了一个初步的基础。

值得一提的是,选好了牛股,并不是每个人都能成为好骑手的,有的往往刚骑上就放弃了,有的半途而废,有的甚至被牛股撞了牛角或被踩在牛蹄之下,其原因就在于对牛股的把握能力。如果你缺乏自信力、定力和掌控能力,就会错将牛股当差股。因为牛股也会震荡,也会回落调整,也会大幅波动。在斗牛场中,胜者一般都熟知牛性、驾轻就熟,将掌控作为一种艺术,使巧劲而不是硬拼。对牛股亦是如此,只有保持良好的心态顺势而为、熟悉牛股的企业属性和市场属性乃至了如指掌、如数家珍,才能不仅成为牛股的选手,更能成为牛股的骑手。

对牛股的选择还必须坚持宁缺勿滥、宁精勿糙,千万不要开超市一般花样繁多、品种琳琅,应该以质替量、去粗存精。在选准牛股之后,逐步择机重仓,作中长期投资的心理准备,不信小道谣传,可实地调研,可看些专业机构的研究报告,对牛股始终怀着一种敬重和感恩,报以一种爱护与关切。唯有如此,方能在牛股持有中享受猴年难得的回报。

五、风险防范

对于投资人来说,股市的任何时候都必须注意风险防范。无论是马市、羊市、鸡市、狗市还是熊市与牛市,都必须绞紧风险防范之弦,猴市也不例外。尽管上证指数处于 2 650～3 050 点的历史性底部区域,尽管中国股市已历经 7 年熊市、1 次股灾和 4 次熔断,但是风险依然无时无处不在。

自 2016 年 1 月 4 日开市至今,沪深二市 2 786 只个股,据同花顺统计升幅为负的个股为 2 461 只,占总数的 88.3%。即使是基金,一季度私募与公募分别亏损 3 000 亿元和 6 000 多亿元,甚至"国家队"也亏损 8% 左右。不少投资者除了

2015年股灾所受的创伤尚未痊愈之外,2016年又遭遇熔断下的亏损之苦,至今依然处于新伤加旧伤的痛苦之中。即使目前大盘基本企稳,但绝大多数投资人依然未能弥补所受的损失,显然风险的防范时刻在提醒人们别"好了伤疤忘了痛"或是"久痛麻痹不觉痛"。

猴年的风险既具有历年股市的共性,也具有新年度的特性。具体而言,主要表现在以下三个方面。

(1)仓位风险。仓位的把握,既是一种策略,也取决于对大势的把握。目前看多、看空分歧严重,所以满仓、空仓有之,轻仓、重仓有之;也有的轻指数、重个股,所以在个股上重仓;有的重指数、轻个股,所以一有反弹便重仓杀入、一见回落则全部清仓;更有一部分投资人长短结合,不断高抛低吸、降低持股成本。无论是何种操作,最后均由盈亏来说明问题。从现实走势看,上证指数自2016年1月4日至4月28日共计78个交易日中,绝大多数交易日在2 850~3 050点之间波动。箱底与箱顶之间仅200点窄幅区间,因此看空者从箱底到箱顶就失去200点的上升机遇,同样看多者从箱顶到箱底也会遭遇200点的下跌风险。在个股涨跌上往往涨幅与跌幅远超过大盘,所以空仓与满仓在风险的把握上难度就会较大。笔者认为,客观分析大盘走势的基础,以良好的心态灵活掌握仓位,不走极端,在适当把握底仓的情况下进行长短结合,不断在高抛低吸中降低成本,这样既不失机遇,又可适当规避风险,此为上策。当然如果有一定的操盘经验,可坚持重个股、轻指数的理念,在选股上以独到的功力精选牛股,那么适当加重仓位便理所当然了。但是如果对个股了解甚少,以博彩形式重仓持有,那无疑放大了风险,因为谁也无法把握市场,谁也无法掌控上市公司,所以万事均须留有余地,在个股仓位上如无十分把握,便须酌情控制仓位。

(2)年报风险。2015年的年报可谓与2014年年报一样,属于风险较大的爆发期,作为蓝筹权重股的银行类个股年报显示不良贷款上升,21家因信息披露违规或亏损面临退市风险,19只创业板股票业绩亏损严重,其中天山生物预亏2 165%~1 886%,三五互联预亏1 538%~1 448%。一批涉足P2P互联网金融平台的金融公司和产业面临受损风险,950家P2P企业平台发生问题,近千亿资金蒸发。除此之外,28家钢企平均亏损16亿元,仅武钢一家一年就亏掉了6年的利润,其中有5家亏损达40亿元,可谓哀鸿遍野。有色金属也是亏损灾区,云南铜业巨亏15亿元。还有煤炭企业亏损面超八成,有27家煤企累计亏损175亿元。房地产企业也不景气,仅嘉凯城(000918)就亏损23亿元。电器行业的名企四川长虹巨亏20亿元,业绩同比下降3 457.24%。除了这些面上的情况,更有一些防不胜防的黑天鹅突袭。如在168家次新股中,有64家出现净利润下滑,其中华友钴业每股净利润同比减少269.2%,成为亏损王,北纬通信净利润同比下降225.13%。除此之外,有业绩增长比预告时大幅减少,如凯迪生态(000939)原先在业绩预告中称净利润增长 195%~245%、每股收益为 0.40 元~0.47 元,而实际公布年报时,净利润变成增长 94.8%,每股收益变成 0.28 元,从而使股价一下跌去 15.4%。更有一种黑天鹅奇葩银江股份(300020)在公布年报中称,原先对重大资产重组的盈利预测与实际相差 53%,从而使每股收益大幅减少,为此评估机构仅写了一句致歉,而股价却大跌了 17.4%。可见在宏观经济尚未完全企稳的大背景下,上市公司业绩变脸的现象时有发生,年报过后有季报,季报过后又有半年报。所以不能轻易凭预告作为投资依据,必须留有余地、容许误差,使投资人在投资中为不确定因素做好必要的风险准备。

(3)操作风险。一般而言,震荡行情在操作上习惯于高抛低吸,但这势必难以规避风险。因为高抛的"高"与低吸的"低"其空间是什么程度？升幅 1%~10%乃至 20%~30%都可称高,可是掌握不好,高就变成低、变成套牢;相反"低",什么程度可称低,跌几分、几角、几元算低？如果掌握不好,低就变成高,同样产生套牢。其实高抛低吸是一句应付话。较为客观的是应在猴市的震荡行情中设定止损与止盈的标准,如 5%~10%,可依据投资人各自的心态进行放大和缩小,然后严格按此操作,就可变小胜为大胜、积小盈为大盈。值得强调的是,在震荡行情下切勿贪婪和恐惧,当指数走势向下时应心中有底,明白当前市场下跌空间有限;当大盘走势向上时应心里有数。当前市场上挡阻力重重,轻易难言反转,始终把握轻指数、重个股的原则,精心研究具有持续成长能力、盘小绩优、分红优厚、前景良好的上市公司,长短结合、重点投资,方能稳中取胜。在个股选择上,切忌开"超市",钱不多、品种多,几十万元资本却持有 20~30 只个股,点豆成兵、五花八门,其实对所持个股的情况一点也不了解,买入时自认为只只好,结果却成了难民收容所。

总之,猴年股市最根本的风险在于自己,自己眼明心亮、镇定自若,那么定能"不管风吹浪打,胜似闲庭信步"。提高自己的投资素质,保持良好的心态,始终不忘风险防范,那么猴年依然能捕获不少的机遇。

6. 中国股市的"L"型走势分析

谁也没想到,一个"L"字竟成为2016年中国最热门的英文字母,除了各种型号的写法和各种解读,甚至连U、W都成了爱屋及乌的英文字母。

对L型经济从2015年就有预测与分析,一般认为2016年中国经济的L型就是软着陆、就是见底,而见底就意味着企稳,就意味着重新开始、稳中有升。然而,5月9日《人民日报》头版在《开局首季问大势》一文中,权威人士对L型经济首次定调,明确表示:中国经济不可能"U"型,更不可能是"V"型,而是"L"型,"L"型走势是一个阶段,不是一年两年能过去的。这一"L"型走势的正确解读就是,未来中国经济运行态势总体平稳,既不会出现强劲的反弹,也不会出现明显的失速。

经济发展是股市发展的大背景,在经济呈"L"型发展时,股市的发展究竟与经济的发展一样是"L"型还是"U"型、"W"型或"V"型呢?对经济发展的分析一般是重客观现实、重数据判断、重周期运行规律。而对股市的分析,更多是重未来、重历史轨迹、重供求矛盾。股市与经济确实存在一定的联系,但股市不一定是经济的晴雨表。所以不能简单地认为经济为"L"型,股市的趋势也必定是"L"型。经济"L"型是一个阶段,不是一年两年就能过去的,那么股市走势也简单认定为"L"型也不是一年两年就能过去的。如果这样,股民似乎觉得股市失去了希望,股市趋势长期在"L"型走势上就意味着长期只有鸡肋行情,长期只在3 000点之下、2 300点之上运行,那么就毫无赚钱效应、毫无信心可言。于是从5月6日开始,上证指数从3 003.59点持续下跌至2 781.24点。中概股的热点冷却、壳资源股的失落使市场人气散漫,沪市日成交量连续下滑至1 400亿元左右,深市日成交量也连续下滑至2 300亿元左右,与2015年5月成交金额5.5万亿元相比缩小了14.8倍。上证指数从5月6日开盘的2 998.4点下滑至5月12日最低点2 781.2点,跌幅达7.2%。深成指从5月6日开盘的10 473.3点下滑至5月12日最低点9 544.12点,跌幅达8.87%。十分明显,这是信心转弱的体现。

其实股市的趋势毕竟与经济有较大区别,经济"L"型,股市不一定"L"型,经济增速与股市走势往往并不是正相关。这在中国股市26年的历程中已有明证。如1992~1995年GDP增速依次为14.2%、14%、13.1%、10.9%、10%,均保持两位数增长,但到了1996~2000年,GDP增速便依次下降为9.3%、7.8%、7.6%、8.4%、8.2%。然而,就是在经济出现"L"型走势时,上证指数却从1996年的512点持续上升至2000年的2 125点。同样当2002年中国GDP增速重返两位数增长时,2002~2005年GDP增速依次为10%、10.1%、10.2%和11.1%,上证指数却从2001年的2 245点持续下滑至2005年6月的998点。可见经济出现"L"型走势时股市却呈现"U"型走势,而经济出现"V"型走势时股市却呈现"L"型走势,2006~2010年的慢牛格局以及2012~2014年经济"L"型而股市又呈震荡格局。这无疑表明经济运行的规律并不一定能左右股市的走势。

从全球主要国家的发展历史看,经济发展均呈现波浪形式,波动曲折地向前发展。因为任何一个国家经济增速均不可能始终高速增长或始终低速增长。以美国为例,从1985年至2015年,经济增长30年中出现2次"L"型经济。1984年时美国GDP增长率为11.1%,进入1985年之后,持续20年至2005年,其GDP增长率平均为5.78%,是一个典型的"L"型经济。随之在进入2006年后至2015年又出现10年的"L"型经济,GDP名义增长率平均为3.23%,显然这是一个"L"型连接"L"型的下台阶式的经济。然而,美国的股市在这30年的"L"型经济背景下却出现24年的上涨,道琼斯指数从1 211.56点持续震荡上行,一直攀升至17 425.03点,升幅高达1 338.23%,平均每年上升540.4点,平均年升幅达44.6%,呈现出一个典型的长期慢牛行情。因此,尽管中国股市不可能是美国的翻版,但美国经济"L"型发展与股市的慢牛发展却明确告诉人们,在经济"L"型下股市也可以走出慢牛行情。

客观而言,权威人士谈"L"型经济是直面中国的国情。在经历了高速增长之后,中国经济必须改变原先高耗能、高投资、低效率的粗放型发展,要调结构、促转型、稳增长,这就必然会付出代价,必须降低增速,从结构转型中创造一个绿色经济,从"去库存、去杠杆、降成本、补短板"中创造一个技术含量高的、充分发挥全要素生产率的中国经济。在"L"型经济下,中国经济总体平稳、风险可控、货币宽松、政策稳定,由于我国经济潜力足、韧性强、回旋余地大,所以即使不刺激,速度也跌不到哪里去。因此,投资者不必过于纠缠于经济的"L"型。

在经济"L"型下的中国股市将会加强基础制度建设,将会真正恢复股市的三大功能,即融资功能、资源优化配置功能和投资功能。在此宗旨下,股市的投机之风将会受到限制,价值理念将得以恢复,优胜劣汰的市场机制将得以恢复,从而一个健康、稳定、制度化、规范化、国际化的中国资本市场将逐步走向成熟。

智者静、迷者动,一个具有素质的投资者应始终明白一个道理:市场永远是正确的,我们不能改变市场,我们只能改变自己。因此在当前格局中,如何改变自己的理念、操作策略和操作手法,这才是最为重要的。细心的投资者不难发现,先知先觉者正悄悄地掀起一轮业绩潮,一批绩优蓝筹股正纷纷崛起。贵州茅台(600519)、古井贡酒(000596)、五粮液(000858)、云南白药(000538)、片仔癀(600436)等均远强于大势。更有沧州明珠(002108)、清华同方(600100)、天赐材料(002709)牛气十足,其原因均在于业绩优良、持续成长。从2016年首季来看,沧州明珠增231%,清华同方增3 258.2%,天赐材料增485.1%。春江水暖鸭先知,这是盘面的信号,这是长线资金入市的信号,这是中国股市在"L"型经济背景下的运行信号。

中国股市在"L"型经济下将发生质的变化,不仅是制度、法制上的规范,更是理念上的价值回归。中国股市将会提前经济反应、提前进入慢牛行情。因为它先于经济见底,在 7 年熊市、1 次历史性股灾、4 次熔断之下,已构筑与资金、经济重合的底部区域,所以它一定不会长期蛰伏于 3 000 点之下,它将在上证指数 2 600~3 000 点区间积蓄足够的正能量,然后将迈开牛步稳健向上。

7. 震荡筑底时期的四大策略

自2016年1月27日上证指数下探至2 638.3点以来已历时75个交易日,这段时期上涨38天、下跌37天,阳线44天、阴线31天,从2 638.3点起至今仅上升2.07%,而振幅却达117.39%。从最高点3 097.17点计算,高低区间为458.8点,中轴便是2 867点,也就是说,围绕2 867点构成上下200点左右的振幅区间。在这段时期整体行情表现出五大特点:(1)大盘走势。上有压力、下有支撑,3 000点难以有效突破,2 838点亦难以有效跌破,3 000点上有"国家队"资金压力,2 800点下有"国家队"资金护盘,在3 000点到2 800点区间反复震荡,构筑中长期底部区域,这是一种稳定性的平台走势、一种反复筑底的走势。(2)此期间热点散乱、缺乏主流热点、缺乏持久热点,"一日游"行情成主线,60分钟KDJ随机指标成为主要的技术分析指标,涨停板与跌停板个股均成短线明星,使大批短线粉丝们无所适从。(3)成交量萎缩、人气溃散,日成交额沪市1 500亿元以下、深市2 500亿元之下成新常态,量能比之2015年6月大幅缩小10~12倍之多,盘面更多显现存量博弈。(4)信心不足、思路迷茫。市场无赚钱效应,亏损面、被套牢面日益扩大,新增资金入市不足抵挡日益撤离,资金政策的变动、壳资源、中概股、经济数据,各种评论针尖对麦芒,令投资者分不清南北东西,导致2015年股灾余悸未消,一遇风吹草动便惶惶乎如惊弓之鸟。(5)估值不明、优劣难分。金融、保险等蓝筹股市盈率低,但缺乏市场效应,创业板个股符合经济发展方向但价格高、估值高,市场弃之不甘、买之难安,破净股、破发股开始增多,业绩股出现见光死,除权股难见填权效应,国企改革股缺乏标杆性强势,从而使资金投机不敢、投资不成,有资金却找不到有效标的。面对这五大特点,投资者必须从适者生存出发,在不可能改变市场趋向的前提下,必须改变自己、顺势而为,应随机采取以下四大策略——现金为王、个股为王、业绩为王、短线为王。

第一,现金为王。这是危机时期被投资者奉为金科玉律的策略。而当今股市虽谈不上处于危机时期,但确确实实属于刚刚经历了一场股灾危机,心有余悸,所以胆气不足、信心不强,而大盘走势趋势未明、窄幅震荡,此时贸然入市,如没有一定的功力、定力、财力,无疑是火中取栗、刀口舔血。尤其是缺乏有效资产和有效投资标的的情况下,各种理财产品、企业债券缺乏安全性,到期难以兑现,更有甚者,卷款而逃的"跑跑者"不乏少数。而各类电信诈骗、各种高利贷借款又沉渣泛起、防不胜防。在这种情况下,不能贪图鸡肋行情下的蝇头小利,不能领略高息引诱的风险投资,即使面对物价上涨、薪资下降、机遇减少、支出增加,也应本着晴带雨伞、饱带饥粮的心理,居安思危,留足现金,不轻易出手。现金为王并非是一种消极、保守,而是一种积极等待,等待底部的明朗、趋势的明确、牛股的奋起,在耐心等待中寻找被价值低估的个股,寻找在市场恐慌下跌时被错杀的机遇,寻找对亏损被套个股的低位加仓时机。现金越是在下跌市道中,越会发光、越是王道。

第二,个股为王。在趋势未明之下,放弃以大盘指数作为操作导向,重点精选个股。一般而言,无论是牛市还是熊市,牛股、强势股始终存在。据同花顺"问财"统计,从2016年1月4日至5月18日强于大盘走势的个股为258只,其中升幅达10%以上的有169只,显然在大盘上证指数比年初下跌20.6%的情况下依然有不少个股走出强势。从世界股市尤其是美国股市来看,在经济呈L型走势时,消费服务类个股呈牛市态势。从沪深股市看,酒类股、食品、农牧股、锂电池股、医药股、影视股、电信股也强势纷呈。尤其是上海国企改革股中不少意欲让原战创板中的优秀企业进行重组,让出大股东地位、实现企业转型,因此将主要精力用于对优质公司的调研和对优质公司的研究分析,忽略大盘在窄幅区间中涨涨跌跌,无疑是当前市场较为有效的投资策略。

第三,业绩为王。股谚云:涨时看势,跌时看质。在目前市道下,题材股的炒作已难有市场效应,投机性的概念炒作也缺乏追涨动力,所以此时最稳健的做法便是业绩为王。进入5月,2015年财报已公布完毕,白马股已显而易见。2015年有显著增长的个股将会受到主流基金的青睐,业绩是价值的体现,而价值又直接影响着股价。从上海股市历次牛市分析,每一轮牛市启动均与牛股率先走强密切相关。2005年6月牛市开启后,造船股、黄金股率先显示"春江水暖鸭先知"的态势,其每股收益已领先出现翻番的增长。从近期盘面看,贵州茅台、五粮液、新希望、片仔癀等已纷纷走强,其2015年每股收益依次为12.34元、1.627元、1.06元和1.16元,同时清华同方、天赐材料等个股在2016年首季出现大幅增长,依次为3 258.2%和485.1%。所有这些强势个股无不与企业业绩增长有密切关系,这表明业绩为王已悄然拉开序幕。

第四,短线为王。之所以将短线作为主要策略,是基于三方面考虑:(1)现阶段指数频繁的区间波动已成为一种新常态;(2)不少机构以顺序化交易为获利手段,不少中小散户也以积小盈为大盈、落袋为安的短线思维为主要思维;(3)市场板块轮动频繁变换,热点与主题散乱、短暂,个股行情涨跌交错、昙花一现。在这三种情况下,唯短线方能避险获利,下跌则留意低吸之机,上涨则关注高抛机会。在大盘底部尚未正式确认、趋势尚未明朗之前,短线为王无疑是最佳策略。

处于震荡筑底时期的沪深股市正在稳中筑底、稳中蓄势,小幅震荡是K线对走势方向的寻求。因此现金为王、个股为王、业绩为王和短线为王只是对当前市场态势的一种适应、一种应对和一种探索,投资人可因地制宜、因人制宜来加以参考。

8. 穷势、绝势、转势
——试析5月、6月、7月大势走向

中国股市每年进入5月份就会联想起"五穷、六绝、七翻身"的股谚。其实这股谚起源于20世纪80～90年代的中国香港股市，当年香港的经济分析师总结了香港历年的股市走势，发现每逢5月开始进入跌势，到了6月更是大跌，而进入7月股市方起死回生。此后港人以此为依据，每逢3～4月份开始卖出，等到6月大跌后又开始买入，结果使这一规律不断前移。美国股市也有此现象，华尔街的一句股市谚语就是：sell in May and go away，即5月清仓离场。那么这一魔咒对中国大陆股市如何呢？从2000～2015年这16年的走势来分析，正确的概率很小，仅2007年与2008年较为接近。2007年4月时升幅为20.64%，但进入5月升幅下降至6.99%，明显走穷，到了6月成了跌7.03%，至7月又回升了17.02%；2008年4月升6.35%，5月跌7.03%，6月跌20.31%，至7月回升1.45%。其余14年均存在偏差。如果以5月、6月、7月分列统计，2000～2015年5月份下跌7次、上升9次，6月份下跌7次、上升9次，7月份下跌8次、上升8次，升跌概率几乎平分秋色。特别是2008年全球金融危机爆发以来，6年中5月下跌为4次、6月下跌为5次、7月下跌为3次。这似乎表明，总体而言，"五穷、六绝、七翻身"对于沪、深股市灵验的概率较低，但5月、6月、7月大盘的总体偏弱走势却是存在的。

2016年的猴年股市已结束5月行情，从已产生的走势看，1月可谓生不如死，2月可谓生生死死，3月、4月则不生不死，进入5月则视生如死。从5月6日、5月9日连续两天日跌幅2.82%和2.79%之后，一个日K线构成的"L"型完美形成。如果从4月15日开始，上证指数的走势便是由两个"L"型的连接组成了一个下降阶梯型。而令人忧心的是，上证指数的日震幅仅为0.4%，伴随的成交量与换手率更是降至最低水平。日K线的形态成了病患者的心电图，脉搏跳动乏力，人气极为低迷，穷势已毕现无疑。

那么6月是否出现绝势呢？从历史看，6月份是产生暴跌最多的月份。从2004年以来的12年中出现7次大暴跌，2004年6月暴跌10.7%，2007年6月暴跌7.03%，2008年6月暴跌20.3%，2010年6月暴跌6.19%，2013年6月暴跌13.97%，以及2015年6月发生的股灾暴跌7.25%，6月几乎成了暴跌重要时段，成为"六绝"最有力的印证。与此相映的是，6月的升幅却极其微弱，自2004年以来，除了2009年6月升幅达12.4%之外，其余11次均在1.9%～0.45%升幅之间，因此2016年6月似乎还将延续弱势震动，构筑底部的走势。从公开信息看，

全球性和全国性的会议召开较多，国际足球、石油输出国、云计算、世界医疗游、激光与光电子、机场安全、国际新材料、首届全球虚拟现实、日用消费博览、儿童健康消费、机器人峰会、国际新能源车运行、软件和信息服务等论坛、展览、交易、峰会络绎不绝，同时5月的PMI、PPI、CPI也将公布，届时对股市的热点产生、走势强弱、个股表现将将产生影响。而最令人关注的是两点：(1)A股是否有望纳入MSCI，2016年6月MSCI将第三次对A股进行评估，6月15日凌晨5点将可能揭晓结果。如果被纳入，将会获得初始增量资金约219亿美元的青睐；若单独考虑被动基金，则初始增量资金为10亿～15亿美元。从海外历史看，将对A股市场增强信心上有一定的鼓舞，部分大盘蓝筹标的有望成为套利对象，一些流通市值较大、流通性较好、业绩良好的金融业和消费业如中国平安、贵州茅台、伊利股份、格力电器、美的集团等将受到新资金追捧，这无疑对大盘走势起到了良好的作用。然而，由于MSCI对中国股市存在的停牌任意性、境外设立A股衍生品限制等问题尚未解决，有可能再次否定，所以这将对6月股市产生波动。(2)美联储6月加息问题。美联储如果6月宣布加息，将会冲击全球金融市场，造成资金撤离新兴市场，这对股市也容易造成冲击。从沪、深股市内部来看，6月限售解禁计148.43亿股也将对当前市场供求矛盾造成影响。当然也存在利好方面，如海外资金近期不断流入，养老金、社保金、保险资金等长线资金也在向股市流入，这无疑使上证指数的下跌有了支撑。从叶氏系列指数分析来看，在均线上5日均线受压于21日、55日、89日难以上行，KDJ随机指标日线有反弹要求，周K线与月K线仍有下探趋向，DNI趋向指标反映空方仍占主动，MACD移动平滑指标虽在线之上，但DIF和MACD二线尚在下行，所以总体仍处于弱势。综合以上种种信息及指标分析，6月份似乎仍有低位震荡甚至下探的可能。

然而从时间周期分析，月K线显示希望在7月、周K线显示下周将有反弹，日K线显示再过20个交易日是个重要变盘日。俗话说"绝处逢生"，也许6月在股市中处于绝势，也就是股市转变生机时。经历了2006年生不如死的1月、生生死死的2月、不生不死的3月与4月，又经历了死里逃生的5月，再经受绝处逢生的6月，将可能迎来起死回生的7月。中国股市26年历史无论是熊市还是牛市，每年都有20%～30%的吃饭行情，2016年也不会例外。如果说2015年是牛头熊身，那么2016年将可能熊头牛身，即使牛身较短、牛劲不足，但牛气犹存。因此，下半年将孕育着希望和信心，将会产生一波抚慰人心的行情。

9. 长阳后的思考

2016年5月31日上证指数日K线以一根94.03点的长阳线一气吞没了前16个交易日的K线,并一下填补了5月9日跳空向下的16.88点缺口,日成交量为2 365.3亿元,超出前八个交易日的平均日成交金额的一倍之多,大有不鸣则已、一鸣惊人的气势,令市场、人气与信心为之一振。于是"一条阳线改变信仰"、"短期迎反弹、中期变乐观"的唱多之声随风飘扬。确实对于沪深股市而言,自2015年6月股灾以来已历经磨难、饱受创伤、积郁多时,盼稳思升、人心思涨、民心思涨日益强烈。在此背景下,一根长阳恰如出现于地平线上的一根桅杆,让人看到了扬帆起航的希望。然而,究竟是昙花一现的反弹还是改变趋势的拐点?这是需要冷静思考的。

从资金入手,分析其时机、流量、背景、动态,也许是思考后市走势的一个重要契口。股谚云:钱多就牛,钱少就熊,钱决定着市场的强弱。5月30日的一根日K线长阳就是大量资金推升的结果。(1)"沪股通"。资料显示5月以来资金源源而入,既不在意日K线的小涨小跌,也不在意窄幅震荡、地量频现。从5月16日至5月31日12个交易日中共流入128.72亿元,平均日流入10.72亿元,尤其是5月27日、30日、31日依次流入11.49亿元、29.85亿元、37.71亿元,乃至进入6月1日又流入24.22亿元。相关研究人员称,从历史数据显示,当"沪股通"的资金出现显著流入并出现大单增多时,往往对行情的预判具有一定的参考价值。同时从"沪股通"买入的重点股看,农业银行、兴业银行、招商银行、浦发银行、中信证券、海通证券、中国平安等均属于低估值的蓝筹股,市净率最低为农业银行仅0.81倍,最高为贵州茅台也仅4.68倍。看来价值低估及流通性强是"沪股通"选择个股的两大重要标准。(2)GFII投资额度增加。据国家外汇管理局的数据显示,截至5月30日QFII投资额度为810.98亿美元,环比增1.02亿美元,其投资的北京银行、贵州茅台、南京银行、美的集团、宁波银行,如持股不变之下已浮盈23亿元。从QFII的选股标的看几乎同样以低估值蓝筹为主。(3)海外资金借道。南方A50ETF入市数据显示,南方A50ETF自5月25日以来接连获得海外资金的大额申购,从25日、30日、31日及6月1日净申购资金依次流入6亿元、20亿元、18亿元、12.5亿元,约计6个交易日流入57亿元人民币,而南方50ETF的成分股基本上也是低估值的蓝筹股,同样具有估值低、权重高、流通性强这三大特点。(4)融资金额。在5月10日至5月30日,沪深两市融资金额随指数的窄幅震荡持续下降约计达330亿元。而5月31日出现长阳时,融资余额当日大增83.48亿元,达到8 269.82亿元。与"沪股通"及外资不同的是,融资买入的个股大多属于题材股,如东方财富、西部证券、恒生电子、多氟多、东吴证券、江特电机、华谊兄弟等具有互联网金融、券商及锂电池概念。(5)保险资金。统计显示，2016年以来，尽管股指不断震荡走低，但保险资金投资股票资金的占比却持续上升，2月新增425.47亿元，3月新增906.79亿元，4月新增143.47亿元。从4月保险资金公布的数据显示，今年前4个月共运用资金119 714.49亿元，较年初增长7.08%。其中股票和证券投资基金16 964.59亿元，占比13.79%，充分显示险资入市的积极意向。(6)社保基金。在2016年2月18日上证指数2 850点时，全国社保基金分别给予南方基金、博时基金、华夏基金等18家基金划账约100亿元人民币开始入市。与此同时，社保基金受托管理的养老金投资细则正在制定。据初步估计，目前可归集的各地养老金规模达2万亿元左右，按30%可投资数额看，约6 000亿元资金将可进入股市。(7)保证金。随着新股民开户数的增加，保证金也水涨船高。今年以来尽管指数低位震荡，但开户数持续增加。春节后首日净转入834.01亿元。统计显示，2016年以来至2月19日证券市场交易结算资金净流入1 264亿元，此后3～4月出现净流出，进入5月后出现净流入，5月4日～8日净流入321亿元，新增17 388亿元，4日净转入就达1 796.53亿元，首周净流入8 576亿元，创历史新高。

在这七路资金中，社保资金、保险资金是稳定因素最高的长线资金，QFII资金也属于相对稳定的资金，两融资金和保证金是根据走势强弱而变化的资金。而"沪股通"及借道入市的海外资金具有明显的博弈性质，这二路基金之所以加速入市，是在于A股将纳入MSCI指数的可能性增加，高盛近期一份报告预估加入可能性提升至70%之时，一旦中国股市被MSCI纳入，将会引发更多国际投资资金投入中国股市。目前已有约1.4万亿美元资金紧贴MSCI新兴市场指数，因此抢先一步入市成最佳机遇，"沪股通"资金与外资一方面进入A股做多，另一方面又利用南方A50ETF的溢价做空进行无风险套利。可见这二路资金更多具有投机的成分，因此必须在快步进入之后谨防快速撤离。

资金是逐利的。综观各路资金，无论其来自何方，无论其规模大小，也无论是投机还是投资，都是为利而来。由此可见，目前股市已进入各路资金有利可图之时，只是有的资金认为是阶段性底部，有的资金认为是历史性底部。因此短期抄底有之，长期抄底有之，但从侧面印证了当前A股市场已进入底部区域。客观而言，上证指数月K线、周K线的各项指标进入阶段性底部状态，唯日K线的随机指标进入超买区域。即使如此，按照叶氏技术分析系列判断，MACD移动平滑均线向好，DNI趋向指标向好，RSI指标向好，各条均线开始向好，似乎正在酝酿一波中级行情。然而由于日K线尚需调整、时间周期尚未正式到位，所以6月依然有震荡筑底要求，估计6月中下旬还将有一番震荡以确认底部。真正行情启动将不是在MSCI纳入消息确认之后，而是在美联储加息与否的消息落地之后，所以当前还需长短结合，等待最佳时机的出现。

10. 端午之思念

  2016年6月6日是个十年一遇的吉祥日子,距离端午节仅3天。我打开电脑,将屏幕定格在2015年6月15日至今的K线走势上,泡上一杯香茗,解开粽绳、打开粽叶,让汇聚着米香、肉香、叶香的粽香与茶香融合,袅袅浮动,导引着我的绵绵思念,追忆发生在一年前的股灾。

  望着这条由240根日K线组成的走势,仿佛来到长沙的汨罗江边。2 294年前,孝女曹娥、忠臣伍子胥、爱国诗人屈原,曾怀着悲愤、怨哀和无奈而殉情江中。"路漫漫其修远兮,吾将上下而求索",数千年来中华民族在怀念中求索,在求索中怀念,深深感悟到"修远"之艰、"求索"之难。股市更是如此。

  我翻阅了一篇题为《一场发生于牛市的股灾》的文稿,写于2015年7月24日,文中写道:在6月15日至7月8日短短的17个交易日中,日跌幅在3%以上的达10次,最大日跌幅为6月26日的7.4%。而出现日升幅的仅5次,最大日升幅为6月30日的5.53%。这种持续暴跌与暴涨,既反映了多空争战的激烈,更造成了千股跌停和千股涨停的极端行情,以及千股从涨停到跌停、从跌停到涨停的极端震荡。伴随而至的是千股停牌与千股复牌。据记载,7月8日有1 429家上市公司申请停牌,占沪、深股市2 776家上市公司总数的51%。值得一提的是,6月26日上证指数暴跌7.4%,创业板暴跌9%,2 000余只个股跌停,恐慌开始弥漫中国股市。在6月27日央行宣布降息并定向降准之后,证金公司认为两融风险可控,市场以为大盘可止跌企稳。然而事态发展大出意料,6月29日沪深股市高开,之后瞬间再现跌停潮,1 500余只个股跌停,上证指数从4 297点直落至3 875点。泡沫之下的雪崩引发了杠杆式的踩踏,市场的空气出现踩踏式的绝望。在这短短的17天中,沪深股市总市值从6月12日的712 479亿元下降至7月8日的总市值377 630亿元,缩水了33.48万亿元,上证指数暴跌39%,深成指暴跌67.8%,中小板重挫72.4%,创业板指数下跌75.7%,跌幅超过50%的个股遍地可见。有480只个股创年内新低,有14只个股跌破净值,参与民间融资的近90%遭遇强平,参与伞型信托的近30%被迫强平,近十万户资金规模在500万元以上的中大户惨遭巨亏,近万户资金规模在100万元以下的散户被退回起点,资金规模在上亿元的大户近30%落榜。在这短短的17天中,中国投资大众经历了冰火二重、仙魔二道、鬼神二界、生死二望的磨难,真切地体会到喜、怒、哀、乐、悲、转、恐的七情纠结,真实地品尝了股市的酸、甜、苦、辣、咸五味。这损失、这教训,可谓惨不忍睹、触目惊心。读着读着我似乎看到股灾1.0上证指数从5 178点跌至3 374点时一张张收到强行平仓短信时绝望的表情;似乎看到股灾2.0上证指数从 4 184 点跌至 2 851 点时一声声呼叫上市公司停牌的嘶哑嗓音以及一双双冲进救市行列拍打键盘颤抖而抽筋的手；似乎看到股灾 3.0 上证指数从 3 538 点跌至 3 115 点时一副副被熔断惊呆的木讷神情和那种悲凉肃静的场景。

时间默默地疗愈着伤口，越来越窄的波动抚平着曾经汹涌的惊涛骇浪。"活着真好"、"生存高于一切"，当 2016 年 5 月 31 日一根长阳拔地而起时，伤痕累累的股民又重新燃起了希望，又重新产生了牛市的梦想。然而轻易的忘记意味着创痛的复发，意味着教训将给予更沉重的打击。唯有记住教训，才能把握财富。

2016 年 6 月 6 日上证指数以 2 938.68 点收盘，这留下来的指数是从 2015 年 6 月 15 日 5 178.19 点失去 2 239.51 点之后剩下的，是遭受了 43.2% 跌幅后所保存的。市场三大指数——上证指数、深成指、创业板指数——在股灾一年后依然分别下跌 43.17%、41.78% 和 41.7%，这意味着股灾的创伤还远未修复。

2016 年 6 月 6 日沪深股市日成交金额为 5 279 亿元，2015 年 6 月 5 日沪深股市日成交金额为 23 039 亿元，今日的量已缩小 4.36 倍。与此同时，融资额也徘徊于 9 000 亿元之下，比之股灾前的 2.2 万亿元缩小 2.4 倍。

2016 年 2 月至 5 月上证指数振幅为 17.36%，而 2015 年上证指数全年振幅高达 71.95%，创业板指数更是高达 177.26%，市场不希望暴涨暴跌，但也不愿看到灾后的病体依然有气无力。

2016 年 5 月 27 日当周，A 股新增投资者 33.71 万，仅为 2015 年同期的 20% 左右，这表明股市的生气远未恢复。

从 2015 年 6 月至今，以证金公司、汇金资管、外汇局旗下的梧桐树投资（包括其下属的凤山投资和坤藤投资）为代表的"国家队"，截至 2016 年首季仍持有 A 股 1 257 亿股，约计市值 1.3 万亿元，依然处于浮亏 11%～21% 之间，23 家上市券商共计向证金公司提供的 1 641.9 亿元至今仍浮亏 11.9%。

2016 年 5 月 A 股 2 865 家上市公司股价统计，依然有 991 家个股股价腰斩，其中 18 只个股跌幅超 70%，如扣除新股与次新股仅 140 只个股实现正增长。这表明此 5% 正增长的股票是以 95% 负增长的个股股价作陪衬的。

《中国基金报》报道：生于牛市死于熊市的 1.19 万只高位成立的私募基金今何在？据统计，仅仅今年还"活着"公布净值的 1 700 多只股票型私募产品八成仍处于亏损。其中三成净值跌破 0.8 元以下，已面临"清盘"悬崖。这 1.19 万只私募产品仅 2 674 只尚存，占总数的 36.08%。在持续三次的股灾中，大部分产品已绝迹江湖。在仅剩的基金中，以 2016 年 3 月 11 日公布的数据看，有的净值已跌至 0.08 元，亏损达 92%（广州摇钱树 1 号）；有的净值仅为 0.193 元，亏损 80.7%（牛丰 2 号）；亏损超 60% 以上的总计达 14 只。可谓血迹斑斑的账单、惨不忍睹的真相。

经历了 2015 年 6 月股灾后，至今依然"活着"的投资者是值得珍惜的。因为有近 60 万资金规模在 500 万～2 000 万元的 80 后与 90 后的投资新锐都被杠杆碾得"丢盔弃甲、断臂折腿",有相当数量的散户大众仍处于水深火热之中。而始终坚守在上证指数 2 800 点一线的勇士们心中十分明白,这个虽无硝烟却满目疮痍的战场是何等的残酷无情,又是何等的变幻莫测。

端午是个祭日,然而我不愿以祭去思念那些在股灾中倒下的股友们,因为他们是失败的英雄,是他们用惨重的代价敲响着风险的警钟,谁能说他们不能东山再起。他们也曾羽扇纶巾、雄姿英发,真诚地祝愿他们重返股市、叱咤风云。

端午是敬神灵的日子,身为股市中人,我始终对股市怀有敬畏之心。无论是熊市、牛市还是猴市,股市永远在给你风险的同时也给予你机会,潮涨潮落、月盈月缺均为常态,市场的残酷是考验你的耐力,市场的震荡是考验你的定力,市场的变幻是考验你的眼力,市场的复杂是考验你的能力。"草不谢荣于春风、木不怨落于秋天",市场让一大批人淘汰、亏损、套牢,但也让杰出者脱颖而出。只要你敬畏市场、顺应市场,才能成为市场的弄潮儿。

端午具有"初始"的含义。如果说 2015 年端午是险的开始,那么 2016 年的端午会否是机的开始?魂兮归来,2015 年的股灾必将成为端午节中难以忘却的纪念。"问楼头、登临倦客,有谁怀古。回首独醒人何在,空把清尊酹与。"年年端午,我的思念将依然如初。

11. 兵临城下，蓄势突破
——叶氏技术分析系列对当前走势的分析

《股道》《股经》二书于2013年出版后，深受投资者欢迎，目前第二版已摆上书架，尤其《股道》一书中关于叶氏技术分析系列备受关注。为进一步与读者诸君交流分析，现就当前走势作一些现实探讨。

叶氏技术分析系列本着大道至简的宗旨，对烦琐的技术指标作一些精简，着重研究了一"数"、二"线"、三"指标"作为对大势与个股的主要分析工具。现以此逐一分析近阶段的上证指数走势。

一、数

包括均线、K线、各技术指标的参数，这里重点谈一下周期之数。从上证指数日K线计算，2016年1月27日2 638.3点至2016年6月8日已经89个交易日，这是个重要周期。如未发生变化，再延伸至6月30日则又经历了15个交易日。如果再延伸便是21个交易日和34个交易日，也就是说，将可能在7月8日或7月27日左右发生转折。从周K线分析，同期已经历21周，这也是个重要周期节点。从月K线看，同期出现了3个月的反弹上行，又出现3个月的回落下行，而今同样进入一个反弹节点。周期之数显示市场走势进入冬春之交的关键时点，多方兵临城下，空方临阵布局，能否破城就看近周内的量能变化。

二、线

即均线与K线。从K线形态而言，从2015年12月23日3 648.57点下跌以来，以26个交易日跌至2 638.3点，又以51个交易日反弹至3 097.17点，这表明此段反弹以下跌的一倍时间依然难以收复前期高点，看来上升阻力重重，多方心有余而力不足。随之又以53个交易日退至2 800点一线盘整蓄势，这又表明久盘未跌，走势向下有重要支撑。但是东山再起，重新突破3 097点又似乎颇有难度。近两周日K线以小阳小阴、阳多阴少的方式步步推进，显示多方上攻意图不改。但从整体日K线形态而言，似乎还有一次回抽以确认底部的可能。从5月12日首次止跌于2 781.24点以来，接连已6次确认其点位依次为2 781.42、2 785.08、2 780.76、2 794.6、2 811.78和2 807.6，显然2 780点已多次确认。所以后市趋势或不再确认底部而直接伺机而上，或再度向下而确认2 800点支撑。但无论是向上还是向下,均是在上升概率之下,因为均线已开始形成较强的支撑集结。5日均线已缓慢向上穿越21日均线至2 904点,21日均线与5日均线并肩前行也到达2 899点,55日均线和89日均线分别在2 909点和2 910点位置,与5日、21日均线仅差6~10点距离,所以6月28日、29日、30日的三根日K线已有效站在5日、21日、89日三条均线之上。尤其是6月最后两个交易日的日K线已获得5日、21日、55日、89日乃至120日五条均线共同支撑。从两线的分析来看,多方正稳步推进、张弓待发。值得一提的是,6月末最后一根周K线以中阳报收,全部覆盖前两周的阴线,更有助于提振多方信心。而6月的月K线又以红十字星出现,不仅收盘指数2 929.61点高于5月的2 916.62点,而且6月最低点2 807.6点高于5月的2 780.76点,这表明多方蓄势已强于空方。

三、指标

首先,日K线的KDJ随机指标分析。从6月14日以来已连续两次发生金叉,6月30日率先进入超买处,K值86,D值76.8,J值105.49,这表明涨势已被确认。周K线与月K线的KDJ指标已产生低位向上的首次金叉,表明向上反弹的时间跨度已超越日、周而进入月度上升阶段。其次,MACD平滑移动平均线因其具有稳定性、可靠性和趋势性特点而被市场认同。从6月14日起该指标已上升至作为强弱分界线的0轴之上,且在红色柱状线的推动下,于6月28日DIF从0轴线向上突破,向市场确认多头市场,且低位向上二次金叉,在日K线上已现强势形态。周K线的MACD虽未站上0轴线,但红色柱状线增多,并在低位出现首次金叉。月K线MACD以高位死叉保留在0轴线之上,但绿色柱状线正在缩小,以此表明市场正向多头市场迈进。

最后,DMI趋向指标。该指标由于是通过股价波动时的供需变化来显示买卖时点,所以被公认为是最实用的指标之一。从日K线DMI指标来看,代表增量的多头动力正反转向上达23.82,而代表减量的空头已向下回落至22.56,这表明正能量已开始占上风。但是ADX趋向指标和ADXR仍在+DI之下,显示还不宜大举进场,市场整体走势还未达到趋势性向上态势。周K线的DMI趋向指标显示,-DI虽有回落,但仍在+DI上方,ADX和ADXR趋向指标还处于原有平行态势,这表明市场大趋势不明朗。在使用了KDJ、MACD、DMI三大指标后必须指出,作MA的量能指标绝不能忽视,所以在分析大势时就必须抓住量能指标,察看其强弱变化。从近两周来看,5日MA与13日MA几乎与5日均线和21日均线同出一辙,均呈现渐渐蓄势向上的态势。

综合以上分析,可以产生以下几点认识:

(1)当前市场正在逐渐改变弱势,正在通过不断构筑底部来积蓄上攻的动力,这种变化是较为稳健、较为缓慢的,投资人应当适应这种慢节奏,以短线及降低期望值的方式积小胜为大胜。

(2)上升趋势尚未形成,市场虽有积极变化,但仍未呈现明确的强势信号。目前仍处于量变的积累阶段,为质变的一跃而积蓄能量。

(3)多空双方已进入短兵相接的状态,多方兵临城下,空方严阵以待,双方尽管时有较量,但一时难决胜负,7月8日或7月27日左右将是个关键时点。

(4)强弱决战已进入黎明之前,但黎明之前往往会再现短暂的黑暗,因此在迎接黎明之前必须谨慎以待、严防风险,以免黎明未到而身先倒下。

(5)K线是有语言的,虽然在某些方面反映出基本面、资金面、政策面的变化,但难以产生有效的晴雨表效应,因为K线是滞后的,一切走势均有待事后验证,K线是有假象的,任何K线都掺有人为的因素,所以所有技术分析仅具有参考价值,不能成为决策的唯一依据。

(6)在这一阶段正是精选个股的最佳时机,猴年股市将集中于科技+业绩+小盘,从强者恒强中选择强股,从除权股中选择填权股,从超跌股中选择低估值股,将是较为稳妥的有效操作手法。

12. 一轮水牛行情正在形成

自上证指数5月12日回调至2 781.24点之后,整个5月再未创出新低,这似乎意味着"五穷"的穷相已见底。进入6月,上证指数又经历了MSCI暂不将A股纳入新兴市场指数的考验以及6月24日英国脱欧的考验。可是上证指数最低滑至2 807.6点便开始一路上行,大有绝处逢生之感。到了7月,万科复牌和南海非法裁定的消息又远远出乎市场的负面预期,不跌反涨。此后从6月25日至7月14日,14个交易日中拉出了11根阳线,量价配合,一举突破了自2015年9月以来的成交密集区,连续三天站在3 000点之上。笔者曾于7月1日发表《兵临城下,蓄势突破》一文,指出当前市场正逐步改变弱势,正通过不断构筑底部来积蓄上攻的动力,正处于量变的积累阶段。然而,市场现实走势远远强于预期,这究竟是什么原因呢?是"五穷、六绝、七翻身"的股谚,还是"利空出尽是利好"的规律,抑或是一年一度的"吃饭行情"?显然这些理由都难免生硬,而真正的推手又不可能产生于依然处于弱势的经济,也不可能产生于技术指标的分析,与维稳的股市政策似乎也关系不大。看来推动当前股市上涨的原因应出于资金。是泛滥的流动性、极为宽松的货币政策使当今全球资本市场进入一个大印钞时代、一个大放水的时代,并由此产生一轮全球性的水牛行情。

所谓"水牛"行情,就是在经济始终处于低迷的时期,各国央行难以找到新的经济引擎,只能不断采取宽松的货币政策释放流动性来刺激经济。然而在流动性泛滥之下,又产生普遍的资金荒。由于各国央行均启动QE购买国债的方法来释放货币,使全球各国出现无避险债的资产荒局面。2016年6月,全球负利率国债突破10万亿美元,7月仅半个月就突破13万亿美元。更为惊叹的是美国10年国债利率仅1.3499%,30年国债利率仅2.1395%,日本的20年国债利率为0%~-0.285%,瑞士的50年国债利率为0.01%,德国的国债利率更是跌至-0.65%,大量对冲基金在配置避险资产中面临买入即亏的局面。在万般无奈之下,全球泛滥的流动性开始将股市作为避险的港湾,开始疯狂地转向资本市场和商品市场。这种仅靠央行大量放水却没有经济支撑下的牛市便称为水牛行情。

从2008年次贷危机爆发以来,在全球性宽松货币政策救市之下,美联储资产负债表膨胀了5倍左右,资产规模从2007年GDP的6%猛增至2015年GDP的25%,欧洲央行的资产负债表膨胀了3倍,日本的资产规模一直维持在骇人的GDP的250%以上。2008~2015年的7年间,美国的GDP增幅仅为23%,然而美国纳斯达克指数从1 256点升至5 000点,上升了4倍多。道琼斯指数从6 400

点升至 18 300 点,涨了近 3 倍。房地产指数也涨了 3 倍多。显然由大量货币产生的股市泡沫、房地产泡沫和风险投资泡沫构成了美国股市的大水牛行情。值得引起关注的是,近期这种放水的现象几乎愈演愈烈,美国加息的推迟、英国脱欧后英国央行为避免金融动荡可能在 2016 年 8 月之后视情况采取 2009 年以来的首次降息。欧洲各央行也将相继采取宽松的货币政策,尤其是日本在最近执政联盟参院获胜之后,安倍随即宣布推出新一轮财政刺激政策,在继续实行零利率的同时,通过扩大央行资产负债表的方式进一步释放流动性,被称为以直升机撒钱的方式压低日元汇率。中国自 2015 年以来已连续实施了 6 次降准,同时始终灵活地采取积极的财政政策和灵活的货币操作,保持货币的宽松与稳健。7 月 13 日又开展 2 590 亿元 MLF 操作,如果在 7 月 CPI 回到"1"时代的情况下,下半年的降息降准空间无疑也随之打开。在全球性大放水的背景之下,2016 年以来国内绝大多数商品期货比 2015 年四季度低点普遍上涨了 30%～60%。在 2016 年全球大类资产中表现最好的是商品,其中原油从每桶 20 美元升至 50 美元,大连铁矿石和 CBCT 年初至今分别上升 50%、30%。黄金从 2015 年 8 月的 1 200 元高点,至今已升至 1 365 元。与此相对称的是各国债券收益创有记录以来的新低。这便是全球货币洪水泛滥下,股市与商品市场的水牛成了全球债券低迷的替代品。

在全球性的大水牛行情之下,中国股市自 2008 年全球性股灾以来至今还处在复苏的半山腰中,从 6 124 点暴跌至 1 664 点又反弹至现在的 3 000 点,与全球绝大多数股市相比,经济复苏超全球各国水平,股市收复却远远滞后于世界股市。从当前的投资价值分析,已成为全球资本的投资价值洼地。近期世界各国投资机构重新开始唱多中国,尽管 MSCI 暂未将 A 股列入新兴市场指数,但全球资金的逐利性决定泛滥的流动性正源源不断流向中国股市。而沪、深股市在经历了 7 年熊市、1 次历史性股灾和 4 次大熔断之后,已进入底部反复夯实、能量逐步堆积的蓄势突破阶段。在全球性水牛行情的推动下,中国股市已万事俱备、更借东风,一轮大级别的水牛行情将会在周 K 线、月 K 线的技术指标引导下逐步形成。在巨大的水势下,3 000 点压力、3 097 点压力乃至 3 600 点压力将可能均被突破。因此,当前应舒展胸襟、开阔眼界,放弃以察看 60 分钟、30 分钟的技术指标作短线操作的参考依据,改变由熊市、股灾和熔断造成的心理阴影,精选个股、加重仓位、增强信心,去迎接这轮久盼的大水牛行情。